W9-AIY-254

¡Imagínalo! Aprendizaje visual de destrezas

Propósito del autor

Causa y efecto

Clasificar y categorizar

Comparar y contrastar

Sacar conclusiones

Hechos y opiniones

Generalizar

Idea principal y detalles

Fuentes gráficas

Elementos literarios

Secuencia

Pasos de un proceso

Propósito del autor

Causa y efecto
Causa
Un efecto es algo que ocurre. Una causa es la razón por la que ocurre algo.
Mientras lees, pregúntate: *¿Qué ocurrió? ¿Por qué ocurrió?*
Efecto

Clasificar y categorizar

Clasificar y categorizar significa agrupar cosas que están relacionadas.

La vida en el bosque

La vida en el desierto

Comparar y contrastar

Igual	Diferente

Sacar conclusiones

Combina lo que ya sabías con información nueva para sacar conclusiones.

Lo que sé:

Subir una cuesta causa cansancio.
La cara se nos pone roja con el esfuerzo.
El ejercicio nos hace sentir calor.

Conclusión:

El niño se pone rojo y se cansa.

Hechos y opiniones

Un hecho es algo que puede probarse como cierto o falso.
Una opinión es lo que alguien cree o piensa.

Generalizar

Idea principal y detalles

¿De qué trata la
lectura? ¿Qué detalles
apoyan la idea principal?

Fuentes gráficas

Las características del texto te pueden ayudar a encontrar información.
Los monos araña tienen la cola prensil, con la que pueden asir como si fuera una mano adicional.
Leyenda
Qué comen los monos araña
Frutas Nueces Semillas Hojas
Gráfica de barras

Elementos literarios

Personajes

Un personaje es una persona o animal que aparece en un cuento.

Ambiente

El ambiente es la época y el lugar en los que sucede la acción.

Argumento

El argumento de un cuento son los sucesos más importantes que ocurren. El argumento empieza con un problema y termina con una solución.

Tema

El tema es la idea general del cuento.

Secuencia

La secuencia de una lectura es el orden en que ocurren los sucesos.

Pasos de un proceso

1

2

3

4

5

¡Imagínalo! Aprendizaje visual de estrategias

Conocimientos previos

Ideas importantes

Inferir

Verificar y aclarar

Predecir y establecer propósitos

Preguntar

Estructura del cuento

Resumir

Estructura del texto

Visualizar

Conocimientos previos

Los **conocimientos previos** son aquellas cosas que ya conoces sobre un tema determinado a partir de tu experiencia personal o de tus lecturas previas. Establece conexiones con personas, lugares y cosas del mundo real. Aplica tus conocimientos previos, antes, durante y después de la lectura.

Para usar los conocimientos previos

- en textos de ficción: lee el nombre del autor y el título, y echa un vistazo a las ilustraciones
- en textos de no ficción: lee los títulos de los capítulos, los encabezamientos, los pies de foto y otros elementos de texto, y echa un vistazo al contenido gráfico
- piensa sobre lo que ya sabes

¡Pensemos en la lectura!

Al aplicar mis conocimientos previos me pregunto

- ¿A quién me recuerda este personaje?
- ¿En qué se parece este cuento o texto a otros que he leído?
- ¿Qué más sé sobre este tema a partir de lo que ya he leído o visto?

Ideas importantes

Las **ideas importantes** son la información esencial de una selección de no ficción. Las ideas importantes son aquellos detalles que dan claves sobre el propósito del autor.

Para identificar las ideas importantes

- lee todos los títulos, encabezamientos, leyendas y pies de las ilustraciones
- busca las palabras en letras itálicas, en letras negritas o que aparezcan en listas
- busca las palabras y frases indicativas como: *por ejemplo, más importante,* etc.
- fíjate en las fotografías, ilustraciones, diagramas o mapas
- fíjate en cómo está organizado el texto: causa y efecto, pregunta y respuesta, etc.

¡Pensemos en la lectura!

Al identificar las ideas importantes me pregunto

- ¿Qué información viene en letras negritas, letras itálicas o con algún otro tipo de letra especial?
- ¿Qué detalles respaldan las ideas importantes?
- ¿Hay palabras o frases indicativas?
- ¿Qué aparece en las ilustraciones, fotografías, diagramas y tablas?
- ¿Cómo está organizado el texto?
- ¿Por qué ha escrito esto el autor?

Inferir

Inferir consiste en usar los conocimientos previos a partir del texto, para generar ideas propias sobre aquello que el autor quiere contar.

Para inferir

- identifica lo que ya sepas
- combina tus conocimientos con claves del texto para generar tus propias ideas

¡Pensemos en la lectura!

Al inferir me pregunto

- ¿Qué es lo que ya sé?
- ¿Cuáles son las claves importantes del texto?
- ¿Qué intenta decir el autor?

Verificar y aclarar

Verificamos la comprensión para comprobar que la lectura tiene sentido. **Aclaramos** para averiguar por qué no hemos comprendido algo. Luego corregimos los errores para que la lectura tenga sentido.

Para verificar y aclarar

- aplica tus conocimientos previos durante la lectura
- aplica diferentes estrategias: volver a leer, hacer preguntas o usar los elementos del texto y las ilustraciones

¡Pensemos en la lectura!

Al verificar y aclarar me pregunto

- ¿Comprendo lo que he leído?
- ¿Qué es lo que no tiene sentido?
- ¿Qué estrategias puedo probar aquí?

Predecir y establecer propósitos

Predecimos para determinar qué es lo próximo que va a pasar en un cuento. Las predicciones se basan en lo que ya ha sucedido. **Establecemos propósitos** para guiarnos durante la lectura.

Para predecir y establecer propósitos

- lee el título y el nombre del autor, y echa un vistazo a las fotos e ilustraciones
- determina para qué estás leyendo el texto
- aplica tus conocimientos previos para hacer predicciones
- comprueba tus predicciones y confírmalas

¡Pensemos en la lectura!

Al predecir y establecer propósitos me pregunto

- ¿Qué es lo que ya sé?
- ¿Qué pasará probablemente a continuación?
- ¿Cuál es el propósito de mi lectura?

Preguntar

Es muy importante **hacer preguntas** sobre la información importante del texto. Las preguntas se deben hacer antes, durante y después de leer.

Para preguntar

- no dejes pasar las dudas que tengas durante la lectura
- detente, piensa y anota tus preguntas mientras lees
- toma notas para hallar la información
- verifica que comprendes el texto y haz preguntas para aclarar tus dudas

¡Pensemos en la lectura!

Al preguntarme cosas sobre el texto me pregunto

- ¿He formulado una buena pregunta con las palabras apropiadas?
- ¿Qué preguntas me ayudan a encontrar el significado del texto?
- ¿A qué se refiere el autor?

Estructura del cuento

La **estructura del cuento** es la forma en que está organizado un cuento desde que empieza hasta que acaba. Esta información te sirve para resumir o volver a contar el argumento.

Para identificar la estructura del cuento

- fíjate en qué pasa al principio, en el medio y al final del cuento
- usa esta información para resumir o volver a contar el cuento

¡Pensemos en la lectura!

Al identificar la estructura de un cuento me pregunto

- ¿Qué pasa al principio, en el medio y al final?
- ¿Cómo puedo resumir el cuento con esta información?
- ¿Qué efecto puede tener esto en los sucesos futuros?

Resumir

Resumimos, o volvemos a contar, para comprobar que hemos comprendido lo leído. Un resumen es un enunciado breve. Sólo tiene unas pocas oraciones.

Para resumir ficción

- cuenta lo que sucede en el cuento
- incluye los objetivos de los personajes
- di si los personajes tratan de alcanzar objetivos y si lo consiguen

Para resumir la no ficción

- di cuál es la idea principal de la selección
- piensa sobre la estructura del texto
- piensa en la forma en que está organizado el texto

¡Pensemos en la lectura!

Al resumir me pregunto

- ¿Sobre qué trata este cuento principalmente?
- En los textos de ficción, ¿cuáles son los objetivos de los personajes? ¿Alcanzan esos objetivos?
- En los textos de no ficción, ¿cómo se organiza esta información?

Estructura del texto

Usamos la **estructura del texto** para ver cómo organiza el texto el autor; por ejemplo, mediante relaciones de causa y efecto, o de problema y solución, de forma secuencial, o mediante comparaciones. Analiza la estructura del texto antes, durante y después de leer, para ir ubicando la información.

Para identificar la estructura del texto
- antes de leer: lee los títulos y encabezamientos, y echa un vistazo a las ilustraciones
- durante la lectura: fíjate en la organización
- después de leer: recuerda cómo está organizado el texto y resúmelo

¡Pensemos en la lectura!

Al identificar la estructura de un texto me pregunto
- ¿Qué claves me dan los títulos, los encabezamientos y las ilustraciones?
- ¿Cómo está organizada la información?
- ¿Cómo contribuye la organización a la comprensión del texto?

Visualizar

Visualizamos para formarnos imágenes mentales de lo que está pasando en un cuento o artículo. Esto nos ayuda a aclarar la comprensión.

Para visualizar textos de ficción

- combina lo que ya sepas con palabras y frases del texto para formarte imágenes mentales
- usa tus sentidos para ubicarte en el cuento o en el texto

¡Pensemos en la lectura!

Al visualizar un texto me pregunto

- ¿Qué es lo que ya sé?
- ¿Qué palabras o frases me ayudan a formar imágenes mentales?
- ¿Cómo me ubican en el cuento mis propios sentidos?

Autores del programa

Peter Afflerbach
Camille Blachowicz
Candy Dawson Boyd
Elena Izquierdo
Connie Juel
Edward Kame'enui
Donald Leu
Jeanne R. Paratore
P. David Pearson
Sam Sebesta
Deborah Simmons
Alfred Tatum
Sharon Vaughn
Susan Watts Taffe
Karen Kring Wixson

Autores del programa en español

Kathy C. Escamilla
Antonio Fierro
Mary Esther Huerta
Elena Izquierdo

Glenview, Illinois • Boston, Massachusetts • Chandler, Arizona
Upper Saddle River, New Jersey

Dedicamos Calle de la Lectura a
Peter Jovanovich.

Su sabiduría, valentía
y pasión por la educación
son una inspiración para todos.

Acerca del ilustrador de la cubierta
Cuando Leo Timmers era niño, le gustaba hacer animales, barcos y carros con cinta adhesiva y cajas de zapatos. Ahora es un ilustrador a quien le apasiona dibujar y pintar animales, barcos y carros. Hay quien dice que sus dibujos dan la sensación de estar a punto de saltar de la página. El Sr. Timmers vive en Bélgica.

Acknowledgments appear on pages 558–561, which constitute an extension of this copyright page.

ISBN-13: 978-0-328-48439-3
ISBN-10: 0-328-48439-3
6 7 8 9 10 V063 15 14 13 12
CC2

Querido lector:

Estás a punto de explorar una calle especial: la *Calle de la Lectura* de Scott Foresman. ¿Estás listo? Esperamos que la pases bien y que aprendas cosas nuevas para compartir con los demás. Por el camino te encontrarás con algunos personajes muy interesantes. Leerás sobre una niña que encuentra una forma creativa de resolver un problema. Leerás también sobre un oso vagabundo y una liebre astuta. Conocerás a otra niña que ayuda a las ballenas.

Mientras caminas por la *Calle de la Lectura,* encontrarás nueva información útil para tus estudios de ciencias y estudios sociales.

Confiamos en que, mientras disfrutas de estos emocionantes textos literarios, notes que estás mejorando como lector.

Así que ponte las botas de marcha, ¡y buen viaje!

Atentamente,
Los autores

Vivir y aprender

¿Qué destrezas nos ayudan a salir adelante en la vida?

Semana 1

¡Pensemos en la lectura!

Semana 2

Semana 3

Semana 4

Semana 5

Semana 6

Unidad 1

¡Imagínalo! Manual de comprensión de lectura

Soluciones ingeniosas

¿De qué maneras ingeniosas se resuelven los problemas?

Semana 1

Semana 2

Semana 3

Semana 4

Semana 5

Semana 6

Unidad 2

¡Imagínalo! Manual de comprensión de lectura

La naturaleza y nosotros

PREGUNTA PRINCIPAL ¿Cuáles son las conexiones entre los seres humanos y la naturaleza?

Semana 1

Semana 2

Semana 3

Semana 4

Semana 5

Semana 6

Unidad 3

¡Imagínalo! Manual de comprensión de lectura

Don Leu
Experto en Internet

La forma de leer y de aprender está cambiando ante nuestros propios ojos. La Internet y otras tecnologías crean nuevas oportunidades, nuevas soluciones y nuevas maneras de enfocar el aprendizaje de la lectura. La lectura en Internet exige tener otras destrezas de comprensión que cada vez cobran más importancia para los estudiantes en la sociedad actual.

Los que formamos el equipo de *Calle de la Lectura*, estamos aquí para ayudarte en este nuevo y emocionante viaje.

¡Míralo!

- **Video de la pregunta principal**
- **Video de Hablar del concepto**
- **Animaciones de ¡Imagínalo!**
- **Libritos electrónicos**

- **Tarjetas interactivas de sonidos y grafías**

centavo

ce, ci

¡Escúchalo!

- **Selecciones electrónicas**
- **GramatiRitmos**

- **Actividades de vocabulario**

Busca en línea
www.CalledelaLectura.com

Unidad 1

Vivir y aprender

Calle de la Lectura en línea

www.CalledelaLectura.com

- Video de la Pregunta de la semana
- Selecciones electrónicas
- Animaciones de ¡Imagínalo!
- Ordenacuentos

¿Qué destrezas nos ayudan a salir adelante en la vida?

Los meros meros remateros FICCIÓN REALISTA

¿Por qué es importante ayudarnos unos a otros?

Segunda selección
Jóvenes voluntarios TEXTO EXPOSITIVO

¿Y yo? FÁBULA

Conexión con ESTUDIOS SOCIALES

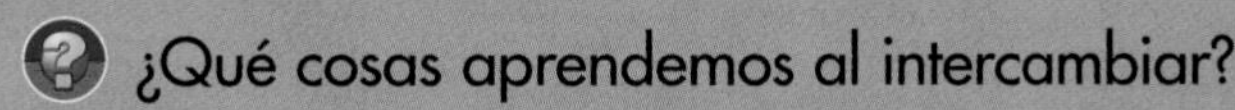
¿Qué cosas aprendemos al intercambiar?

Segunda selección
De dónde le viene el caparazón a Tortuga del Desierto CUENTO DE POR QUÉ

La pesca de Kumak CUENTO EXAGERADO

Conexión con ESTUDIOS SOCIALES

¿Cómo podemos lograr nuestras metas?

Segunda selección
Cómo atrapar un pez ARTÍCULO PERIODÍSTICO

Conexión con ESTUDIOS SOCIALES

Supermercado TEXTO EXPOSITIVO

¿Cómo podemos obtener lo que queremos y necesitamos?

Segunda selección
El dinero de la antigüedad ENCICLOPEDIA ILUSTRADA

Mis hileras y pilas de monedas FICCIÓN REALISTA

¿Qué debemos saber sobre ahorrar y gastar?

Segunda selección
Aprender a administrar el dinero SITIOS WEB

Objetivos

• Escuchar con atención cuando alguien habla, hacer preguntas sobre el tema del que se está hablando y comentar sobre el tema. • Hablar claramente e ir al punto mientras se hace contacto visual, modulando la rapidez, el volumen y la claridad en la que comunicas tus ideas.

Vocabulario oral

Hablemos sobre

Ayudarnos unos a otros

- Pregunta lo que podemos aprender al ayudarnos unos a otros.
- Expresa opiniones en equipo sobre las ventajas de ayudarnos unos a otros.
- Plantea y contesta preguntas sobre las diferencias entre cooperar y competir.

CALLE DE LA LECTURA EN LÍNEA
VIDEO DE LA PREGUNTA PRINCIPAL
www.CalledelaLectura.com

¡Vas a aprender
295
palabras asombrosas
este año!

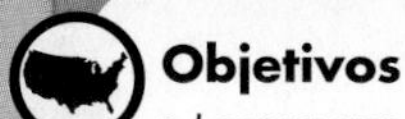

Objetivos

- Leer en voz alta palabras con *c, k, q.*
- Decodificar palabras con el mismo sonido representado por diferentes letras.

Fonética

Palabras con *c, k, q*

Palabras que puedo combinar

c a s a

c o s a

q u i s o

q u e d a r

k i l o s

Oraciones que puedo leer

1. En casa hay un lugar para cada cosa.
2. El perico no se quiso quedar en el nido.
3. El perro pesa ocho kilos.

¡Puedo leer!

Los sábados Carlos se despierta temprano para ayudar a su papá a preparar el kiosco. Después de desayunar, empiezan a trabajar.

—Primero llenemos las cajas de cocos, —le dice su papá.

A Carlos le gusta trabajar con su papá, a pesar de que todavía tiene un poco de sueño.

—Papi, tenemos kilos de cocos —dice Carlos alegremente.

—Sí, y hoy también venderemos queso de cabra —le anuncia su papá.

Preparan el kiosco bajo los árboles.

¿Quiénes vendrán hoy por aquí? Amas de casa, cocineros, turistas y curiosos.

Has aprendido

- Palabras con *c, k, q*

Objetivos

- Describir cómo los personajes se relacionan unos con otros y los cambios que atraviesan.

¡Imagínalo!

Destreza

¡Imagínalo! Aprendizaje visual de destrezas

Elementos literarios

Personajes

Un personaje es una persona o animal que aparece en un cuento.

Ambiente

El ambiente es la época y el lugar en los que sucede la acción.

Argumento

El argumento de un cuento son los sucesos más importantes que ocurren. El argumento empieza con un problema y termina con una solución.

Tema

El tema es la idea general del cuento.

I•12 I•13

Estrategia

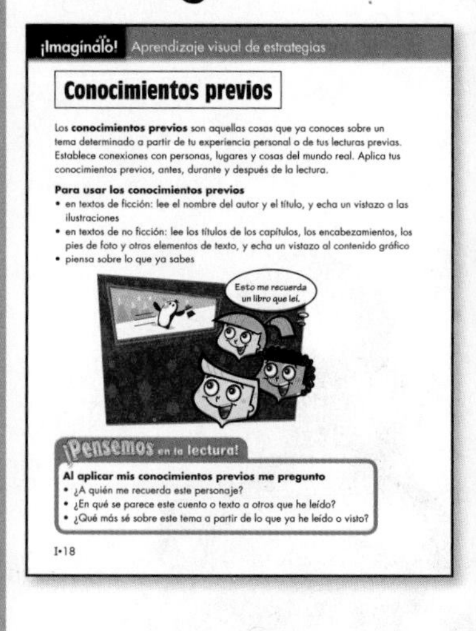
¡Imagínalo! Aprendizaje visual de estrategias

Conocimientos previos

Los **conocimientos previos** son aquellas cosas que ya conoces sobre un tema determinado a partir de tu experiencia personal o de tus lecturas previas. Establece conexiones con personas, lugares y cosas del mundo real. Aplica tus conocimientos previos, antes, durante y después de la lectura.

Para usar los conocimientos previos

- en textos de ficción: lee el nombre del autor y el título, y echa un vistazo a las ilustraciones
- en textos de no ficción: lee los títulos de los capítulos, los encabezamientos, los pies de foto y otros elementos de texto, y echa un vistazo al contenido gráfico
- piensa sobre lo que ya sabes

¡Pensemos en la lectura!

Al aplicar mis conocimientos previos me pregunto

- ¿A quién me recuerda este personaje?
- ¿En qué se parece este cuento o texto a otros que he leído?
- ¿Qué más sé sobre este tema a partir de lo que ya he leído o visto?

I•18

CALLE DE LA LECTURA EN LÍNEA
ANIMACIONES DE ¡IMAGÍNALO!
www.CalledelaLectura.com

Destreza de comprensión

Elementos literarios: Personaje, ambiente y tema

- Un personaje es una persona o animal que aparece en un cuento. Puedes saber más sobre los personajes y cómo cambian durante el desarrollo del cuento por sus acciones y por lo que dicen.
- El ambiente es el tiempo y el lugar en donde se desarrolla el cuento.
- El tema es lo que aprendes del cuento y puede ser apoyado con detalles.
- Utiliza lo que has aprendido sobre personaje, ambiente y tema cuando leas "De la luz al ruido". Llena el cuadro con los detalles del cuento.

Estrategia de comprensión

Conocimientos previos

Los buenos lectores relacionan lo que están leyendo con lo que ya saben. Usar tus conocimientos previos te puede ayudar a verificar y ajustar o corregir tu comprensión mientras lees.

Título del cuento	
Personajes	**Ambiente**

De la luz al ruido

De pie en el patio, Tomás miraba la gran nube gris. A la distancia veía los rayos. Probablemente llovería pronto. Toda la semana, el tiempo había estado soleado. Ahora era sábado: no tenía que ir a la escuela, ni a la práctica de karate, ni a la clase de piano. Sólo quería pasar el día jugando afuera.

—¿Por qué no puedo quedarme afuera? —le preguntó a su mamá—. No me importa mojarme.

—Lo que me preocupa no es la lluvia —le dijo ella mientras entraban—. Los rayos son peligrosos y se está acercando la tormenta.

—¿Cómo lo sabes? —quiso saber Tomás.

—Los rayos producen truenos —respondió su mamá—, pero el sonido del trueno demora en llegar hasta nosotros. Cuando veas la luz de un rayo —dijo—, cuenta los segundos hasta que oigas el trueno. El rayo está a casi una milla por cada cinco segundos que cuentes.

Durante la tormenta, contaron los segundos desde que veían el rayo hasta que escuchaban el trueno. Tomás aprendió algo nuevo y se divirtió con su mamá.

Destreza ¿Qué detalles da el primer párrafo sobre el ambiente? ¿Y sobre Tomás?

Estrategia ¿Qué sabes sobre las tormentas? ¿Por qué no debes jugar afuera durante una tormenta?

Destreza Describe la conversación entre Tomás y su mamá. ¿Cómo lo ayuda ella a cambiar al final? ¿Qué detalles te dejan saber el tema?

¡Es tu turno!

¿Necesitas repasar? Mira el manual *¡Imagínalo!* para obtener ayuda sobre el personaje, el ambiente, el tema y los conocimientos previos.

Pensemos...

¡Inténtalo! Mientras lees, usa lo que has aprendido sobre el personaje, el ambiente, el tema y los conocimientos previos.

Objetivos

- Utilizar las claves del contexto para determinar los significados de las palabras desconocidas o con varios significados.

carpa

herradura

telescopios

joyero
esperanza
remates
sobrevivir

CALLE DE LA LECTURA EN LÍNEA
ACTIVIDADES DE VOCABULARIO
www.CalledelaLectura.com

Estrategia de vocabulario para

Homógrafos

Claves del contexto A veces, al leer, verás palabras que conoces pero que no tienen sentido en la oración. Puede que sea un homógrafo. Los homógrafos son palabras que se escriben igual pero tienen significados distintos. Por ejemplo, un *cabo* es el extremo de una cuerda y también es una punta de tierra que penetra en el mar. Las claves del contexto pueden ayudarte a hallar el significado de un homógrafo.

1. Si la palabra que conoces no tiene sentido en la oración, puede ser un homógrafo.
2. Mira las palabras cercanas. ¿Puedes deducir otro significado?

Lee "El inventor" en la página 27. Al leer, busca los homógrafos. Observa las palabras cercanas para decidir su significado.

Palabras para escribir Vuelve a leer "El inventor" y apunta los homógrafos que encuentres. Escribe los dos significados de la palabra y una oración con cada uno.

El inventor

A Max le gustaba inventar cosas, que luego vendía en los remates del barrio. Pasaba mucho tiempo trabajando en proyectos con trastos viejos y cosas que encontraba en la calle. Max tenía la esperanza de montar su propia carpa en el mercado de pulgas.

Un día de verano, Max tuvo una gran idea. Había visto unos telescopios en una tienda y decidió hacer uno. En su carpa tenía un tubo y unos trozos de metal que le podían servir. Entonces decidió visitar a un joyero, quien le regaló lupas, espejos, un imán en forma de herradura y hasta una lente.

Max trabajó en su invento día y noche.

—¡También tienes que sobrevivir! —le decía su mamá.

Cuando por fin terminó, Max apuntó su telescopio hacia el cielo. Esa noche Max pudo ver las estrellas y la Luna más grandes y más cerca que nunca.

¡Es tu turno!

¿Necesitas repasar? Para obtener ayuda adicional sobre cómo usar las claves del contexto para determinar el significado de un homógrafo, mira la sección *¡Palabras!*

¡Inténtalo! Lee *Los meros meros remateros* en las páginas 28 a 45.

Los meros meros remateros

por Juan Felipe Herrera
ilustrado por Anita De Lucio-Brock

FRUTA
Melones
Sarapes
FR

Género La **ficción realista** sucede en un ambiente que parece real. ¿Alguna vez estuviste en un remate o en una feria de artesanías?

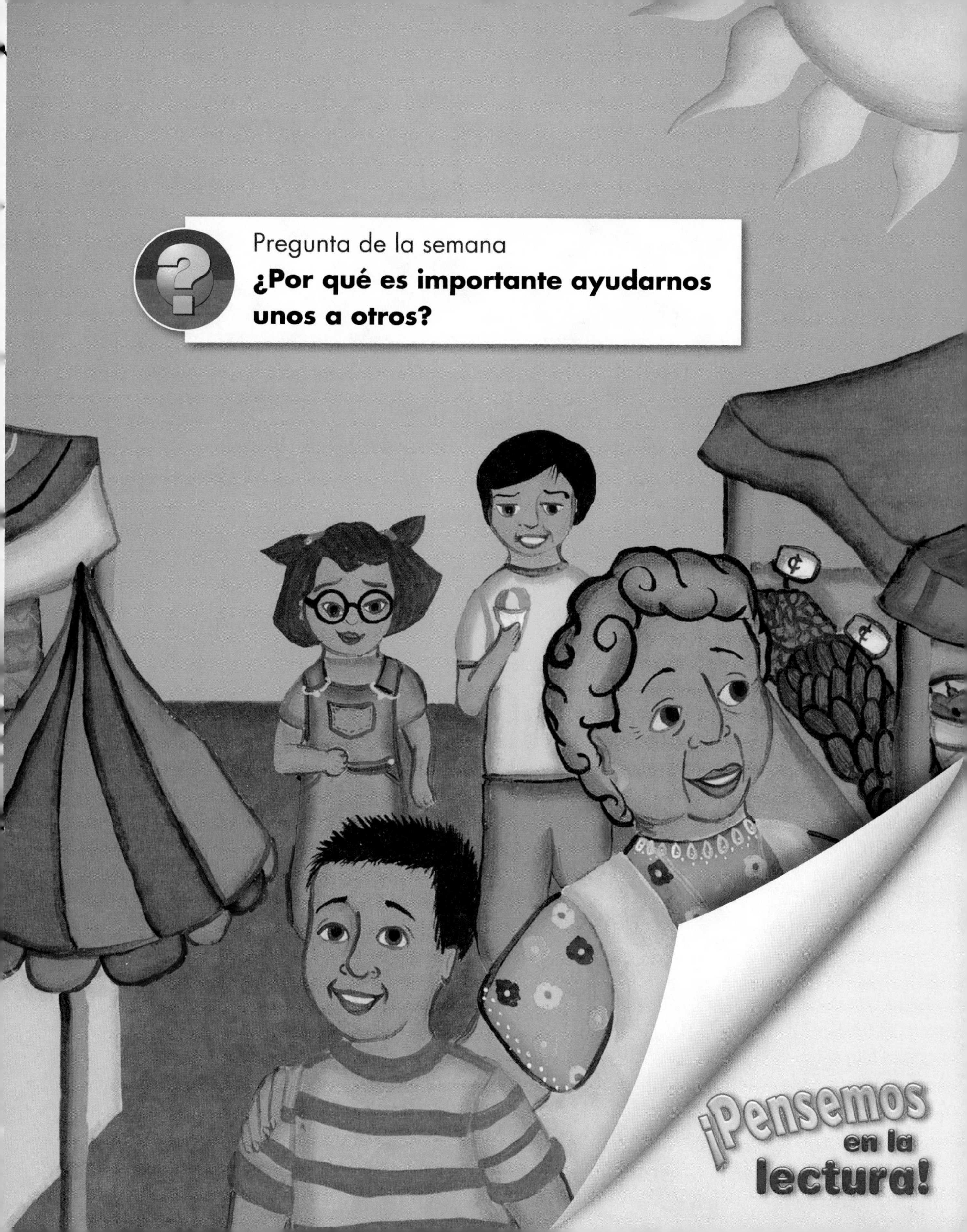
Pregunta de la semana
¿Por qué es importante ayudarnos unos a otros?
¢
¢
¡Pensemos en la lectura!

Me encantan los remates —las pulgas—, puestos improvisados y rudos bajo los anchos cielos.

Cuando yo era niño en el Valle de San Joaquín, en California, los remates eran mis lugares favoritos para jugar. Nuestra rutina siempre era la misma. Mi mamá Lucha y mi papi Felipe se detenían y me compraban una bolsa de ixtle llena de naranjas jugosas. Luego Mamá escogía un manojo de chilitos explosivos, sólo unos poquitos. Papi escogía un cartón de fresas y otro de huevos frescos color café. Y por último visitábamos mi puesto favorito: una camioneta llena de sandías salpicadas de verde como si hubieran sido pintadas por las olas del mar.

En el remate yo era parte de una gran familia. Cuando veía correr a los niños alrededor de los puestos, me iba con ellos y mi corazón se sentía feliz y libre.

Este cuento me remonta a aquellos tiempos.

Juan Felipe Herrera

Pensemos...

¿En qué se parece y diferencia un remate de un supermercado?
Conocimientos previos

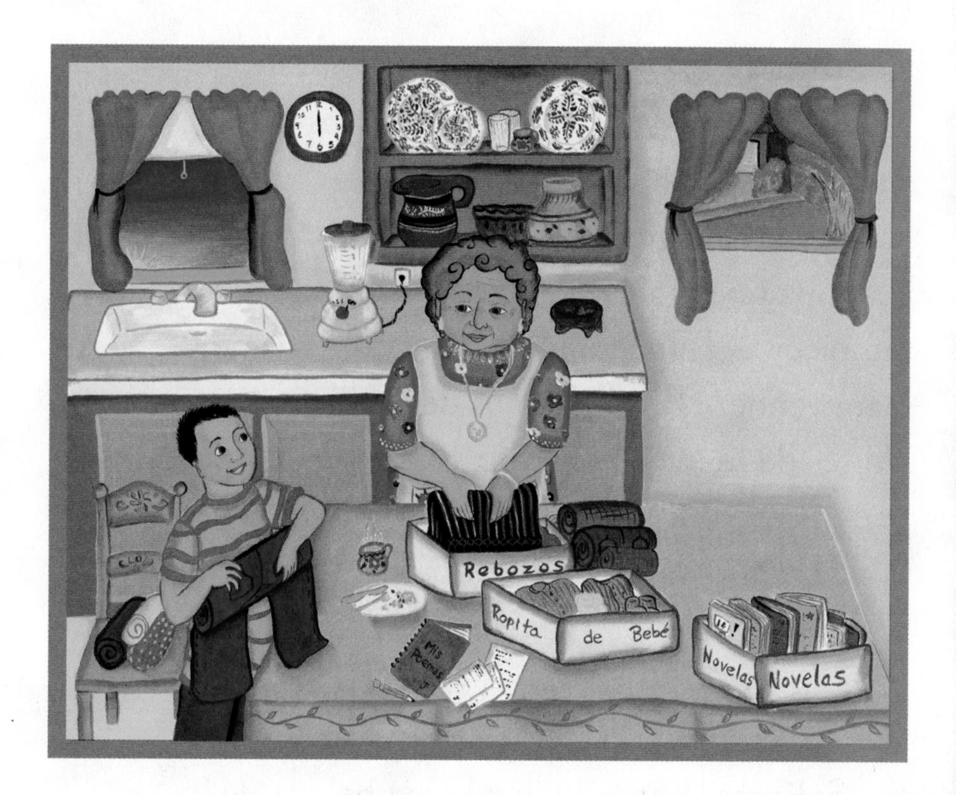

—¡Despiértate, Juanito! ¡Son las cinco de la mañana; es domingo!

Desde la cocina mi abuelita Esperanza me llama. Huelo el chocolate, sabroso y calientito, y lo que más me gusta: nopalitos con huevos revueltos.

Después del desayuno ayudo a mi abuelita a prepararse para el remate. ¡Floribey y Danny, mis rete amigos, me están esperando! Enrollo camisas y pantalones rancheros hasta que parecen burritos de comer.

Mi abuelita carga la ropa a su camioneta, que tiene un letrero al lado:

Los Meros Meros Remateros

Fresno, California

—¡Vámonos! —grito yo—. ¡Vámonos!

Pensemos...

¿Te has levantado muy temprano alguna vez para ir de viaje? ¿Qué hiciste antes de salir?

Conocimientos previos

—La ropa vieja, ¿también podrá ser nueva? —le pregunto a mi abuelita mientras me subo a la camioneta.

—Sí. A la gente le hace falta esta ropa, Juanito. La ropa nuestra está un poquito cansada, pero está limpiecita. Tu papá nos dio sus camisas de Oaxaca para vender. Tu mamá nos dejó sus mejores rebozos. Antes de manejar al norte a la pizca de manzanas, me dijeron que esto ayudaría con tus gastos.

Mi abuelita prende el motor.

—¡Un rematero verdadero siempre tiene tiempo para cantar! —me dice en su voz ronca y dulce, y me guiña un ojo.

Salimos cantando con la luz helada de la mañana.

Pensemos...

¿Qué hace tu familia con la ropa usada que nadie usa? ¿Qué va a hacer la abuelita de Juanito? **Conocimientos previos**

Pagamos cinco dólares para poder estacionar y vender en el remate. Le ayudo a mi abuelita Esperanza a sacar la ropa y a arreglar el puesto.

Me esperan mis amiguitos Danny y Floribey. Danny hace muecas y los pantalones siempre se le resbalan, igual que a Cantinflas, ese cómico mexicano tan chistoso. A Floribey le encantan las fotonovelas, que son revistas de fotografías y monitos. Se ríen a carcajadas al verme el pelo, pelado como cepillo. Me gritan:

—¡Pelón!

—¡Síganme! —voy gritando por las carpas del remate.

Pensemos...

¿A quién ve Juanito? ¿Cómo te sientes cuando a ti te pasa lo mismo?
Conocimientos previos

Pensemos...

¿Has estado alguna vez en un remate? ¿Qué tipo de mercancías venden? **Conocimientos previos**

En el puesto de sarapes un joven tiende una carpa con cobijas mexicanas de lana. ¡Pavos reales y águilas! ¡Leones en selvas frondosas!

—¡Tengo de todos tamaños, hasta sarapes chiquitos para los bebés! Los compro en Long Beach —me dice—. Ten, toma este sarape de pavo real para tu abuelita —se sonríe, con su camisa de vaquero decorada de caballitos—. Cuando mi hermana se lastimó la espalda pizcando melones, tu abuelita le dio una sobada. Es una mera mera sobadora.

—¡A los pavos reales les crece un arco iris en las plumas! —exclama Floribey—. ¡Arco iiiiiiris!

Brincamos y flotamos por la blanda ciudad de carpas y paredes lanudas.

Reboto y aterrizo cerca del puesto de mi abuelita.

—Juanito, por favor, llévale esta carta al señor Raya en el puesto de ferretería. Es muy importante —dice.

La meto debajo de mi cinto y corro con Danny y Floribey.

—¡Chiles! ¡Chiles! ¡Mangos y papayas! —una mujer grita de la tiendita de verduras.

—¿Has visto un pepino como ése? —le pregunto a Danny.

—¡Ése no es un pepino! —Floribey frunce la boca.

—¡Cuidado, ése es un chile rayado, el jalapeño más picoso! —le dice la verdulera al hombre a nuestro lado.

Él muerde el chile como si fuera una zanahoria. La cara se le pone roja,
bien roja.

Pensemos...

¿Reconoces alguna comida del remate? ¿Por qué se pone rojo el hombre? **Conocimientos previos**

Pensemos...

¿Por qué se pone contento el ferretero? ¿Te pasó alguna vez algo así?
Conocimientos previos

Arrancamos hasta el puesto de ferretería.

—¡Destornilladores! ¡Martillos! ¡Manijas de hacha! —grita el señor Raya.

Le doy la carta y él me da las gracias.

—Se me sumió el techo con las lluvias la semana pasada. Con esta carta en inglés, el gerente me dará un mes de alquiler gratis mientras se arreglan las cosas.

Levanto dos casquillos de cromo y miro a través de ellos al señor Raya.

—¡Telescopios! —digo yo.

—¡Son anillos! —dice Floribey y se pone un casquillo en cada dedo.

Pensemos...

¿Alguna vez te divertiste en una ferretería?
Conocimientos previos

Pensemos...

¿Cómo crees que se siente la señora de esta página? ¿Te sentiste así alguna vez?
Conocimientos previos

Mi abuelita me da unas hierbas de remedios.

—Llévale éstas a la señora Vela en la carpa de chiles. Ella fue la primera rematera acá afuera cuando abrimos el remate cerca de la autopista.

Corro. Leo los rótulos de los chiles:

Chile pasilla para el mole.
Colorado para enchiladas.
Piquín para todo.

—El remate no ha cambiado mucho desde que empezó —me dice la señora Vela—. Todos nosotros volábamos de carpa en carpa, ayudándonos los unos a los otros. ¡De eso hace tanto tiempo! Y fíjate, tú estás haciendo lo mismo. Eres un mero mero rematero, ¡igual que tu abuela!

Le doy los remedios.

—Estas hierbitas me van a aliviar la jaqueca.

La señora Vela llena tres sacos de pasillas.

—Para tu abuelita —me dice.

Pensemos...

¿Alguna vez te has sentido enfermo? ¿Qué remedio has tomado?

Conocimientos previos

Pensemos...

¿Por qué sabes que los niños están contentos? ¿Qué palabras usa el autor?
Visualizar

—Juanito, llévale esto al peletero que vende los cintos.

Mi abuelita me da una receta para hacer tamales de dulce. Brinco y salto con Floribey. Miramos las hebillas, cada una de cuero y tejida a mano con: ¡Espuelas! ¡Herraduras! ¡Caballos bravos y águilas!

El peletero toma la receta.

—¡Qué sorpresa para la quinceañera de mi hija! ¡Apenas cumple quince años! La celebración saldrá sabrosísima con estos tamales de dulce. Toda la familia los preparará.

Él me regala un cinto con una hebilla en forma de herradura. Voy galopando adonde está mi abuelita.

El puesto de juguetes brilla cerca de la carpa de computadoras. Dos muchachitos aseguran un letrero de cartón: *6 por $1.*

—¿Por qué no estarán jugando con todos esos juguetes? —le pregunto a Danny.

—Los juguetes están rotos y son viejos —susurra Floribey.

—Lo viejo puede ser nuevo —digo yo.

Encuentro una pelota de sóftbol limpiecita. Huele a flores.

Pensemos...

¿Has comprado alguna vez juguetes usados? ¿Por qué pueden ser nuevos? **Conocimientos previos**

—¡Ven, Juanito! —el joyero me llama—. Esta pulsera de cobre es para tu abuelita, para calmarle la reuma. Quizás la necesite este invierno para que no le duelan tanto los huesitos. Y toma este reloj también. Tiene los números grandes para que no fuerce los ojos. Cuando primero llegué al Valle —dice— estaba perdido. Tu abuelita me mostró la estación de correos y me enseñó a enviar giros a mi casa en Michoacán.

Pronuncio la palabra *Michoacán* quedito. Siento las filosas montañas de la *eMe.*

Pensemos...

¿Te has perdido alguna vez? ¿Quién te ayudó?

Conocimientos previos

La carpa de música tam-tamborea en mi corazón.

—¡Me encantan los mariachis! —me dice una niña que compra una revista.

Veo un letrero viejo, solito y oxidado en el viento:

Jardines Esperanza

¡Estamos en el estacionamiento de carros de un *drive-in* abandonado! ¡Esperanza es el nombre de mi abuelita! Esperanza quiere decir que un día mejor llegará.

Pienso en la señora Vela, en el señor Raya, en el peletero y el joyero y en cómo fue que mi abuelita Esperanza les dio aliento para sobrevivir, para mejorarse, para sonreír.

El corazón se me llena de esperanza como un acordeón. Corro adonde está mi abuelita.

Pensemos...

¿Qué descubre Juanito sobre su abuelita?
Resumir

Una señora con trenzas color ceniza cambia un florero suyo por uno de los rebozos de mi abuelita.

—Tus ojos brillan de hermosura, igual que este rebozo —dice mi abuelita—. Toma estos carretes de hilo y este librito de poemas de mi nieto, que él me regaló cuando salí del hospital el año pasado. Siempre me dan esperanza.

La mujer con el rebozo abraza a mi abuelita Esperanza por mucho tiempo.

—Un rematero verdadero es amable y bondadoso, Juanito —dice mi abuelita con los ojos empapados de lágrimas.

—¿Mis poemas te dan esperanza? —le pregunto.

Mi abuelita sonríe. Yo la abrazo por mucho tiempo.

Pensemos...

¿Qué has hecho tú para darle esperanza a los demás?
Conocimientos previos

—Todo esto es para ti —le digo a mi abuelita—. ¡Un zarape de pavo real que quiere volar! ¡Chiles pasillas como rosas de fuego! ¡Una pulsera para la reuma! Y un reloj con números gordos para que no se te arrugue la cara.

—¿Arrugas? —pregunta mi abuelita.

Danny se sienta a comer las enchiladas de mi abuelita. Floribey se duerme en su falda. Mi abuelita y yo damos palmadas y cantamos. La luz del atardecer centellea en nuestra carpa como si fuera de oro.

Pensemos...

¿Cómo se sienten Juanito y su abuela al atardecer? ¿Cómo lo sabes? **Inferir**

Objetivos

• Describir cómo los personajes se relacionan unos con otros y los cambios que atraviesan. • Identificar el tema y el propósito del autor para escribir.

¡Imagínalo! | **Volver a contar**

CALLE DE LA LECTURA EN LÍNEA
ORDENACUENTOS
www.CalledelaLectura.com

Piensa críticamente

1. En el cuento, las personas del remate se ayudan unas a otras. ¿Puedes mencionar una situación en que tú ayudaste a otras personas? ¿Qué hiciste? ¿Cómo te sentiste? **El texto y tú**

2. ¿Por qué crees que el autor escribió todo el cuento como algo que está ocurriendo ahora mismo y no en el pasado? ¿Crees que el cuento sería igualmente interesante si todo hubiera ocurrido en el pasado? **Pensar como un autor**

3. ¿Cómo describirías a Juanito? ¿Qué detalles del cuento te ayudaron a describirlo? **Elementos literarios: personaje, ambiente y tema**

4. ¿Qué sabes sobre lugares donde las personas llevan diferentes cosas a vender? ¿Cómo te ayudó esto al leer el cuento? **Conocimientos previos**

5. Mira de nuevo y escribe Vuelve a leer lo que dicen los tres amigos en la página 41. Piensa por qué dice Juanito que "lo viejo puede ser nuevo". Ahora escribe un párrafo en el que expliques por qué un juguete viejo puede convertirse en uno nuevo. Da evidencia que apoye tu respuesta.

PRÁCTICA PARA EL EXAMEN **Respuesta desarrollada**

Conoce al autor y a la ilustradora

Juan Felipe Herrera

De niño, Juan Felipe Herrera viajó con sus padres, que eran campesinos, por muchos pueblos rurales de California. Cuando sus padres se quedaron a vivir en San Diego, él fue a la escuela allí. Más tarde, estudió para ser poeta y escritor. Hoy vive en Fresno, California, donde enseña a escribir poesía. Ha enseñado poesía a estudiantes desde kindergarten hasta la universidad. Al Sr. Herrera también le gusta pintar, tocar guitarra y escribir canciones. Ha publicado muchos libros de poesía y cuentos para niños y adultos. Los temas de sus obras vienen principalmente de la vida real y de los recuerdos de su niñez.

Anita De Lucio-Brock

Anita De Lucio-Brock empezó a aprender arte por su cuenta, pintando cajitas de madera y otros objetos. Su estilo recuerda la artesanía y el arte popular mexicano. Está lleno de detalles y es colorido. La Sra. De Lucio vive en California. Éste es el primer libro para niños que ha ilustrado.

Busca otros libros por Juan Felipe Herrera.

Usa el Registro de lecturas del *Cuaderno de lectores y escritores* para registrar tu lectura independiente.

Objetivos

- Escribir poemas que atraen a los cinco sentidos y utilicen rima, métrica y patrones de versos. • Utilizar el sujeto y el predicado completos en una oración.

¡Escribamos!

Aspectos principales de un poema narrativo

- cuenta una historia
- sus versos tienen ritmo o un acento repetido
- a menudo incluye versos que riman

CALLE DE LA LECTURA EN LÍNEA
GRAMATIRITMOS
www.CalledelaLectura.com

Poema narrativo

Un **poema narrativo** es un poema que cuenta una historia. El modelo del estudiante en la próxima página es un ejemplo de poema narrativo.

Instrucciones Piensa cómo sería ir de compras a una feria en tu ciudad. Escribe un poema narrativo sobre esta experiencia.

Lista del escritor

Recuerda que debes...

- ✓ crear un título para tu poema.
- ✓ contar una historia con tu poema.
- ✓ incluir rima y ritmo.
- ✓ incluir detalles sensoriales.
- ✓ escribir usando el sujeto completo y el predicado completo en una oración.

Modelo del estudiante

Una feria

Hoy vimos cientos de tiendas en la calle.
¡Es una feria! —exclamó mamá.
¡Qué sorpresa! —grité entusiasmado.

Había puestos que vendían de todo:
bebidas, comidas y juguetes.
¡Mamá me compró un oso morado!

Comimos unos burritos deliciosos
y nos quedamos hasta muy tarde.
¡Regresé a casa muy muy cansado!

Característica de la escritura: Lenguaje: El lenguaje y los detalles sensoriales hacen que el escrito sea interesante.

Género: Un **poema narrativo** a menudo tiene versos que riman.

Las **oraciones** están completas.

Normas

Oraciones

Recuerda Una **oración** contiene un sujeto y un predicado. El siguiente es un ejemplo de una oración: *El niño* [sujeto] *corrió por la calle* [predicado].

Objetivos

• Identificar el tema y el propósito del autor para escribir. • Identificar los detalles o hechos que apoyan la idea principal. • Hacer conexiones entre los textos informativos y literarios que tengan ideas similares y apoyar tus ideas con detalles del texto.

Ciencias en Lectura

Género
Texto expositivo

- Un texto expositivo es un relato que trata sobre gente y hechos reales.
- Los textos expositivos tienen personajes del mundo moderno o de la historia y tienen un principio, un medio y un fin.
- También tienen un tema, una idea principal sobre ese tema y detalles y datos que apoyan la idea principal.
- Ahora lee para que te enteres de lo que hacen estas personas.

Jóvenes voluntarios

por Íñigo Javaloyes

¿No te molesta ver basura tirada en tu parque favorito? ¿Qué sientes cuando ves paredes o buzones pintados con grafiti? Muchos jóvenes de Nueva York se han dado cuenta de que la solución a estos problemas está en sus manos.

¿Qué es la FYI?

Rosalva y Rosana son dos hermanas que viven en Washington Heights, un barrio de la Ciudad de Nueva York. Es sábado por la mañana. Antes, se habrían quedado en casa viendo la televisión o perdiendo el tiempo. Ahora, las dos hermanas caminan hasta la esquina de la Calle 177 con la Avenida Amsterdam. Allí está la sede de *Fresh Youth Initiative* (FYI), una organización que presta diversos servicios a la comunidad. Pero no es una organización como todas. Sus miembros son jóvenes voluntarios de entre 10 y 18 años de edad.

La FYI fue fundada en 1993 con el fin de que los propios niños asumieran la responsabilidad de mejorar su entorno. Para ellos, empezar a hacer cosas por los demás fue una manera de sentir que empezaban a ser mayores y más responsables.

Pensemos...

¿Cuál es el tema de esta selección? ¿Cuál crees que es la idea principal del tema? **Texto expositivo**

Qué hacen los voluntarios de la FYI

Horticultura

En la Escuela Pública 128 de Manhattan, había un pequeño solar. Los jóvenes voluntarios del grupo pusieron manos a la obra y lo convirtieron en una huerta que ya está en plena producción. ¡Qué tomates más sabrosos! ¡Qué zanahorias! Seguro que en el mercado no los encuentras mejores.

Hidrantes

Los hidrantes del barrio suelen estar garabateados de grafitis. Limpiarlos es casi imposible, así que, con botes de pintura y brochas en mano, los voluntarios de FYI salen a pintarlos. Después de una mañana de trabajo, quedan como nuevos.

Limpieza de parques

Después de la escuela, los niños del barrio van a jugar al parque. ¿Por qué está tan sucio? Como todo el mundo prefiere estar en un lugar limpio y cuidado, los jóvenes de la cuadrilla de limpieza de la FYI se sienten muy motivados. Tanto los niños como los mayores que visitan el parque agradecen mucho su trabajo.

Pensemos...

Basándote en lo que leíste, ¿qué clase de niñas son Rosana y Rosalva? Apoya tu respuesta con evidencia del texto. **Texto expositivo**

Pensemos...

¿Qué datos y detalles de la página apoyan la idea principal? **Texto expositivo**

Cambiar el mundo

Estos jóvenes hacen su trabajo sin esperar nada a cambio. Son idealistas. Todos los voluntarios se sienten muy orgullosos de su labor, a pesar de que a veces otros jóvenes se ríen de ellos al verlos pasar con sus bolsas de basura o sus botes de pintura.

Incluso aquéllos que al principio se sienten intimidados por las bromas de otros jóvenes que no entienden sus ideales, al final se dan cuenta de que lo más importante es hacer el trabajo que se han propuesto, y hacerlo bien.

Pensemos...

¿Qué ocurre al principio, en el medio y al final de la selección? **Texto expositivo**

Pensemos...

Relacionar lecturas Acabas de leer dos textos relacionados con la vida en comunidad. ¿En qué se parece y en qué se diferencia el tipo de ayuda que ofrecen los personajes *de Los meros meros remateros* y la que ofrecen los jóvenes de FYI?

Escribir variedad de textos Imagínate que eres un joven de ese barrio de Nueva York. Escribe una carta a FYI presentándote y solicitando participar en la organización.

Objetivos

- Comprender cómo cambia la información cuando se cambia de un tipo de medio a otro.
- Utilizar el sujeto y el verbo completos en una oración.
- Hablar claramente e ir al punto mientras se hace contacto visual, modulando la rapidez, el volumen y la claridad en la que comunicas tus ideas.

CALLE DE LA LECTURA EN LÍNEA
LIBRO DEL ESTUDIANTE EN LÍNEA
www.CalledelaLectura.com

Vocabulario

Homógrafos

Claves del contexto Recuerda que puedes usar las claves del contexto para determinar el significado de los homógrafos. Si te encuentras con una palabra que conoces pero que no tiene sentido en esa oración, vuelve a leer las palabras y las oraciones que la rodean. Esas palabras y oraciones te ayudarán a hallar el significado correcto del homógrafo.

¡Practícalo! Elige un libro de la biblioteca de la clase, o un libro de la biblioteca de la escuela que ya estés leyendo. Anota los homógrafos que encuentres. Luego escribe sus significados tal y como se usaron en el libro.

Fluidez

Precisión

Es muy importante que leas las palabras tal y como aparecen escritas. Si no lees con precisión, no comprenderás qué está pasando en el cuento. Mientras lees, presta mucha atención a cada palabra leída. Ubícala en el contexto del cuento. ¿Tiene sentido? Si no, vuelve hacia atrás y lee la oración otra vez.

¡Practícalo! Con un compañero, practica leyendo en voz alta la página 34 de *Los meros meros remateros*. Pide a tu compañero que anote las palabras que leíste incorrectamente. ¿Cuáles son? Vuelve a leer la página esforzándote en leer con más precisión.

Lectura y medios de comunicación

Prepárate para la escuela intermedia

Cuando presentes un informe oral, habla con claridad usando lenguaje formal.

Noticia

Los reporteros de televisión y radio cuentan noticias importantes que acaban de suceder. El propósito de un noticiero es informar a la audiencia sobre sucesos actuales.

¡Practícalo! Lee ante tu clase una noticia televisiva sobre el día que Juanito pasó en el remate. Habla sobre cómo se ayudaron unos a los otros ese domingo y qué sintió Juanito. Luego comenta cómo cambiaría la presentación si en vez de ser una noticia de televisión, estuvieras haciendo un documental.

Sugerencias

Al escuchar...

- presta mucha atención al hablante.
- identifica la atmósfera que transmite el hablante.

Al hablar...

- mira a la cámara y al público.
- usa un lenguaje formal.
- usa oraciones sencillas y completas en las que concuerde el sujeto con el verbo.

Trabajo en equipo...

- Aporta sugerencias sobre cómo transformar el informe en un documental.

Objetivos

- Escuchar con atención cuando alguien habla, hacer preguntas sobre el tema del que se está hablando y comentar sobre el tema.
- Participar en discusiones moderadas por el maestro y otros estudiantes, formular y contestar preguntas y ofrecer ideas basadas en las ideas de los demás.

Vocabulario oral

Hablemos sobre

Intercambiar con los demás

- Expresa opiniones sobre cómo el intercambio ayuda a la gente.
- Comenta en equipo ideas sobre intercambiar con los demás.
- Plantea y contesta preguntas sobre un intercambio basado en el valor de un artículo.

CALLE DE LA LECTURA EN LÍNEA
VIDEO DE LA PREGUNTA PRINCIPAL
www.CalledelaLectura.com

¡Has aprendido
008
palabras asombrosas
este año!

Objetivos
- Leer en voz alta palabras con *b, v.*
- Decodificar palabras con el mismo sonido representado por diferentes letras.

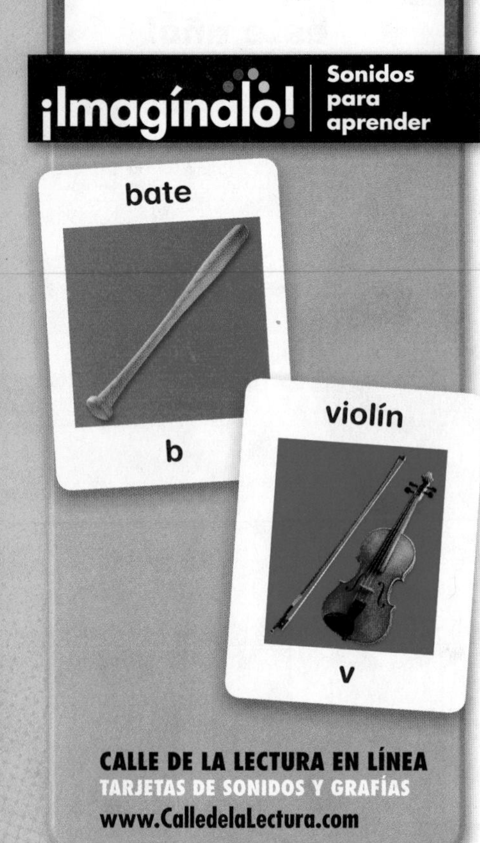

Fonética

Palabras con *b, v*

Palabras que puedo combinar

v a

b a t e

t u v o

b o t a s

v i v e

Oraciones que puedo leer

1. José va a encontrar su bate.
2. Nina tuvo que usar botas.
3. Lola vive al lado de mi casa.

Al llegar de la escuela mi mamá me dijo: —Guarda la bicicleta. ¡Vamos al supermercado!

Antes de irme, le di un beso a la abuela y agarré varias bolsas vacías para traer la comida. Mi abuela siempre nos recuerda usar bolsas reciclables para cuidar del medio ambiente.

Mientras íbamos en camino, leí la lista: vegetales, bananas, huevos, bistec, frutas para batidos de leche, aceite, vinagre y uvas.

¿Qué haría de comer mi mamá con todos estos alimentos? ¿Puedes adivinar?

Palabras con *b*, *v*

Objetivos

- Contar en orden cronológico los principales sucesos de un cuento. Explicar cómo afectan a los futuros sucesos en el cuento. • Resumir la información del texto.

¡Imagínalo!

Destreza

Estrategia

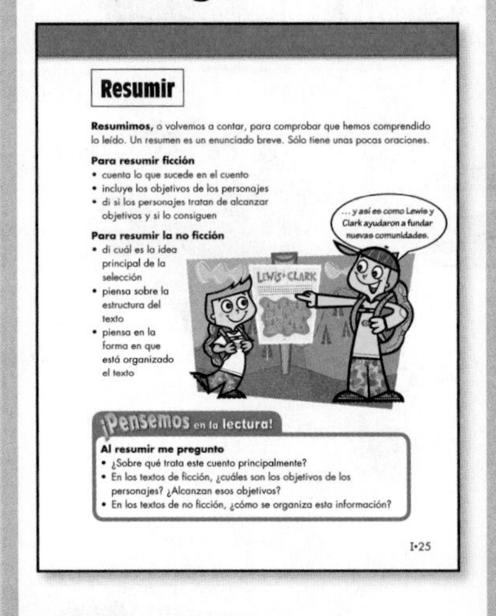

CALLE DE LA LECTURA EN LÍNEA
ANIMACIONES DE ¡IMAGÍNALO!
www.CalledelaLectura.com

Destreza de comprensión

Secuencia

- La secuencia es el orden en que ocurren los sucesos de un cuento: es decir, qué ocurre primero, después y por último.
- A veces el autor usa palabras clave como *primero, después* o *por la mañana*. Pero otras veces no. Entonces te puedes formar una imagen mental de lo que está pasando.
- Utiliza lo que has aprendido sobre secuencia y el organizador gráfico cuando leas "Los quehaceres". Utiliza el texto y el organizador gráfico como ayuda para resumir los sucesos del cuento mientras vas leyendo.

Estrategia de comprensión

Resumir

Los buenos lectores hacen resúmenes de lo que sucede a medida que leen un cuento. Cuando resumas, recuerda contar solamente los sucesos importantes en el orden en que ocurran manteniendo el significado del cuento. Esto te ayudará a recordar lo que estás leyendo.

Los quehaceres

Luisa miró la lista de quehaceres. Le tocaba doblar la ropa. Era la tarea que más detestaba. ¿Cómo deshacerse de ella?

Luisa vio a su hermano J.B. en su cuarto.

—J.B., ¿te gustaría ganar algo de dinero? —preguntó Luisa.

—¿Cuál es la paga? —preguntó J.B.

—Te pago 50 centavos por doblar la... —Luisa se detuvo. Recordó que ayer había gastado sus 50 centavos—. Olvídalo.

Estrategia Éste es un buen lugar para deternerte y resumir la secuencia de los sucesos en el argumento.

Después, Luisa vio a su hermana Graciela con cara triste en la sala.

Destreza Este párrafo comienza con una palabra de transición que nos ayuda a decir el orden de los sucesos. ¿Qué pasó después de que Luisa habló con J.B.?

—Hoy me tocó la peor tarea —dijo Graciela—. ¡Detesto pasar el plumero por los muebles!

—Eso no es tan malo. ¡Yo tengo que doblar la ropa! ¡Eso sí que es lo peor! —dijo Luisa.

—A mí no me importa doblar la ropa —dijo Graciela—. ¡Cualquier cosa antes que quitar el polvo!

Las dos niñas se miraron y sonrieron. Mientras Graciela doblaba la ropa, Luisa limpiaba los muebles y cantaba.

¡Es tu turno!

¿Necesitas repasar?
Mira el manual *¡Imagínalo!* para obtener ayuda sobre secuencia y resumir.

¡Inténtalo!
Mientras lees *¿Y yo?*, usa lo que has aprendido sobre secuencia y resumir.

Objetivos

- Usar la estructura de las palabras para determinar el signnificado de las palabras compuestas.

¡Imagínalo! | **Palabras para aprender**

carpintero

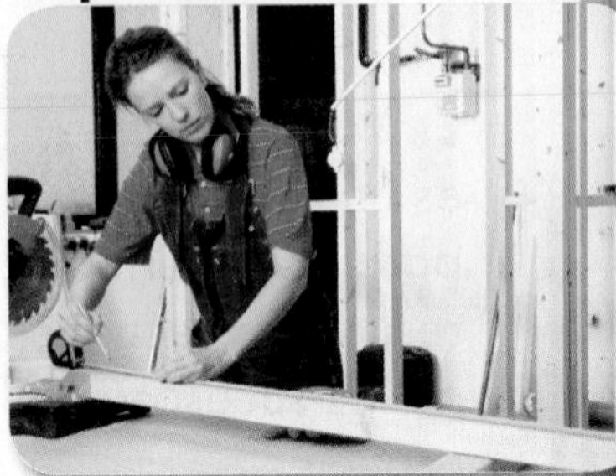

hilandera

atónito

alicaído
mercader
sabiduría
tejedor

CALLE DE LA LECTURA EN LÍNEA
ACTIVIDADES DE VOCABULARIO
www.CalledelaLectura.com

Estrategia de vocabulario para

Palabras compuestas

Estructura de las palabras Cuando lees, es posible que te encuentres con una palabra larga. Presta atención. ¿Puedes ver dos palabras en ella? Es posible que sea una palabra compuesta. Usa los significados de las dos palabras para hallar el significado de la palabra compuesta. Por ejemplo, *cascanueces* es un utensilio que sirve para cascar nueces.

1. Divide la palabra compuesta en dos palabras pequeñas.
2. Piensa en el significado de cada palabra pequeña y únelos.
3. Prueba el nuevo significado en una oración. ¿Tiene sentido?

Lee "En el mercado" en la página 63. Usa el significado de las palabras que forman las palabras compuestas para descubrir su significado.

Palabras para escribir Vuelve a leer "En el mercado". Escribe un cuento sobre un viaje de compras. Cuenta lo que ves y lo que haces. Usa la lista de Palabras para aprender.

En el mercado

Imagina un pequeño pueblo de Europa hace trescientos años. Es el día de mercado. La gente viene desde muchos kilómetros a la redonda para comprar y vender. Tú te quedas **atónito** viendo tantas cosas en la plaza del pueblo. Mira, allá hay un granjero que ha venido con sus frutas y verduras. Y acá hay un pastor que ha traído algunas de sus cabras para vender. Este **mercader** vende trastos de cocina: ollas, cucharas, ¡y hasta un cascanueces! El **carpintero** ha hecho sillas y mesas. La **hilandera** ofrece hilos, unos gruesos y otros tan finos como una telaraña. Para mostrar sus tapetes, el **tejedor** pone unos sobre otros, tendidos en el suelo.

La gente pasa de puesto en puesto mirando las cosas. ¡Cuánta **sabiduría** necesitan para saber qué comprar! ¡Y qué **alicaído** sale aquel que no ha podido comprar lo que quería!

¿Es distinto hoy en día? En realidad, no. Piensa en tu última salida a un mercado moderno: ¡un centro comercial!

¡Es tu turno!

¿Necesitas repasar? Para obtener ayuda adicional sobre cómo usar la estructura de las palabras para determinar los significados de las palabras compuestas, mira la sección *¡Palabras!* en la página P•9.

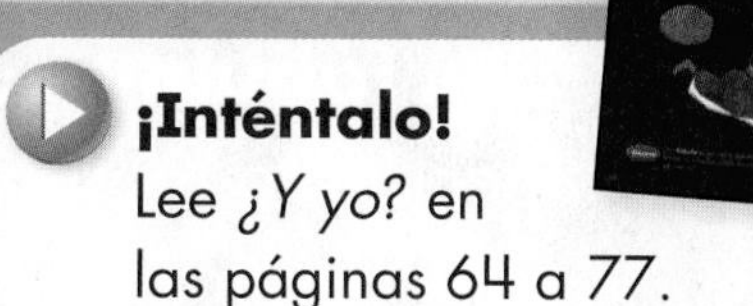

¡Inténtalo! Lee *¿Y yo?* en las páginas 64 a 77.

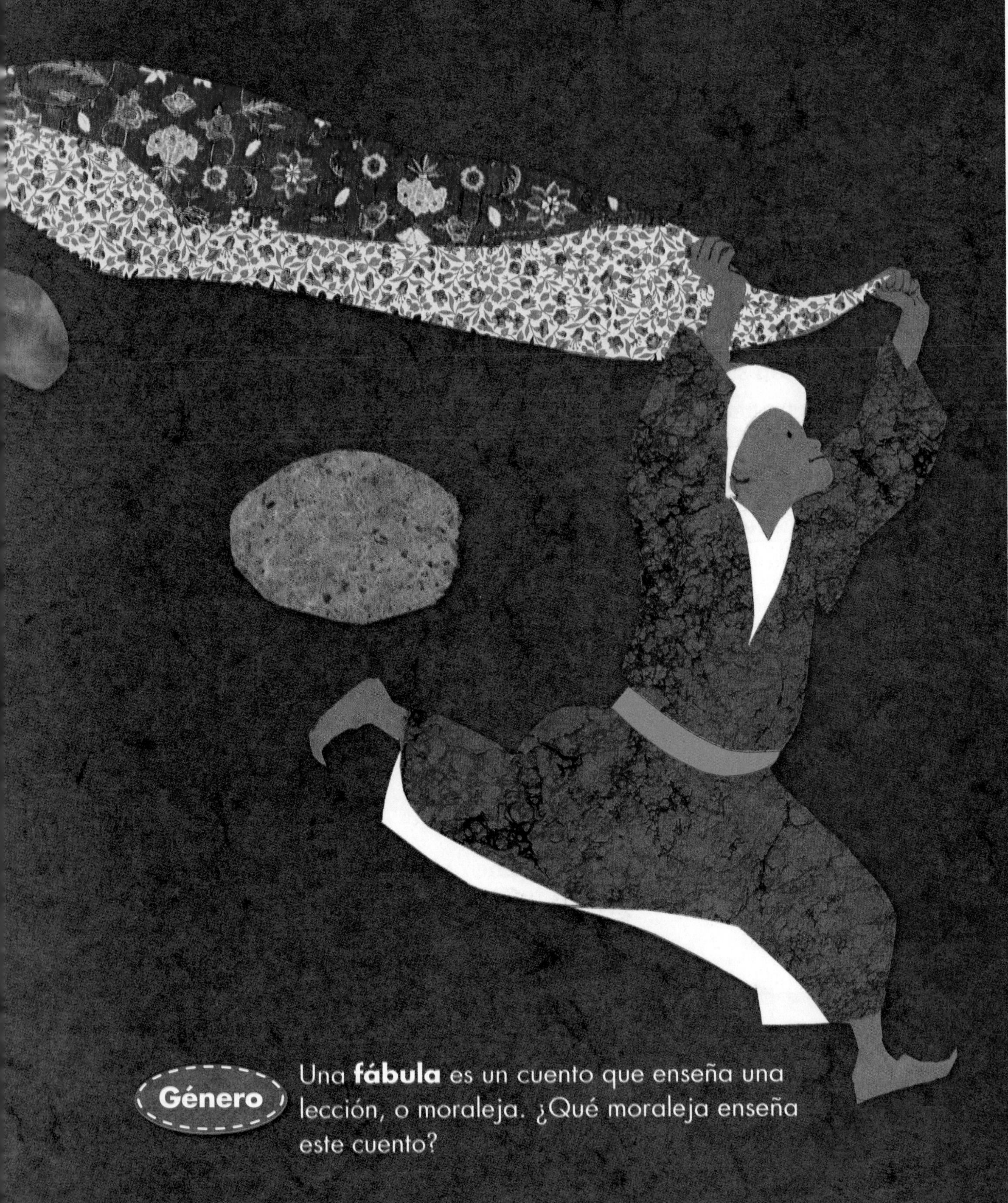

Género

Una **fábula** es un cuento que enseña una lección, o moraleja. ¿Qué moraleja enseña este cuento?

¿Y yo?

por Ed Young

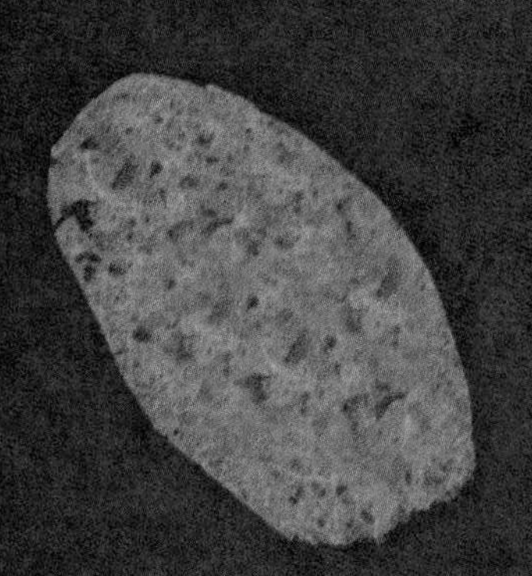

Pregunta de la semana

¿Qué cosas aprendemos al intercambiar?

Había una vez un joven que deseaba obtener sabiduría, pero no sabía cómo. "Iré a ver al Gran Maestro", pensó. "Él tiene mucha y quizás me dé un poco".

Cuando llegó, hizo una reverencia y dijo:

—Gran Maestro, usted es muy sabio. ¿Cómo podría obtener un poco de su sabiduría?

El Gran Maestro dijo:

—Me tienes que traer un tapete por mi trabajo—. El joven se fue corriendo a buscar un tejedor de tapetes.

—Señor tejedor de tapetes —dijo—, necesito un tapete para dárselo al Gran Maestro por su trabajo.

El tejedor de tapetes gruñó:

—¡Necesitas! ¿Y yo? Necesito hilo para tejer mis tapetes. Tráeme hilo y te haré un tapete.

Así que el joven salió corriendo a buscar una hilandera.

Por fin la encontró.

—Señora hilandera —dijo— necesito hilo para el tejedor de tapetes, que me hará un tapete para que se lo dé al Gran Maestro por su trabajo.

—¡Necesitas hilo! —dijo ella con voz jadeante—. ¿Y yo? Necesito pelo de cabra para hacer el hilo. Búscame un poco y te daré el hilo que necesitas.

Así que el joven se fue corriendo a buscar alguien que cuidara cabras.

Cuando encontró un pastor, el joven le dijo lo que necesitaba.

—¡Tus necesidades! ¡Las necesidades del otro y el de más allá! ¿Y yo? Tú necesitas pelo de cabra para comprar sabiduría y yo necesito cabras para darte el pelo. Consígueme unas cabras y te ayudaré.

El joven salió corriendo nuevamente a buscar a alguien que vendiera cabras. Cuando lo encontró, el joven le contó sus problemas y el vendedor de cabras le dijo:

—¿Qué sé yo de hilo, tapetes o Grandes Maestros? Necesito un corral para mis cabras, que están correteando por todas partes. Consígueme un corral y te daré una cabra o dos.

Al joven le zumbaba la cabeza. “Todos necesitan algo”, murmuró mientras corría. “¿Y mi necesidad de sabiduría?” Pero fue a ver a un carpintero que hacía corrales y le contó su larga historia.

—No digas nada más —dijo el carpintero—. Sí, hago corrales, pero necesito una esposa y nadie me quiere. Encuéntrame una esposa y hablaremos de tus problemas.

Así que el joven dejó al carpintero y se fue de casa en casa.

Por fin encontró a una casamentera.

—Sí, conozco a una muchacha que será una muy buena esposa, pero necesito algo. Toda mi vida he deseado…

—¿Qué? —dijo el joven.

—Sabiduría —dijo la casamentera—. Tráeme sabiduría y te daré el nombre de la muchacha para que se lo des al carpintero.

El joven se quedó atónito.

—Pero... pero no podemos conseguir sabiduría sin un tapete, ni un tapete sin hilo, ni hilo sin pelo, ni pelo sin una cabra, ni una cabra sin un corral, ni un corral sin una esposa para el carpintero.

—¡Para! —dijo la casamentera—. Yo, por lo menos, no tengo una necesidad tan grande de sabiduría—. Y despachó al joven.

—Necesito un tapete —repetía el joven—, necesito un tapete, ¡NECESITO UN TAPETE!

Empezó a caminar alicaído y sin rumbo, más y más lejos de su aldea.

Hasta que un día llegó a una aldea donde vio a un mercader en la plaza, restregándose las manos.

—Mercader —dijo el joven—, ¿por qué se restriega las manos?

El mercader miró la cara bondadosa del joven.

—Tengo una sola hija muy bella y creo que ha perdido la razón. Necesito ayuda, pero no sé dónde hallarla.

—Yo ni siquiera pude conseguir una hebra de hilo —dijo el joven—, pero a lo mejor lo puedo ayudar.

El mercader lo llevó hasta la muchacha. Cuando ella vio su rostro bondadoso, dejó de desvariar.

—Buen joven —dijo—, tengo una necesidad. Mi padre quiere que me case con un mercader como él, pero amo a un simple carpintero.

Cuando la muchacha describió al carpintero, el joven cayó en la cuenta:

—¡Vaya! ¡Ama al mismo carpintero que conozco! —Y se fue a la otra aldea con la muchacha y su secreto.

En agradecimiento, el carpintero de inmediato le dio al joven madera para un corral.

El vendedor de cabras puso las cabras en el corral y le dio algunas al joven, quien se las llevó al pastor, el cual le dio pelo de las cabras que el joven llevó a la hilandera, quien le hizo hilo.

Después llevó el hilo al tejedor de tapetes, quien le hizo uno.

El joven llevó el tapete al Gran Maestro. Cuando llegó a la casa del sabio, le entregó el tapete.

—Y ahora, Gran Maestro, ¿me puede dar sabiduría?

—¿Pero acaso no sabes? —dijo el Gran Maestro—. ¡Ya la tienes!

Las moralejas del Gran Maestro son dos:

Algunos de los dones más preciados que recibimos son los que recibimos cuando damos.

y

A menudo, la sabiduría nos llega cuando menos la esperamos.

Objetivos

• Contar en orden cronológico los principales sucesos de un cuento. Explicar cómo afectan a los futuros sucesos en el cuento. • Leer solo por un tiempo y parafrasear lo que vas leyendo. • Resumir la información del texto.

¡Imagínalo! | Volver a contar

CALLE DE LA LECTURA EN LÍNEA
ORDENACUENTOS
www.CalledelaLectura.com

Piensa críticamente

1. Una de las moralejas en el cuento es: "A veces nos llega el conocimiento cuando menos lo esperamos". Recuerda alguna vez que aprendiste algo nuevo cuando menos lo esperabas. ¿Qué aprendiste? ¿Cómo lo aprendiste? **El texto y tú**

2. Este autor hace sus propias ilustraciones. Vuelve a mirar alguna ilustración que ayuda a contar el cuento. Explica cómo ayuda. ¿Qué le agrega la ilustración al cuento? **Pensar como un autor**

3. ¿Por qué es importante la secuencia en que se desarrolla este cuento? **Secuencia de sucesos**

4. Resume o vuelve a contar lo que ocurrió cuando el niño conoció al mercader. **Resumir**

5. **Mira de nuevo y escribe** La hija del mercader es importante en el cuento. Vuelve a mirar las páginas 73 a 74. Luego, explica por qué ella es un elemento importante del cuento. Da evidencia que apoye tu respuesta.

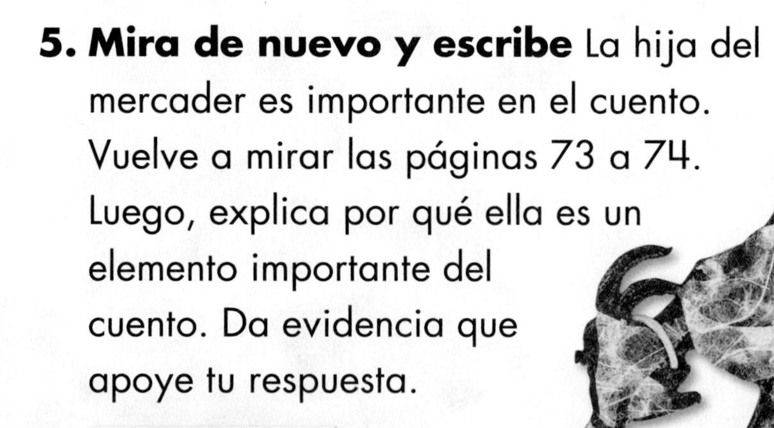

PRÁCTICA PARA EL EXAMEN **Respuesta desarrollada**

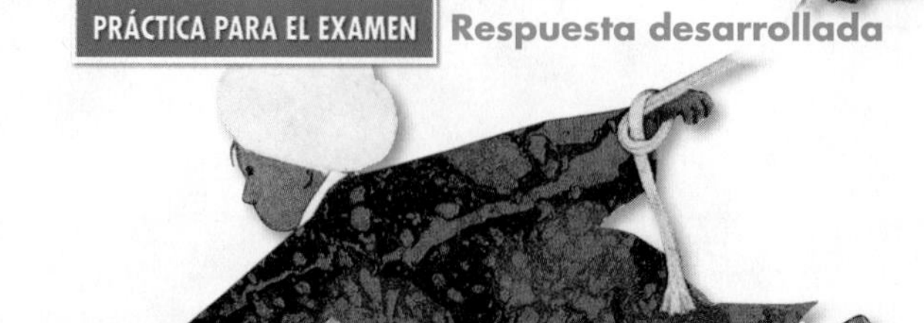

Conoce al autor e ilustrador

Ed Young

Después de trabajar varios años en publicidad, Ed Young quiso hacer algo que pudiera tener un impacto. Los libros para niños le dieron esa oportunidad. Cuando el Sr. Young empieza a inventar un cuento, lo hace al mismo tiempo que planea las ilustraciones. Luego investiga el tema para asegurarse de que las ilustraciones sean correctas, ya sea un cuento fantástico o un cuento folclórico.

Ed Young nació en Tientsin, China, y creció en Shanghai y Hong Kong. A menudo, los chinos acompañan sus ilustraciones con palabras. Young está de acuerdo con esa tradición. “Hay cosas que las palabras pueden expresar mejor que las imágenes y asimismo, hay cosas que las imágenes pueden expresar mejor que las palabras”.

Busca otros libros por Ed Young o sobre el mismo tema.

Usa el Registro de lecturas del *Cuaderno de lectores y escritores* para registrar tu lectura independiente.

Objetivos

• Escribir cuentos imaginativos, desarrollados en miras a un final e incluyendo detalles sobre los personajes y el ambiente. • Utilizar el sujeto y el predicado completos en una oración.

¡Escribamos!

Aspectos principales de una fábula

- los personajes principales frecuentemente son animales
- el cuento apoya una moraleja o lección
- la moraleja o lección generalmente se dice al final del cuento

CALLE DE LA LECTURA EN LÍNEA
GRAMATIRITMOS
www.CalledelaLectura.com

Fábula

Una **fábula** es un cuento corto que intenta enseñar una lección o moraleja. El modelo del estudiante en la próxima página es un ejemplo de una fábula.

Instrucciones Escribe una fábula que enseñe una lección.

Lista del escritor

Recuerda que debes...

 escribir un cuento imaginativo que enseñe una lección.

 incluir personajes que sean animales.

 incluir detalles sobre los personajes y el ambiente.

 decir la moraleja del cuento al final.

 escribir usando el sujeto completo y el predicado completo en una oración.

Modelo del estudiante

La rana en el cubo de leche

Una rana andaba saltando por el patio de la granja y decidió entrar en el granero. La rana no miró dónde pisaba. Se cayó de un borde y fue a dar a un cubo que estaba lleno de leche hasta la mitad.

Nadó dando vueltas y tratando de llegar al borde de arriba del cubo. Pronto comprendió que los lados del cubo eran demasiado empinados y altos para alcanzar el borde. Trató de estirar las patas hacia atrás para empujarse desde el fondo del cubo, pero era demasiado hondo.

La rana no se dio por vencida. Siguió tratando de salirse del cubo. Pateó y se retorció, y volvió a patear hasta que tantas patadas convirtieron la leche en una bola de mantequilla.

La mantequilla era dura, y la rana pudo treparse por ella y salirse del cubo.

Moraleja: ¡Nunca te des por vencido!

Característica de la escritura: Normas: El uso de las normas como la ortografía y puntuación correctas ayuda a crear una escritura clara.

Los **sujetos y los predicados** están usados correctamente.

Género: Una **fábula** enseña una moraleja.

Normas

Sujetos y predicados

Recuerda Una oración completa tiene un **sujeto** y un **predicado.** El **sujeto** dice de qué o de quién trata la oración. El **predicado** dice qué es o qué hace el sujeto.

Objetivos

• Volver a decir el tema y los detalles en tus propias palabras. • Explicar las similitudes y las diferencias entre los ambientes de los mitos y los cuentos folclóricos. • Formular diferentes tipos de preguntas sobre un texto.

Cuento de por qué

Género

Cuento de por qué

- Los mitos son cuentos inventados para explicar hechos o fenómenos naturales.
- Estos cuentos se ubican en un tiempo muy lejano. Suelen empezar con "había una vez..." para indicar que la historia es muy antigua.
- Los personajes que son animales actúan como personas. Hablan y piensan.
- Mientras leas, compara y contrasta el ambiente con el de otros mitos que has leído.

En un principio Tortuga del Desierto era un animalillo verde que vivía en una madriguera bajo tierra. Allí estaba a salvo del calor de su enemigo, Sol del Desierto.

De cuando en cuando, Tortuga tenía que abandonar su casa para buscar comida y agua. Un día, a principios de primavera, Tortuga del Desierto sintió la urgencia de salir de su casa en busca de comida y agua. Al asomarse vio que el desierto había cobrado vida; estaba cubierto de bellas flores silvestres. Tortuga del Desierto tenía una debilidad especial por los jugosos dientes de león. Tortuga descubrió un diente de león en el suelo y, sin más, se lo llevó al pico.

Al avanzar por la arena, Tortuga del Desierto sintió más y más calor. Esto la hizo enojarse con Sol del Desierto. Encontró, finalmente, una gran roca en cuya sombra se detuvo a descansar. Luego, con mucha delicadeza, puso su diente de león en el suelo. "Creo que ha llegado el momento de mi aperitivo", pensó.

Y de pronto, Abeja del Desierto se acercó y le dijo con su zumbido:

—¿Se puede saber qué estás haciendo con esa flor?

Pensemos...

¿Qué característica del mito hay en esta página? **Cuento de por qué**

—Creo que me la voy a almorzar —contestó la tortuga—. Mi enemigo, Sol del Desierto, lleva persiguiéndome todo el día, y me siento cansada y hambrienta.

—Cuando alguien me molesta, yo lo pico con mi aguijón —dijo Abeja del Desierto—. Si me das tu diente de león, yo te daré mi aguijón. En cuanto piques a Sol del Desierto con él, ya no te volverá a molestar.

A Tortuga del Desierto le emocionó su proposición. Aceptó hacer el cambio sin dudarlo. En cuanto salió de la sombra de la roca, Sol del Desierto empezó a atizarla de nuevo con sus rayos.

—Ya no me molestarás más —gritó Tortuga, que le arrojó el aguijón con todas sus fuerzas. El aguijón salió por el aire, pero no llegó hasta el sol. El aguijón cayó a tan sólo unos pies.

Pensemos...

¿Qué acciones de Cacto del Desierto nos recuerdan a una persona? **Cuento de por qué**

Tortuga del Desierto lo recogió y siguió caminando. Poco después, se encontró con Cacto del Desierto. Tenía los brazos muy abiertos.

—¿Se puede saber qué estás haciendo con esa cosa tan larga y afilada? ¿Es una aguja de cacto? —preguntó Cacto del Desierto al ver acercarse a la tortuga.

—Abeja del Desierto me ha dado su aguijón para combatir a mi enemigo, Sol del Desierto —murmuró Tortuga del Desierto—. Pero no ha funcionado.

—Por supuesto que no funcionó —dijo Cacto del Desierto soltando una carcajada—. La mejor manera de combatir al Sol del Desierto es con un poco de jugo de cacto. Si te bebes mi jugo, estarás a salvo. Si me das tu aguijón, te daré mi jugo.

A Tortuga del Desierto le pareció buena idea. Cacto del Desierto le dio una taza llena de jugo. Y ella le colocó el aguijón entre las púas de uno de sus brazos.

Tortuga del Desierto tomó un pequeño trago de jugo y se sintió mejor. "Quizá Cacto del Desierto tenga razón", pensó. Antes de terminarse el jugo, Tortuga del Desierto llegó al cauce seco de un río.

—¿Qué estás haciendo con ese jugo de cacto? —le preguntó Río del Desierto.

—Cacto del Desierto me lo ha dado para combatir a mi enemigo, Sol del Desierto —respondió la tortuga.

—Yo tengo una idea mucho mejor —le dijo Río del Desierto—. Ahora estoy seco, pero si viertes tu jugo en mi cauce, se convertirá en agua. Conmigo estarás a salvo de Sol del Desierto.

A Tortuga del Desierto le gustaba la idea de remojarse en un río. Hizo lo que le propuso Río del Desierto y, luego, saltó al agua. Bajó hasta el fondo para refrescarse en los húmedos lodos del río.

Luego salió a la superficie por aire. Estaba tan cansada de todas sus aventuras y tenía tanto lodo en su cuerpo, que se quedó dormida a la orilla del río. Mientras dormía el lodo se le empezó a secar. El lodo acabó cociéndose en forma de caparazón; un caparazón que le cubría todo el cuerpo.

¡Al fin, Tortuga del Desierto encontró un lugar donde siempre podría esconderse del sol! Hasta el día de hoy, las tortugas del desierto pueden verse con sus caparazones de protección en el sudoeste de los Estados Unidos y México.

Pensemos...

¿Qué fenómeno natural explica este mito? ¿Es creíble? **Cuento de por qué**

Pensemos...

Relacionar lecturas Tanto el niño de *¿Y yo?* como la tortuga de este relato, consiguen lo que desean. ¿De qué forma cooperan los personajes de una y otra historia para salir adelante?

Escribir variedad de textos Vuelve a escribir el final del mito suponiendo que nadie hubiese querido negociar con la tortuga.

Objetivos

• Leer en voz alta y comprender el texto adecuado al nivel del grado. • Escuchar con atención cuando alguien habla, hacer preguntas sobre el tema del que se está hablando y comentar sobre el tema. • Hablar claramente e ir al punto mientras se hace contacto visual, modulando la rapidez, el volumen y la claridad en la que comunicas tus ideas. • Utilizar el sujeto y el verbo completos en una oración.

¡Aprendamos!

CALLE DE LA LECTURA EN LÍNEA
LIBRO DEL ESTUDIANTE EN LÍNEA
www.CalledelaLectura.com

Vocabulario

Palabras compuestas

Estructura de las palabras Al leer, es posible que encuentres una palabra formada por dos palabras más cortas. Probablemente sea una palabra compuesta. Usa las dos palabras más cortas para entender el significado de la palabra compuesta.

¡Practícalo! Trabaja con tu compañero para hacer una lista de cuatro o cinco palabras compuestas. Escribe el significado de cada palabra compuesta. Usa el diccionario para verificar tu trabajo.

Fluidez

Ritmo

Leer muy rápido o muy despacio crea dificultad para entender lo que lees. Es probable que tengas que volver a leer una lectura para practicar las palabras y frases más difíciles y así lograr un buen ritmo.

¡Practícalo! Practica leyendo en voz alta *¿Y yo?* Fíjate en qué partes del texto tu ritmo es más lento. ¿Qué puedes hacer para leerlas a un ritmo más rápido?

Escuchar y hablar

Cuando hagas una descripción, usa palabras que creen una imagen en la mente de tus oyentes.

Descripción

Cuando hagas una descripción, usa detalles que creen una imagen mental en tus oyentes.

Habla claramente y alza la voz para que sobresalgan los detalles interesantes.

¡Practícalo! Describe ante un público las imágenes y palabras que aparezcan en diversas monedas y billetes. Luego contesta preguntas sobre lo que has descrito.

Sugerencias

Al escuchar...

- determina la efectividad del hablante.
- haz preguntas relevantes sin interrumpir.

Al hablar...

- habla lo suficientemente alto para que todos puedan oírte.
- usa sujetos y predicados completos en las oraciones.

Trabajo en equipo...

- Pregunta y responde con detalles apropiados.

Objetivos

- Hacer preguntas sobre el tema del que se está hablando y comentar sobre el tema.
- Participar en discusiones moderadas por el maestro y otros estudiantes, formular y contestar preguntas y ofrecer ideas basadas en las ideas de los demás.

Hablemos sobre

Lograr metas

- Comparte ideas sobre cómo las personas logran sus metas trabajando juntas.
- Comenta en equipo cómo logran las personas sus metas si están preparados.
- Plantea y contesta preguntas sobre la manera de lograr metas si se tienen los recursos.

CALLE DE LA LECTURA EN LÍNEA
VIDEO DE LA PREGUNTA PRINCIPAL
www.CalledelaLectura.com

¡Has aprendido

0 1 7

palabras asombrosas

este año!

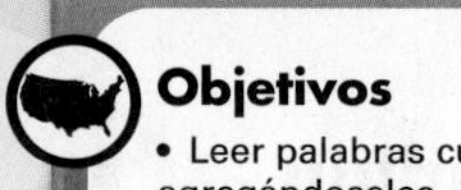

Objetivos

- Leer palabras cuyo plural se forma agregándoseles *-s* o *es* al final. • Leer palabras terminadas en *-z* cuyo plural se forma reemplazando la *z* por *c* antes de agregárseles *-es*.

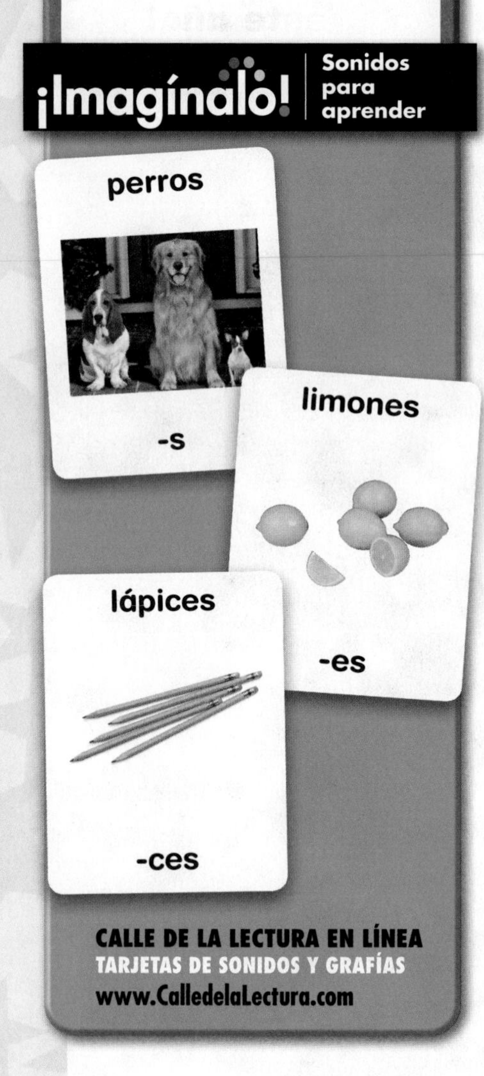

Fonética

Plurales terminados en *-s, -es, -ces*

Palabras que puedo combinar

cordones

zapatos

peces

colores

voces

Oraciones que puedo leer

1. Los cordones de los zapatos están aquí.
2. Vimos peces de colores en el acuario.
3. Un coro tiene muchas voces.

¡Puedo leer!

Sonia está ocupada haciendo su tarea escolar en la cocina. La mesa está llena de papeles azules y blancos, lápices de colores y unas tijeras.

Su papá entra a la cocina con los hermanos de Sonia a preparar la cena. Necesita arroz, pero le lleva unos minutos decidir entre los arroces del gabinete. Busca las nueces, la calabaza, las cebollas y el aceite.

—Niños, es hora de limpiar y preparar la mesa —les avisa su papá. —Pongan los platos, tenedores, cuchillos, cucharas, vasos y servilletas.

Has aprendido

- Plurales terminados en *-s*, *-es*, *-ces*

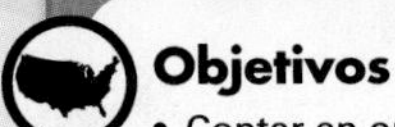

Objetivos

- Contar en orden cronológico los principales sucesos de un cuento. Explicar cómo afectan a los futuros sucesos en el cuento.
- Verificar tu comprensión de un texto y ajustar tu lectura basándote en cuán bien comprendes lo que estás leyendo.

¡Imagínalo!

Destreza

Estrategia

CALLE DE LA LECTURA EN LÍNEA
ANIMACIONES DE ¡IMAGÍNALO!
www.CalledelaLectura.com

Destreza de comprensión

Secuencia

- La secuencia es el orden en que ocurren los sucesos del cuento.
- Mientras lees, busca palabras claves que te digan el tiempo, o palabras tales como *primero, luego, después* y *finalmente* para comprender la secuencia.
- Una línea cronológica como la de abajo puede ayudarte a seguir los pasos de una secuencia.
- Utiliza lo que has aprendido sobre secuencia y el organizador gráfico cuando leas "Nalukataq, el lanzamiento con manta".

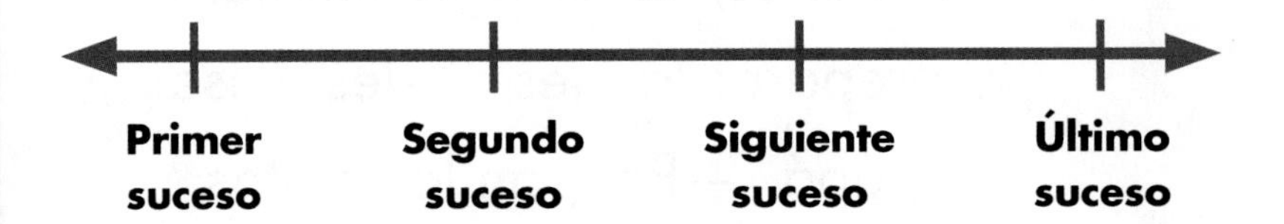

Destreza de comprensión

Visualizar

Mientras lees, es importante imaginarse los personajes y lo que está sucediendo. Esto te ayudará a mantener el orden lógico de los detalles que lees. Utiliza palabras que apelen a los sentidos y otras descripciones para ayudarte a crear las imágenes. Si estás confundido, detente y vuelve a leer la sección hasta que puedas hacerte una imagen mental.

NALUKATAQ, EL LANZAMIENTO CON MANTA

Está terminando el mes de junio en Wainwright, Alaska. Se ha reunido toda la aldea para el *Nalukataq.* Es la celebración de una buena temporada de caza de ballenas. La gente está feliz porque los barcos balleneros han regresado.

La celebración comienza con visitas y un gran banquete. Luego vienen juegos, seguidos de música y baile. Uno de los juegos es el lanzamiento con manta. Es más, este juego le da nombre a toda la celebración.

El nalukataq es una manta redonda y grande hecha con pieles. Tiene asas de cuerda. Primero se juntan unas 15 personas alrededor de la manta. La levantan y una persona se para en el medio. Los que sostienen la manta lanzan a la persona al aire y la vuelven a atrapar. El primero en saltar es siempre el capitán de la tripulación que mató a la ballena.

Es una tradición muy antigua. Antes, el lanzamiento con manta se usaba para cazar. Estando el cazador arriba en el aire, podía ver a lo lejos para encontrar ballenas.

Destreza ¿Qué es lo primero que pasa en la celebración? Anótalo en la línea cronológica.

Estrategia ¿Qué imagen te viene a la mente cuando piensas en lanzamiento con manta? ¿Qué debes hacer si no te lo puedes imaginar?

Destreza ¿Qué palabra clave muestra la secuencia en el lanzamiento con manta?

¡Es tu turno!

¿Necesitas repasar?
Mira el manual *¡Imagínalo!* para obtener ayuda sobre secuencia y visualizar.

¡Inténtalo!
Mientras lees *La pesca de Kumak*, usa lo que has aprendido sobre secuencia y visualizar.

Estrategia de vocabulario para

Palabras desconocidas

Diccionario/Glosario Puedes usar un glosario o un diccionario para hallar el significado de las palabras desconocidas. El glosario aparece al final de un libro y define las palabras importantes de ese libro. Un diccionario es un libro con una lista de palabras, su significado y otra información. Las palabras de los glosarios y de los diccionarios están en orden alfabético.

1. Mira la primera letra de la palabra.
2. Busca esa letra en el glosario o en el diccionario.
3. Si la palabra tiene más de un significado, decide cuál funciona mejor en la oración.
4. Trata de imaginarte el significado de la oración para ver si tiene sentido.

Lee "Primera nevada" en la página 97. Usa un diccionario o un glosario para buscar el significado de cada palabra resaltada y escribe su significado al lado.

Palabras para escribir Vuelve a leer "Primera nevada". ¿Qué crees que Jack y Missy extrañaban más de Florida? Escribe tus ideas. Usa la lista de Palabras para aprender.

Primera nevada

Jack y Missy no conocían la nieve. Vivían en Florida. El clima allí era demasiado cálido para que nevara. Así que el año pasado fueron a visitar a sus primos de Michigan.

El segundo día de su visita, una tormenta de nieve dejó en el suelo siete pulgadas del material blanco y espléndido. Los primos les prestaron a Jack y a Missy sus botas extra y otros aparejos de nieve. Así, todos salieron a jugar.

En el jardín, un sauce parecía hecho de nieve. Todas las ramas estaban cubiertas de blanco. Missy se acercó para verlas mejor. En ese momento, Jack le dio un tirón a una de las ramas. La nieve cayó como lluvia sobre la cabeza de Missy y le entró un poco dentro del cuello de la parka ¡Brrr! El frío la hizo temblar, pero no le importó.

Después los niños se turnaron en el trineo; cada uno lo arrastró un rato. Jack y Missy se divirtieron jugando en la nieve toda la semana. Pero al final de la visita regresaron con gusto al calor y al sol de Florida.

¡Es tu turno!

¿Necesitas repasar? Para obtener ayuda adicional sobre cómo usar un diccionario o glosario para hallar los significados de las palabras desconocidas, mira la sección *¡Palabras!* en la página P•13.

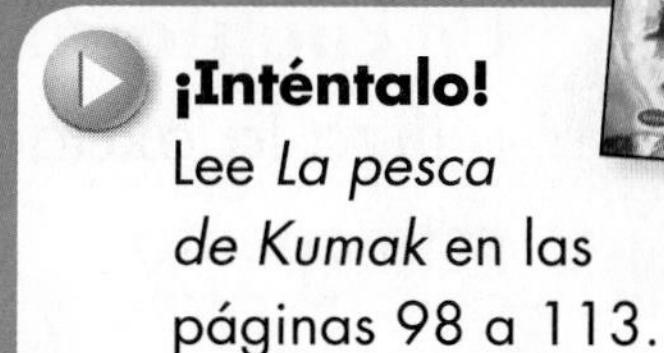

¡Inténtalo! Lee *La pesca de Kumak* en las páginas 98 a 113.

La pesca de Kumak

Autora e ilustradora
Michael Bania

Un **cuento exagerado** es un relato que utiliza la exageración. ¿Qué tiene de exagerado este cuento?

Pregunta de la semana

¿Cómo podemos lograr nuestras metas?

Una bella mañana en el Ártico, Kumak miró por la ventana de su casa. Entre los bancos de nieve veía levantarse el sol sobre el río congelado.

—Ahhhh, la primavera —dijo Kumak a su familia.

—Los días son largos. Las noches son cortas y el hielo aún está duro. *Buen día para la pesca.*

—*Buen día para la pesca* —dijo la esposa de Kumak, poniéndose su parka abrigada.

—*Buen día para la pesca* —dijo la madre de la esposa de Kumak, poniéndose sus mukluks abrigados.

—*Buen día para la pesca* —dijeron sus hijos e hijas, poniéndose sus gorros y guantes forrados de piel.

Kumak puso sus aparejos de pesca en el trineo. Puso a su esposa en el trineo. Puso a la madre de su esposa en el trineo. Puso a sus hijos e hijas en el trineo. Y luego, en el lugar más seguro de todos, Kumak puso el asombroso palo de pescar de su tío Aglu.

Todos en el pueblo conocían el asombroso palo de pescar del tío Aglu. El tío Aglu lo había tallado muchos años antes, de una rama de sauce magnífico, y cada primavera atrapaba más peces que cualquiera de la aldea.

Pero esta primavera, el tío Aglu tenía problemas en las piernas. Le dijo a Kumak que usara el asombroso palo de pescar.

¡Era un día de suerte para Kumak!

Cuando llegaron al gran lago congelado, más allá de la desembocadura del río, la familia de Kumak cavó sus hoyos de pesca y se sentaron a esperar.

Kumak y su familia estuvieron sentados un rato largo. Estaban callados. Esperaban con paciencia. Rasparon el hielo que se formaba alrededor de sus hoyos de pesca.

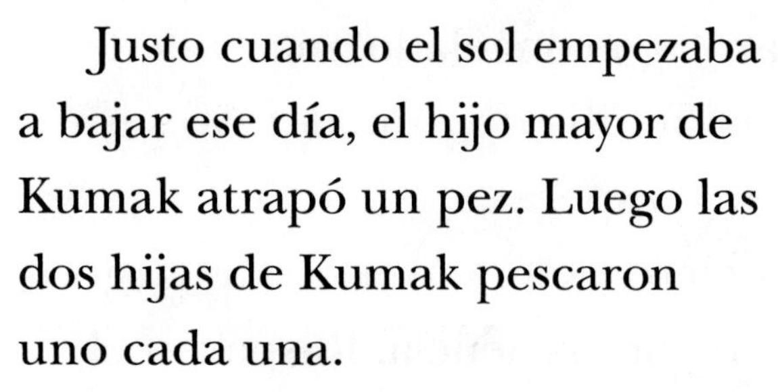

Justo cuando el sol empezaba a bajar ese día, el hijo mayor de Kumak atrapó un pez. Luego las dos hijas de Kumak pescaron uno cada una.

Pronto su esposa y la madre de su esposa atraparon un pez cada una.

—*Buen día para la pesca* —dijeron.

Kumak estaba callado. Esperaba paciente. Raspó el hielo que se formaba alrededor de su hoyo de pesca.

De pronto, el asombroso palo de pescar del tío Aglu ¡dio un tirón! Un tirón para acá. Un tirón para allá.

Dio vueltas y más vueltas.

Dio un tirón más, y arrastró a Kumak hacia el hoyo de pesca.

—¡Qué pez tan grande! —dijo la esposa de Kumak.

—¡El más grande que yo recuerde! —dijo la madre de la esposa de Kumak.

—¡El pez más grande del mundo! —dijeron sus hijos e hijas.

Bailaron felices, pensando en las caras de alegría de la gente de la aldea cuando los vieran llegar con ese pez tan grande.

Y entonces, Kumak dio un nuevo tirón.

Y tiró hacia un lado.

Tiró hacia otro lado.

Dio vueltas y más vueltas.

Luego Kumak dio un nuevo tirón, y se fue de cabeza hacia el hoyo de pesca y el agua congelada que había debajo.

—¡Esposa! ¡Ayúdame a sacar este pez!

La esposa de Kumak lo tomó de la cintura, y juntos dieron dos pasos hacia atrás.

—¡Ese pez debe de ser tan grande como una foca! —gritó Kumak feliz.

—¡Aana! ¡Ayúdame a sacar este pez!

—La madre de la esposa de Kumak corrió a ayudarlos. Agarró a la esposa de Kumak, y juntos dieron tres pasos hacia atrás.

—¡Ese pez debe de ser tan grande como una morsa! —gritó Kumak feliz.

—¡Niños! ¡Ayúdenme a sacar este pez!

Sus hijos e hijas corrieron en su ayuda. Se pusieron en fila, uno tras otro, y ninguno se soltó. Juntos, dieron seis pasos más, pero el palo los arrastró nuevamente hasta el borde del hoyo de pesca.

—¡Ese pez debe de ser tan grande como una ballena! —gritó Kumak feliz. Los aldeanos que regresaban a sus casas oyeron los gritos de Kumak y corrieron en su ayuda. Se pusieron en fila detrás de la familia de Kumak, y agarrándose con fuerza a la persona que tenían delante, jalaron y jalaron. Mas por muchos pasos que daban alejándose del hoyo, siempre terminaban arrastrados de nuevo al mismo lugar del principio.

Pronto, toda la aldea se enteró de lo del pez de Kumak y vinieron a ayudarlo. En una fila larga que se extendía sobre todo el lago congelado, jalaron y jalaron ¡y **JALARON!**

Y una vez más, el asombroso palo de pescar del tío Aglu dio un tirón. Jalaba para acá, y toda la gente de la aldea se movía hacia acá.

Jalaba para allá, y toda la gente de la aldea se movía para allá.

Daba vueltas y vueltas, y toda la gente de la aldea daba vueltas y vueltas.

El asombroso palo de pescar del tío Aglu dio otro tirón enorme y arrastró a Kumak al hoyo ¡y cayó al agua helada que había debajo!

La familia de Kumak y los aldeanos no se rindieron. Se agarraron fuerte a la persona que tenían delante y nadie se soltó. Entre todos dieron un tremendo tirón y...

Kumak salió disparado del hoyo de pesca. El asombroso palo de pescar del tío Aglu salió disparado con él.

Extendidos en una fila larguísima, rodeando a Kumak y el hoyo de pesca, ¡había cientos de peces! Cada pez estaba agarrado al de adelante y ninguno se soltó. Kumak había pescado suficiente para que toda la aldea tuviera un espléndido banquete.

—¡Viva Kumak! —vitoreaban los aldeanos recogiendo los pescados.

—¡Viva el asombroso palo de pescar del tío Aglu! —dijo Kumak, cuando se ponían en marcha hacia sus casas.

Fue un buen día para la pesca.

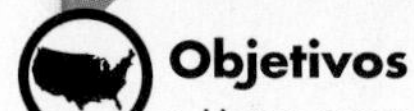

Objetivos

- Hacer preguntas, aclarar lo que no entiendas y buscar hechos y detalles. Apoyar tus respuestas con detalles del texto.
- Contar en orden cronológico los principales sucesos de un cuento.
- Identificar las palabras que crean una imagen en tu mente y atraen los sentidos.

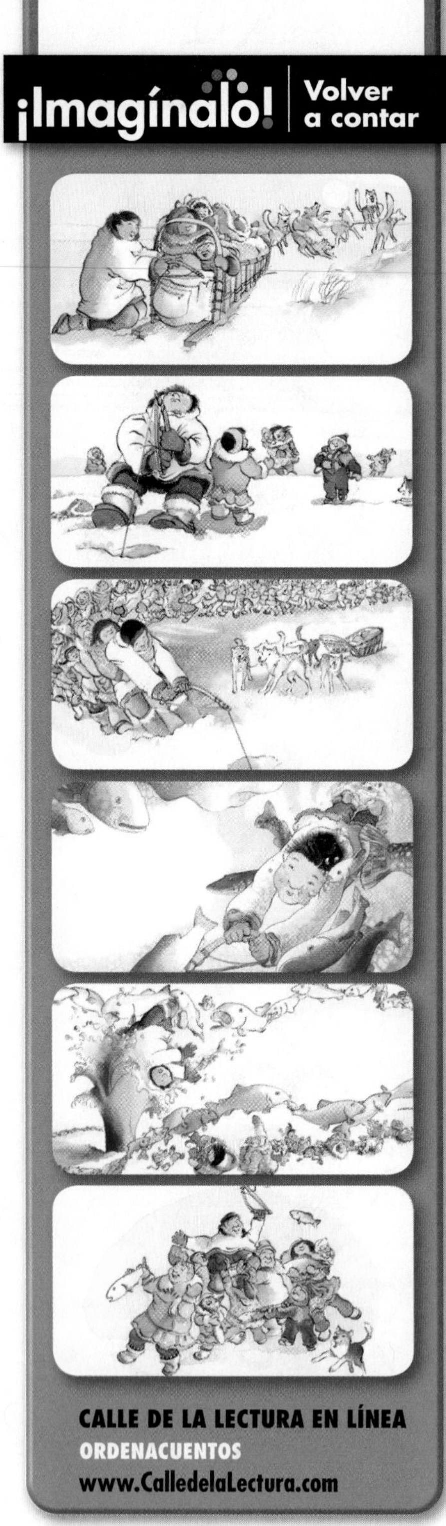

Piensa críticamente

1. *La pesca de Kumak* es un cuento exagerado. Recuerda otro cuento exagerado que has leído. ¿En qué se parece a *La pesca de Kumak*? ¿En qué se diferencia? **De texto a texto**
2. Al principio del cuento, Kumak dijo que era "buen día para la pesca". En el cuento de este autor, ¿cómo se hizo realidad esta frase al final de la historia? **Pensar como un autor**
3. Dibuja dos líneas cronológicas. En una, muestra en qué orden los familiares de Kumak atraparon sus peces. En la otra, muestra en qué orden se pusieron las personas en fila detrás de Kumak para ayudarlo en su pesca. **Secuencia de sucesos**
4. ¿Qué ves en tu mente cuando todos dan un último tirón al asombroso palo de pescar? **Visualizar**
5. **Mira de nuevo y escribe** Vuelve a mirar la pregunta en la página 99. Piensa en los sucesos más importantes que ocurrieron en el cuento. Ahora escribe una respuesta a la pregunta. Da evidencia que apoye tu respuesta.

PRÁCTICA PARA EL EXAMEN **Respuesta desarrollada**

Conoce a la autora

Michael Bania

Michael Bania enseñó por muchos años en un pueblo inuit de Alaska. Allí tuvo la oportunidad de ver cómo a sus estudiantes les encantaba escuchar los cuentos que contaban los ancianos. Así fue que decidió escribir esos cuentos para que todos los niños pudieran leerlos. Hoy día Michael vive en Alaska donde continúa escribiendo cuentos.

Busca otros libros sobre pescadores.

Registro de lecturas

Usa el Registro de lecturas del *Cuaderno de lectores y escritores* para registrar tu lectura independiente.

Objetivos

- Escribir ensayos para las audiencias y por las razones adecuadas.
- Reconocer y utilizar los signos de puntuación.

¡Escribamos!

Aspectos principales de una carta de agradecimiento

- usa el formato de una carta informal
- tiene un tono amistoso
- explica por qué está agradecido el escritor

CALLE DE LA LECTURA EN LÍNEA
GRAMATIRITMOS
www.CalledelaLectura.com

Carta de agradecimiento

Una **carta de agradecimiento** es una carta informal que da las gracias por un regalo o una acción amable. El modelo del estudiante en la próxima página es un ejemplo de una carta de agradecimiento.

Instrucciones Imagina que eres Kumak. Escríbele una carta al tío Aglu para agradecerle por prestarte su palo de pescar.

Lista del escritor

Recuerda que debes...

- ✓ incluir una fecha, saludo, cuerpo, despedida y firma.
- ✓ poner dos puntos después del saludo.
- ✓ explicar qué sientes por las acciones de tu tío.
- ✓ utilizar lenguaje apropiado para tu audiencia y propósito.

Modelo del estudiante

14 de enero de 20__

Querido tío Aglu:

Gracias por prestarme tu palo de pescar. **Sé que cuando tú lo usas, siempre sacas más peces que cualquiera de la aldea.** Como no pudiste pescar esta vez, yo lo usé muy contento en tu lugar. Al igual que tú, ¡tuve mucha suerte en la pesca!

Al principio, no estaba seguro de que ese palo atraparía peces. Mis hijos y mi esposa sacaron peces antes que yo. Pero tuve paciencia. **¿Sabes qué pasó?** El palo de pescar empezó a tirar para aquí y para allá. **Toda la gente del pueblo tuvo que ponerse detrás de mí para ayudarme a jalar.** Por fin pudimos sacar tantos peces, que alcanzaron para que toda la aldea tuviera un banquete.

¡Tu palo de pescar es increíble! Gracias otra vez por prestármelo.

Con cariño,

Kumak

Género: Una **carta de agradecimiento** tiene un tono amistoso.

Característica de la escritura: Organización: La organización incluye el uso correcto de la coma.

Las **oraciones enunciativas e interrogativas** están usadas correctamente.

Normas

Oraciones

Recuerda Una **oración enunciativa** afirma algo y termina con un punto. Una **oración interrogativa** hace una pregunta. Empieza con un signo de interrogación invertido y termina con un signo de interrogación.

Objetivos
- Identificar el tema y el propósito del autor para escribir.
- Utilizar las características del texto para adivinar lo que sucederá después.

Estudios Sociales en Lectura

Género
Artículo periodístico

- Los artículos periodísticos se escriben para informar o persuadir.
- Algunos artículos periodísticos son textos que explican procedimientos y dan instrucciones al lector en varios pasos. También pueden incluir características del texto y fuentes gráficas.
- Busca características del texto y fuentes gráficas para predecir de qué trata el artículo. Luego decide por qué quieres leerlo. Mientras lees, verifica tus predicciones.

LOS TIEMPOS DE MIDGEVILLE

Rincón infantil

Cómo atrapar un pez

Vicki Edwards estuvo a punto de romper la marca de atrapar el pez más grande en el lago Buchanan. Vicki sigue una guía de pesca sencilla y desea compartirla con nuestros lectores.

Paso 1. Ceba el anzuelo.
Pídele a un adulto que te ayude a cebar el anzuelo. Puedes escoger entre distintos tipos de cebo. Es más fácil decidir qué cebo elegir si sabes qué tipo de pez vas a pescar.

SEPTIEMBRE 50 CENTAVOS

Paso 2. Lanza el sedal.

Después de lanzar el sedal, mira el agua. Si ves ondas u olas pequeñas, quizás haya peces cerca. Es importante guardar silencio para no espantar los peces.

Paso 3. Saca el pez del agua.

Si sientes un tirón en el sedal, puede ser que haya picado un pez. Enrolla el sedal rápidamente para que el pez no se escape. Si el pez es muy pesado, quizá necesites la ayuda de una red para meterlo en el bote.

Paso 4. Mira tu premio.

En la mayoría de los lagos y ríos hay reglamentos que te dicen si un pez es lo bastante grande para quedártelo o no. Asegúrate de mirar esas reglas antes de ir de pesca. Sea o no sea tu pez del tamaño adecuado para quedártelo, ¡no te olvides de tomarle una foto!

Pensemos...

¿Por qué quiso Vicki Edwards escribir sobre cómo atrapar un pez? **Artículo periodístico**

Pensemos...

Relacionar lecturas Cuando vayas de pesca, ¿seguirás las instrucciones de este artículo o pescarás como hizo Kumak? ¿Por qué? Haz un diagrama de Venn para comparar y contrastar los dos modos de pescar.

Escribir variedad de textos Escribe un artículo corto para un periódico explicando las dos formas de pescar.

Objetivos

- Leer en voz alta y comprender el texto adecuado al nivel del grado. • Utilizar un diccionario o un glosario para determinar los significados, los patrones silábicos y la pronunciación de las palabras desconocidas. • Escuchar con atención cuando alguien habla, hacer preguntas sobre el tema del que se está hablando y comentar sobre el tema.

CALLE DE LA LECTURA EN LÍNEA
LIBRO DEL ESTUDIANTE EN LÍNEA
www.CalledelaLectura.com

Vocabulario

Palabras desconocidas

Diccionario/Glosario Si mientras lees te encuentras con una palabra desconocida, puedes usar un diccionario o un glosario para hallar su significado. Las palabras aparecen en orden alfabético. En cuanto encuentres la palabra, lee lo que dice. Si hay más de un significado, elige el que se adapte mejor a la oración.

¡Practícalo! Escribe las palabras *solitario, sujeto* y *sereno* en orden alfabético. Luego busca las palabras en un diccionario o glosario. En cuanto encuentres sus significados en un diccionario o glosario, escríbelos al lado de la palabra correspondiente.

Fluidez

Expresión

Cuando leas en voz alta, modula el volumen, el ritmo y el tono para hablar con expresión. Leer expresivamente te ayuda a captar el interés de tu público. También te permite dar una voz diferente a cada personaje.

¡Practícalo! Practica con tu compañero leyendo en voz alta las páginas 100 a 101 de *La pesca de Kumak*. Varía el volumen, el ritmo y el tono para que cada personaje tenga su propia voz. Di a tu compañero que comente qué tal lo has hecho. ¿Hay algo que puedas mejorar la próxima vez?

Trabaja en equipo de manera productiva.

Escuchar y hablar

Contar un cuento

Cuando cuentes un cuento, sé expresivo y emotivo para entretener a tu público. Cuando el cuento se ponga emocionante, lee más rápido.

¡Practícalo! Con un grupo pequeño, escribe y presenta un cuento exagerado sobre un personaje que tenga que lograr una meta. Luego comenta el cuento con tu público.

Sugerencias

Al escuchar...

- determina a qué debes estar especialmente atento.
- identifica claves emotivas.

Al hablar...

- haz comentarios relevantes.
- habla a un ritmo adecuado.
- usa un tono adecuado para cada emoción.

Trabajo en equipo...

- Trabaja de manera productiva y desarrolla las ideas de los demás.

Objetivos

- Hacer preguntas sobre el tema del que se está hablando y comentar sobre el tema. • Participar en discusiones moderadas por el maestro y otros estudiantes, formular y contestar preguntas y ofrecer ideas basadas en las ideas de los demás.

Vocabulario oral

Hablemos sobre

Deseos y necesidades

- Comenta ideas sobre cómo cultivar o comprar comida.
- Haz sugerencias sobre cómo puede la gente manejar sus gastos.
- Plantea y contesta preguntas sobre cómo se pueden transportar los alimentos.

CALLE DE LA LECTURA EN LÍNEA
VIDEO DE LA PREGUNTA PRINCIPAL
www.CalledelaLectura.com

¡Has aprendido
0 2 7
palabras asombrosas
este año!

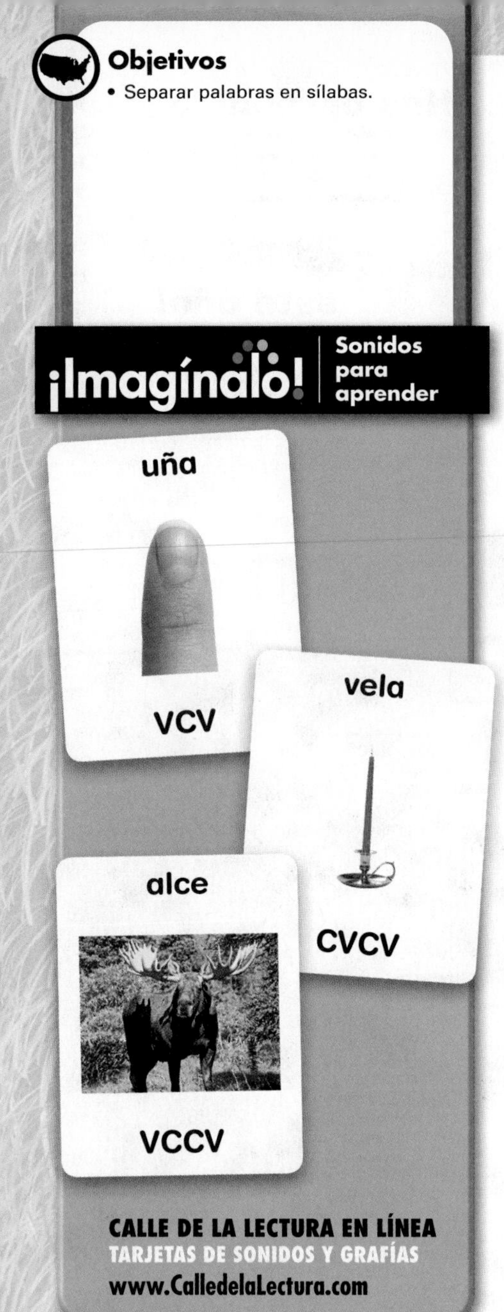

Fonética

Separación en sílabas

Palabras que puedo combinar

e n e r o

e s t a m o s

c o n t e n t o s

ll e g a

v i s i t a r n o s

Oraciones que puedo leer

1. Enero es el primer mes del año.
2. Estamos contentos por las vacaciones.
3. Mi amigo llega a visitarnos.

¡Puedo leer!

Ahora que Benjamín tiene su propia tarjeta para la biblioteca, le pide a su mamá que lo lleve todas las semanas. Sus libros favoritos son los de aventuras y los del espacio.

Su mamá quiere que también lea otros libros. Juntos encuentran la ficha de un cuento sobre una niña que quiere ser detective. Comienzan a leer el libro y parece ser muy divertido. La niña lleva una libreta para tomar notas, una lupa y unas bolsitas de plástico para guardar objetos de importancia.

A Benjamín le gusta este libro y se lo lleva prestado a su casa.

Has aprendido

- Separación en sílabas

Objetivos

- Verificar tu comprensión de un texto y ajustar tu lectura basándote en cuán bien comprendes lo que estás leyendo.

¡Imagínalo!

Destreza

Estrategia

¡Imagínalo! Aprendizaje visual de estrategias

Conocimientos previos

Los **conocimientos previos** son aquellas cosas que ya conoces sobre un tema determinado a partir de tu experiencia personal o de tus lecturas previas. Establece conexiones con personas, lugares y cosas del mundo real. Aplica tus conocimientos previos, antes, durante y después de la lectura.

Para usar los conocimientos previos

- en textos de ficción: lee el nombre del autor y el título, y echa un vistazo a las ilustraciones
- en textos de no ficción: lee los títulos de los capítulos, los encabezamientos, los pies de foto y otros elementos de texto, y echa un vistazo al contenido gráfico
- piensa sobre lo que ya sabes

¡Pensemos en la lectura!

Al aplicar mis conocimientos previos me pregunto

- ¿A quién me recuerda este personaje?
- ¿En qué se parece este cuento o texto a otros que he leído?
- ¿Qué más sé sobre este tema a partir de lo que ya he leído o visto?

I•18

CALLE DE LA LECTURA EN LÍNEA
ANIMACIONES DE ¡IMAGÍNALO!
www.CalledelaLectura.com

Destreza de comprensión

Comparar y contrastar

- Al comparar, dices cómo se parecen dos o más cosas.
- Al contrastar, dices en qué se diferencian dos o más cosas.
- Utiliza lo que has aprendido sobre comparar y contrastar cuando leas "En la granja". Escribe un párrafo en el que compares y contrastes cómo te sientes tú sobre vivir en una granja y vivir en una subdivisión con cómo se sienten los niños.

	Granja	Subdivisión
David		
Marcia		
Karina		

Estrategia de comprensión

Conocimientos previos

Los buenos lectores utilizan lo que ya saben para comprender un texto. Al leer, piensa en lo que ya sabes sobre el tema. Usa tus conocimientos previos para que te ayuden a comprender y relacionar lo que estás leyendo.

En la granja

La familia Marshal vive en una granja grande de 800 acres. Un campo de fútbol americano mide aproximadamente un acre. En la familia hay tres niños: David de 12 años, Marcia de 10, y la menor, Karina, de 8. En la primavera la familia siembra las semillas. Cultivan papas, maíz y otras legumbres. Los niños ayudan con el trabajo.

Alrededor de la granja se han construido muchas casas nuevas. David piensa que se ven todas iguales. A Marcia le dan pena las familias que viven allí. Sabe que los niños y niñas no tienen mucho espacio para corretear.

A veces, Karina piensa en cómo sería la vida en un gran vecindario. Cree que le gustaría tener muchos compañeros de juego.

David y Marcia quieren ser granjeros algún día. Karina cree que le gustaría intentar algo diferente.

Estrategia Al leer, piensa en tus conocimientos previos. ¿Qué sabes sobre la vida en una granja? ¿Qué sabes sobre la vida en una subdivisión?

Destreza Compara y contrasta cómo se sienten David, Marcia y Karina sobre la vida en la granja.

¡Es tu turno!

¿Necesitas repasar? Mira el manual *¡Imagínalo!* para obtener ayuda sobre comparar, contrastar y conocimientos previos.

¡Inténtalo! Mientras lees *Supermercado*, usa lo que has aprendido sobre comparar, contrastar y conocimientos previos.

Objetivos

- Utilizar las claves del contexto para determinar los significados de las palabras desconocidas o con varios significados.

¡Imagínalo! | **Palabras para aprender**

estantes

lácteos

sección

departamentos
tienda
escáner
intercambiaban
variedad
miles

CALLE DE LA LECTURA EN LÍNEA
ACTIVIDADES DE VOCABULARIO
www.CalledelaLectura.com

Estrategia de vocabulario para

Palabras de varios significados

Claves del contexto Hay palabras que tienen más de un significado. Usa las claves del contexto para hallar el significado.

1. Cuando ves una palabra que ya conoces pero su significado en la oración no tiene sentido, es posible que sea una palabra de varios significados.
2. Usa las claves del contexto, o palabras y oraciones cercanas, para hallar el significado de las palabras de varios significados.
3. Prueba el nuevo significado en la oración. ¿Tiene sentido?

Lee "La biblioteca" en la página 129. Busca palabras de varios significados. Prueba los distintos significados en el contexto en que aparecen. Fíjate cuál significado da sentido a la oración.

Palabras para escribir Vuelve a leer "La biblioteca". Escribe sobre una visita a la biblioteca. Comenta cómo elegirías tus libros. Usa la lista de Palabras para aprender.

La biblioteca

Martita estaba arreglando su cuarto.

—Hagamos rápido los quehaceres —dijo su mamá—. Iremos a la biblioteca cuando hayamos terminado.

Martita puso sus libros en los estantes. Debajo de la cama encontró una variedad de medias y las guardó en la cómoda.

— ¡Ya terminé! —le dijo a su mamá—. ¡Vamos!

Primero fueron a una tienda de departamentos. Compraron varias cosas y Martita ayudó a su mamá a llevar los paquetes. Después fueron a comprar queso y crema para la cena. Martita buscó entre los lácteos y allí los encontró.

—Martita, me has ayudado mucho hoy —dijo su mamá—. Ven, vamos a sacar dos libros en vez de uno solo.

Martita se puso muy contenta. En la biblioteca fue a la sección de libros para niños. Primero fue al mostrador. Allí era donde los niños entregaban los libros que ya habían leído y los intercambiaban por otros nuevos. Martita devolvió un libro y se fue a buscar otros dos. ¡Había miles de libros para escoger! Finalmente escogió los dos que quería. La señorita los pasó por un escáner y le dijo:

—Tienes dos semanas para devolverlos.

Cuando salieron de la biblioteca, Martita preguntó:

—Mamá, si ordeno mi cuarto todos los días, ¿puedo sacar tres libros la próxima vez?

¡Es tu turno!

¿Necesitas repasar? Para obtener ayuda adicional sobre cómo usar las claves del contexto para determinar los significados de las palabras de varios significados, mira la sección *¡Palabras!* en la página P•7.

¡Inténtalo! Lee *Supermercado* en las páginas 130 a 149.

Un **texto expositivo** describe cosas y lugares verdaderos. Busca hechos y detalles interesantes sobre los supermercados al leer este relato.

Supermercado

por Kathleen Krull
ilustrado por Melanie Hope Greenberg

Pregunta de la semana
¿Cómo podemos obtener lo que queremos y necesitamos?

Los carritos de compras hacen clan clan.
Las puertas mágicas se abren y cierran como un rayo.
Todos los colores resaltan bajo las intensas luces blancas.
¡Tantos desayunos, almuerzos y cenas!
Todo está listo en un lugar muy especial y necesario:
el supermercado.

El supermercado es un mundo aparte. ¿De dónde viene toda esta comida crujiente, deliciosa, dulce, amarga, picante o congelada?
Las puertas no se abren por arte de magia. Hay un "ojo" electrónico en lo alto que, cuando te "ve" llegar, activa un motor y las puertas se abren.

Todo comienza en las granjas.

Nuestra comida viene de lugares soleados, con tierra fértil y agua limpia.

Los granjeros toman decisiones todos los días durante los largos meses de cultivo.

Cuando llega la cosecha, los trabajadores recogen las frutas y verduras. Empacan todo bien ordenado en cajas y cargan las cajas en camiones.

Camiones pequeños, camiones grandes, camiones gigantes: todos prenden sus motores.

Cada noche, los conductores salen de las granjas o almacenes.

Toman la carretera hacia donde tú vives.

Cuando se formaron los Estados Unidos, la mayoría de las personas trabajaban en el campo.

Los indígenas de América del Norte enseñaron a los recién llegados lo que podían cultivar.

Las familias cultivaban sus propios alimentos.

Después, intercambiaban sus productos con otros vecinos para conseguir lo que necesitaban.

Comenzaron a usar dinero para comprar cosas en los mercados del pueblo.

Poco después aparecieron las tiendas generales donde podían comprar prácticamente todo lo necesario y pequeños negocios familiares, esas "tiendas de toda la vida". Las tiendas se hicieron más grandes y comenzaron a colocar sus productos en diferentes departamentos.

Ahora tenemos un lugar asombroso donde cada mañana los trabajadores tienen un mercado "súper" listo para ti.

Abrieron miles de cajas y, con mucho cuidado, pusieron todo en los estantes correspondientes.

La variedad más grande la encuentras en la sección de frutas y verduras: frescas, jugosas, raras o conocidas.

Los clientes miran, tocan, huelen, comparan, pesan ¡y tienen cuidado con los rociadores automáticos de agua!

La carne y el pescado se mantienen frescos sobre una base de hielo picado. Los carniceros cortan o muelen la carne, y hacen paquetes de diferentes tamaños que envuelven en plástico.

Durante casi toda la historia de la humanidad, la comida muchas veces se echaba a perder y no se podía consumir. A partir de 1800, la gente aprendió a conservar la comida en latas de metal. Hacia 1830, los ingleses descubrieron una manera de enfriar la comida con máquinas.

El aroma más agradable viene de la panadería.

Hay panaderos que hornean miles de rosquillas al día y por lo menos una docena de diferentes tipos de pan.

Casi todo el mundo se detiene en la sección de lácteos. Los huevos, la leche, el yogur y el queso están en una zona refrigerada que mantiene fríos todos los alimentos.

Es bueno tener a mano un suéter en la sección de alimentos congelados, donde el aire es más frío. Hay música alegre y algunos tararean la melodía ¡o bailan en los pasillos!

La tienda está llena de cereales, sopas, especias y hasta cosas que no se comen.

También hay cosas que no son comida, como papel higiénico, jabón para la ropa, pasta de dientes, champú y revistas.

Al pagar, la gente trata de ponerse en la fila más corta.

Un escáner electrónico "lee" los códigos de barras de la mayoría de los productos e imprime los precios. La caja registradora suma el precio de tus alimentos. Los encargados de empacar preguntan: "¿Papel o plástico?" y lo empacan todo.

¡Piensa en toda la gente que lleva la comida desde las granjas hasta los estantes de tu cocina!

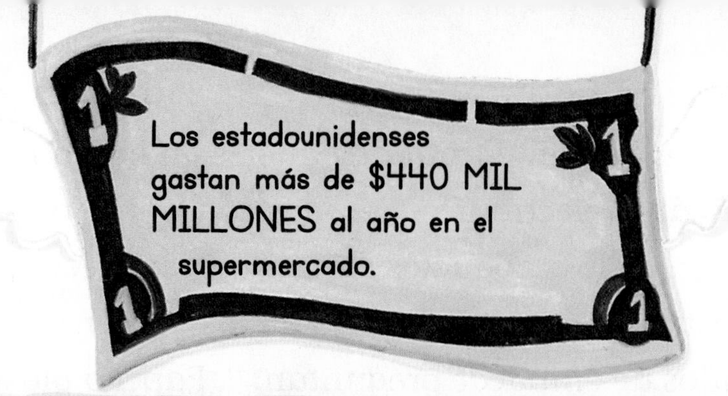
Los estadounidenses gastan más de $440 MIL MILLONES al año en el supermercado.

Más de la mitad de quienes van al supermercado, sobre todo las mujeres, llevan una lista para no olvidar nada. La lista de la compra es de unos 22 artículos. Aun así, más de la mitad de lo que compra la gente en una tienda no está en su lista.

El supermercado cambia de un día a otro. Siempre llegan productos nuevos, especialmente de otros países. Algunos supermercados tienen otras tiendas dentro ¡son un mundo aparte!

Objetivos

• Localizar y utilizar información siguiendo y explicando una serie de instrucciones escritas, en varios pasos. • Verificar tu comprensión de un texto y ajusta tu lectura basándote en cuán bien comprendes lo que estás leyendo.

¡Imagínalo! | **Volver a contar**

CALLE DE LA LECTURA EN LÍNEA
ORDENACUENTOS
www.CalledelaLectura.com

Piensa críticamente

1. La ilustración en la página 141 muestra varios artículos que se encuentran en la sección de frutas y verduras de un supermercado. ¿Cuáles son otras frutas o verduras menos comunes que se podrían encontrar allí? **El texto y tú**

2. La autora incluye notas para el lector en toda la selección. Vuelve a mirar una de las notas. ¿Por qué crees que la autora incluyó estas notas? **Pensar como un autor**

3. *Supermercado* cuenta cómo la gente conseguía alimentos antes de que hubiera tiendas de alimentos. Compara y contrasta esos métodos con las formas de conseguir alimentos ahora. **Comparar y contrastar**

4. Al leer esta selección, ¿en qué lugares usaste tus conocimientos previos? ¿Cómo te ayudaron a entender la selección? **Conocimientos previos**

5. **Mira de nuevo y escribe** Vuelve a leer las páginas 134 a 136. Piensa en todas las cosas que tienen que ocurrir para que llegue comida al supermercado. Ahora escribe una lista de pasos sobre el proceso de hacer llegar frutas y verduras de la granja a la tienda. Da evidencia que apoye tu respuesta.

PRÁCTICA PARA EL EXAMEN **Respuesta desarrollada**

Conoce a la autora

Kathleen Krull

Cuando tenía 15 años, Kathleen Krull fue despedida de su trabajo en la biblioteca, ¡por leer demasiado! Su afición a la lectura no ha cambiado, mientras que su afición a la música ha influido notablemente en su escritura. Krull vive en San Diego, California, con su marido, Paul Brewer, que ilustra libros para niños.

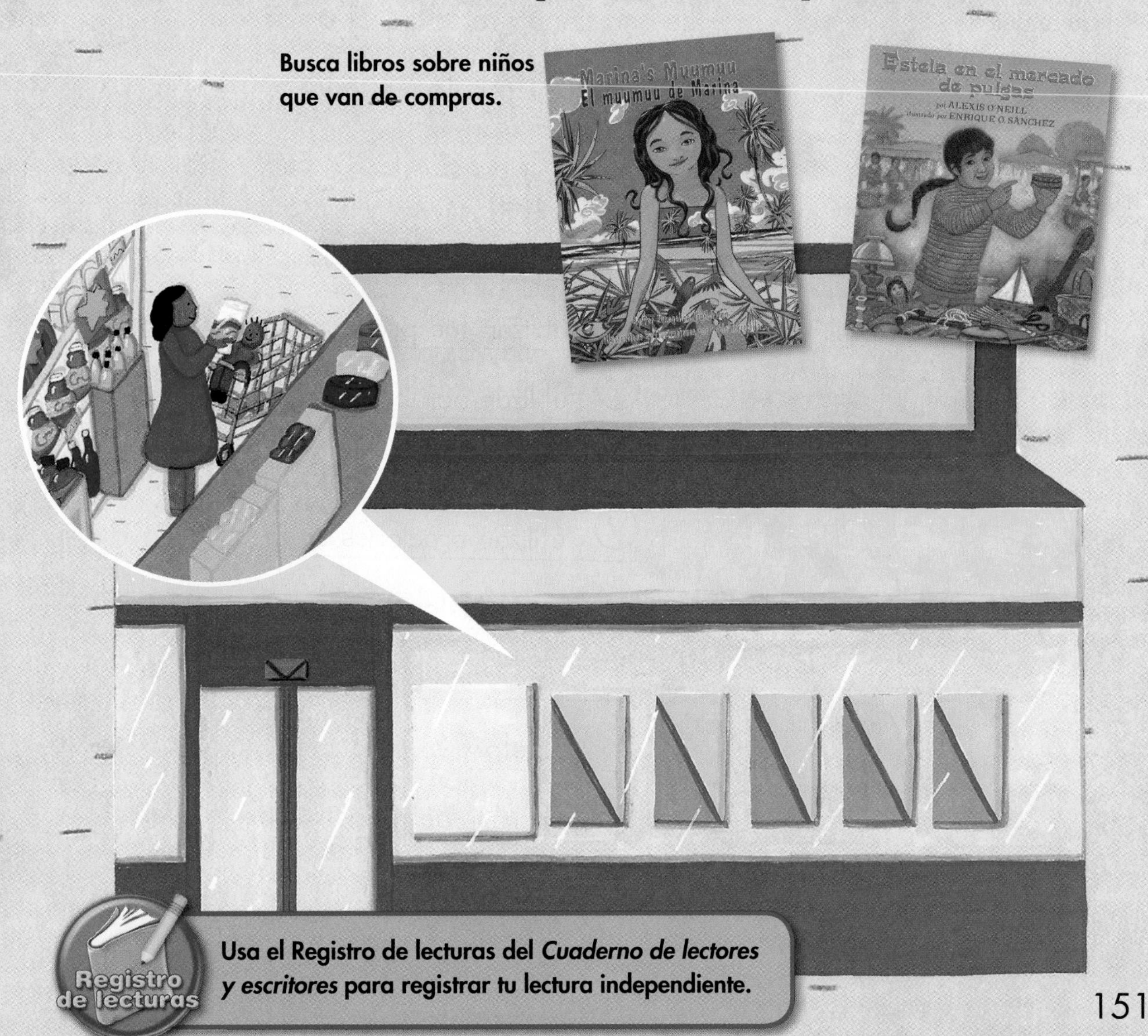

Busca libros sobre niños que van de compras.

Registro de lecturas

Usa el Registro de lecturas del *Cuaderno de lectores y escritores* para registrar tu lectura independiente.

Objetivos
• Utilizar el sujeto y el predicado completos en una oración. • Escribir en cursiva de manera legible dejando espacio entre las palabras.

¡Escribamos!

Aspectos principales de una descripción

- usa lenguaje sensorial
- incluye detalles importantes
- crea una imagen en la mente del lector

CALLE DE LA LECTURA EN LÍNEA
GRAMATIRITMOS
www.CalledelaLectura.com

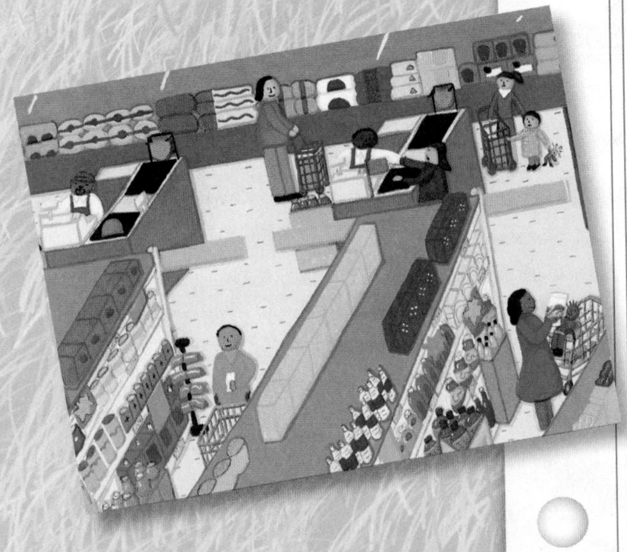

Descripción

Una **descripción** se usa para crear una fuerte impresión de una persona, un lugar o un objeto. El modelo del estudiante en la próxima página es un ejemplo de una descripción.

Instrucciones Piensa en una vez que tuviste que ir a la tienda para comprar algo que necesitabas. Ahora escribe una descripción de una tienda real.

Lista del escritor

Recuerda que debes...

- ✓ utilizar tus propias experiencias.
- ✓ utilizar nombres exactos y verbos expresivos para apelar a los sentidos.
- ✓ utilizar oraciones simples y compuestas completas.
- ✓ verificar la concordancia entre el sujeto y el predicado.
- ✓ escribir de manera clara en letra cursiva con espacio entre las palabras.

Modelo del estudiante

La tienda de regalos de Peg

La tienda de regalos de Peg es un lugar muy divertido. Hay vitrinas con joyas brillantes. También hay repisas llenas de marcos para fotos, velas y otros regalos pequeños.

El primer cuarto tiene tres vitrinas llenas de collares, pulseras y aretes. Unos son grandes y otros son muy pequeños. Peg está parada detrás de un mostrador largo y mete lo que compras en una bolsa y la amarra con una cinta de color brillante.

Si necesitas un regalo pequeño, encuentras toda clase de opciones en el local. Las paredes están cubiertas de cuadros y dibujos y letreros cómicos. Hay regalos rosados y regalos azules para bebés y hay regalos de cumpleaños buenísimos para niños.

Cuando sales de la tienda, Peg siempre dice: "**¡Espero que vuelvas pronto!**". No tiene que preocuparse. **¡A mí me encanta comprar en su tienda!**

Característica de la escritura: Voz: La voz muestra la personalidad del autor.

Género: Una **descripción** crea una imagen visual para el lector.

Las **oraciones imperativas y exclamativas** están usadas correctamente.

Normas

Oraciones

Recuerda Una **oración imperativa** da una orden o pide algo. Una **oración exclamativa** muestra emoción fuerte o sorpresa. Empieza con un signo de admiración invertido y termina con un signo de admiración.

Objetivos

• Identificar el tema y el propósito del autor para escribir. • Utilizar las características del texto para adivinar lo que sucederá después. • Formular diferentes tipos de preguntas sobre un texto.

Estudios Sociales en Lectura

Género

Enciclopedia ilustrada

- Las enciclopedias ilustradas dan información sobre temas diversos usando texto y fotos.
- Las enciclopedias a menudo contienen características como encabezados, leyendas y tipografía a color o resaltada que permiten al lector ubicar un tema y anticipar de qué trata.
- Los artículos están en orden alfabético.
- Al leer, usa las características del texto y las fotos para predecir y verificar tus predicciones y para ubicar la información.

El dinero de la antigüedad

por Darleen Ramos

Introducción

Hace muchos años, la gente no usaba dinero de papel ni monedas. Cambiaban unas cosas por otras para conseguir lo que necesitaban. Una persona podía cambiar, por ejemplo, tres mazorcas por cinco papas, o un granjero podía cambiar una oveja por varios pollos.

Si el intercambio no era igual, la gente pagaba con otras cosas. Podían ser frijoles, conchas de caracol, pieles o herramientas. Éstas son algunas cosas que se usaban como dinero.

Conchas de cauri

Conchas de cauri

El cauri es un caracol pequeño que vive en el mar. En la antigüedad, sus brillantes conchas se usaban como dinero en China, la India y algunas partes de África. Las conchas de caracol son una de las formas de pago más antiguas. Su precio dependía de su color y tamaño.

Roscas de plumas

Antes de que hubiera monedas y dinero de papel, la gente de la isla Santa Cruz, en el Pacífico, usaba roscas de plumas como dinero. Eran roscas hechas con las plumas rojas de un pájaro que se alimentaba de miel. Las plumas se pegaban a la rosca, que medía unas diez yardas. Esta forma de pago se usaba en los contratos de matrimonio y para comprar botes para navegar.

Rosca de plumas rojas

Pensemos...

¿Qué información te dan la leyenda "Conchas de cauri" y la foto? ¿Cómo te ayudan a comprender mejor el texto?
Enciclopedia ilustrada

Pensemos...

¿Por qué están las palabras "roscas de plumas" en grandes letras rojas? ¿Qué te indica eso?
Enciclopedia ilustrada

Pensemos...

¿Qué hacían los pueblos de China y África cientos de años atrás para evitar que se estropeara la comida? ¿En qué se diferenciaba esto de la manera de conservar la comida fresca según aprendiste en *Supermercado*? **Enciclopedia ilustrada**

Barra de sal

Hace cientos de años, la gente de China y África usaba la sal como dinero. La sal pura era costosa. La sal se usaba para impedir que los alimentos se echaran a perder. La sal se cortaba en tamaños estándar y se cubría con cañas para que no se rompiera. De esta forma se impedía también que la gente raspara un poco de sal entre una venta y otra.

Barra de sal protegida por una caña

Discos de piedra

Hace mucho tiempo, la gente de Yap, una isla del Pacífico, usaba grandes discos de piedra como dinero. Las piedras tenían un agujero en el centro. Cuando a alguien le pagaban con discos gigantes, no los movía porque las piedras más grandes pesaban ¡más de 400 libras! Los discos de piedra se usaban para acordar matrimonios y para intercambiar casas o botes.

Disco de piedra

Wampum

Hace siglos, los nativos americanos usaban un cinturón de cuentas para sus intercambios. El cinturón wampum se hacía de conchas de almeja que se alisaban para formar cuentas. Cada cinturón era especial. El fabricante de cuentas usaba distintos colores y modelos. Los cinturones wampum también se intercambiaban durante los acuerdos de paz.

Cinturón wampum

Pensemos...

Relacionar lecturas ¿Qué tipo de dinero de la antigüedad te gustaría usar en el supermercado? ¿Cuál no usarías y por qué?

Escribir variedad de textos Haz una tabla con este encabezado: "Bueno" y "Malo". Escribe lo positivo y lo negativo de cada tipo de dinero.

Objetivos

- Utilizar las claves del contexto para determinar los significados de las palabras desconocidas o con varios significados. • Hablar claramente e ir al punto mientras se hace contacto visual, modulando la rapidez, el volumen y la claridad en la que comunicas tus ideas. • Trabajar con otros estudiantes. Participar en discusiones moderadas por el maestro y otros estudiantes, formular y contestar preguntas y ofrecer ideas basadas en las ideas de los demás.

CALLE DE LA LECTURA EN LÍNEA
LIBRO DEL ESTUDIANTE EN LÍNEA
www.CalledelaLectura.com

Vocabulario

Palabras de varios significados

Claves del contexto Recuerda que las palabras de varios significados se escriben de la misma forma, pero tienen significados diferentes. Usa las claves del contexto fijándote en las palabras que la rodean para averiguar su significado en esa oración.

¡Practícalo! Con un compañero, hagan una lista de palabras de varios significados. Luego, individualmente, usen cada una de ellas en una oración. Intercambien sus hojas y usen las claves del contexto para determinar el significado de las palabras que utilizó tu compañero.

Fluidez

Precisión

Recuerda que al leer en voz alta es importante pronunciar las palabras correctamente. Así todo el mundo podrá comprender bien el cuento o el artículo que leas.

¡Practícalo! Con otro estudiante, practica leyendo en voz alta las páginas 136 a 137 de *Supermercado*. Lean y escuchen por turnos para asegurarse de que ambos están leyendo bien las palabras.

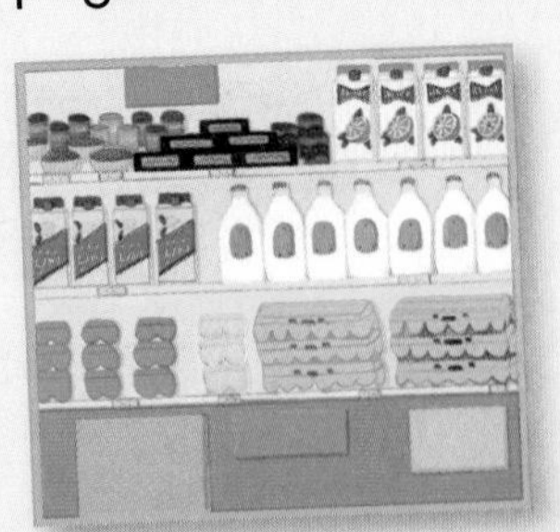

Escuchar y hablar

Al hacer una presentación, expón tus ideas de manera ordenada.

Debate

En los debates, un grupo de personas habla sobre un tema ante un público. El propósito es compartir ideas e información.

¡Practícalo! En grupo, modera un debate sobre las distintas secciones de un supermercado. Pueden hacer turnos de manera que un grupo responda primero a las preguntas del público y que, luego, haga de público.

Sugerencias

Al escuchar...

- presta atención.
- haz preguntas relevantes.

Al hablar...

- haz comentarios relevantes.
- establece contacto visual mientras hablas.

Trabajo en equipo...

- Formula y responde preguntas de manera detallada.
- Haz sugerencias basadas en las ideas de los demás.

Objetivos

- Hacer preguntas sobre el tema del que se está hablando y comentar sobre el tema. • Trabajar con otros estudiantes. Participar en discusiones moderadas por el maestro y otros estudiantes, formular y contestar preguntas y ofrecer ideas basadas en las ideas de los demás.

Vocabulario oral

Hablemos sobre

Ahorrar y gastar

- Comenta sobre cómo la gente gana y ahorra su sueldo.
- Comenta en equipo la importancia de ahorrar.
- Haz sugerencias sobre cómo ahorrar y gastar dinero para lo que necesitamos.

CALLE DE LA LECTURA EN LÍNEA
VIDEO DE LA PREGUNTA PRINCIPAL
www.CalledelaLectura.com

¡Has aprendido
0 3 7
palabras asombrosas
este año!
Limonada
fresca
50¢

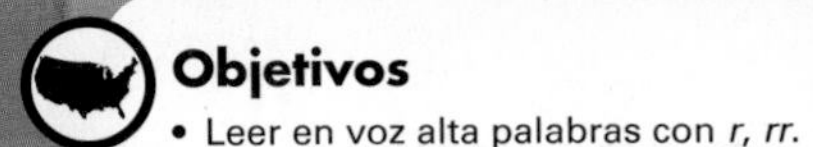

Objetivos
- Leer en voz alta palabras con *r*, *rr*.

Fonética

Palabras con *r* y *rr*

Palabras que puedo combinar

c o r o

c a r r o

r o t o

a r e t e

r o j o

Oraciones que puedo leer

1. Canto en el coro.
2. Vi un carro roto por la calle.
3. Tengo un arete rojo.

¡Puedo leer!

Lo que Irma y Roberto querían más que todo este año era un perro.

—Pero un perro es mucho trabajo. ¿Están listos para esa responsabilidad? —preguntó su papá.

—Sí —respondieron los hermanos, con una cara llena de esperanza. Ellos prometieron ocuparse de la rutina de caminar y de alimentar a un perro.

El martes por la tarde recibieron una sorpresa. Cuando llegaron de la escuela, el papá les dijo:

—Cierren los ojos.

Los hermanos oyeron unos ruidos nuevos. Abrieron los ojos y ahí estaba su nueva mascota: un perrito de color marrón, con el morro negro y el rabo moviéndose a toda velocidad.

Has aprendido

- Palabras con *r* y *rr*

Objetivos

• Hacer preguntas, aclarar lo que no entiendas y buscar hechos y detalles. Apoyar tus respuestas con detalles del texto. • Contar en orden cronológico los principales sucesos de un cuento. Explicar cómo afectan a los futuros sucesos en el cuento.

¡Imagínalo!

Destreza

Estrategia

CALLE DE LA LECTURA EN LÍNEA
ANIMACIONES DE ¡IMAGÍNALO!
www.CalledelaLectura.com

Destreza de comprensión

Propósito del autor

- El propósito del autor es la razón por la que el autor escribe.
- Un autor escribe para informar, persuadir, entretener o expresar una opinión.
- Utiliza lo que has aprendido sobre el propósito del autor y el organizador gráfico que aparece abajo mientras lees "El sábado es día de mercado". Luego, escribe un párrafo explicando cómo el texto cambiaría si el propósito del autor fuera diferente.

Estrategia de comprensión

Estructura del cuento

Al leer, piensa en los sucesos del principio, el medio y el final del cuento. Utilizar la estructura del cuento te puede ayudar a volver a contar la historia en tus propias palabras y comprenderla mejor.

El sábado es día de mercado

Mi familia y yo vivimos en una aldea de África. Todos los sábados vamos a la ciudad a vender las pañoletas que hace mi mamá. A veces yo la ayudo. Nuestras pañoletas son las mejores que puedes encontrar.

Destreza ¿Cuál es el propósito del autor para escribir este cuento? ¿Qué sucesos y detalles te ayudan a saberlo?

Cuando sale el sol, papá ya está entrando el carrito en el mercado. Mi hermana Fusi y yo acomodamos las pañoletas. Poco después, los primeros clientes se detuvieron a mirar. Una mujer y su hija compraron dos. Pronto vendimos más.

A las diez, unos músicos se sentaron junto a nosotros. Empezaron a tocar y papá y Fusi bailaron. Mamá y yo los acompañamos dando palmadas.

Por la tarde, una clienta me hizo dar una y otra vuelta: quería mirar bien la pañoleta que yo llevaba puesta. Yo la había hecho. ¡Y la clienta la compró!

Fue un muy buen día de mercado. No veo la hora de que llegue el próximo sábado.

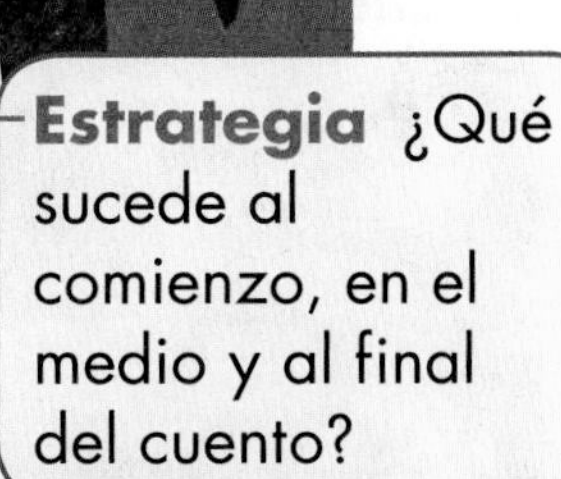

Estrategia ¿Qué sucede al comienzo, en el medio y al final del cuento?

¿Necesitas repasar? Mira el manual *¡Imagínalo!* para obtener ayuda sobre el propósito del autor y la estructura del cuento.

¡Inténtalo! Mientras lees *Mis hileras y pilas de monedas*, usa lo que has aprendido sobre el propósito del autor y la estructura del cuento.

Objetivos

• Comprender el significado de los prefijos y sufijos comunes y comprender cómo afectan a la raíz de la palabra.

Estrategia de vocabulario para

Prefijos y sufijos

Estructura de las palabras Cuando encuentres una palabra que no conozcas, determina si tiene un prefijo o un sufijo. Los prefijos se agregan al principio de una palabra base para formar nuevas palabras. El prefijo *des-* hace que la palabra diga "no ____" o "lo contrario de ___". Por ejemplo, *desilusionado* significa "no ilusionado". Los sufijos se agregan al final de una palabra base para formar nuevas palabras. El sufijo *–mente* hace que la palabra diga "de un modo ___". Por ejemplo, *suavemente* significa "de un modo suave".

1. Pon el dedo sobre el prefijo o sufijo.
2. Mira la palabra base, es decir, la palabra sin el prefijo o sufijo. Pon la palabra base en la frase adecuada:

   "lo contrario de ____" para *des-*
   "de un modo ____" para *-mente*
3. Prueba el significado en la oración. ¿Tiene sentido?

Lee "Un regalo para Cletus" en la página 167. Busca palabras que comiencen con *des-* o terminen con *-mente*. Usa el prefijo o sufijo para descifrar su significado.

Palabras para escribir Vuelve a leer "Un regalo para Cletus". ¿Para qué piensas que Cletus debería ahorrar dinero? Escribe tus ideas. Usa la lista de Palabras para aprender.

¡Imagínalo! Palabras para aprender

desenvolvía

montones

mercado

mandados
tambaleaba
peligrosamente
sostenía

CALLE DE LA LECTURA EN LÍNEA
ACTIVIDADES DE VOCABULARIO
www.CalledelaLectura.com

Un regalo para Cletus

Todos los sábados, Cletus hacía mandados para sus vecinos a fin de ganar dinero. Ellos le daban listas de cosas para comprar en la ciudad. Le daban paquetes para llevar y traer. A veces Cletus tenía montones de cosas en la parte delantera de su bicicleta. En esos momentos, la bicicleta apenas se sostenía. Cletus se tambaleaba de lado a lado peligrosamente y los paquetes casi se le caían a la calle. Cletus tenía que pedalear, con una mano sobre los paquetes.

Cletus quería comprar una canasta grande y ponerla en la parte trasera de la bicicleta. Sabía que así sería más fácil y menos peligroso ir y venir de la ciudad. Había visto una canasta en el mercado, pero no había ahorrado suficiente dinero.

Los vecinos, que eran muy organizados, agradecían mucho lo que Cletus hacía por ellos. Querían buscar la manera de darle las gracias. Entonces, todos se reunieron y le compraron una canasta. La sorpresa fue tal que era como si el tiempo se detuviera mientras Cletus desenvolvía el regalo y lo colocaba cuidadosamente en la parte trasera de su bicicleta.

¡Es tu turno!

¿Necesitas repasar? Para obtener ayuda adicional sobre cómo usar la estructura de las palabras para determinar los significados de las palabras con prefijos y sufijos, mira la sección *¡Palabras!* en las páginas P•5 y P•6.

¡Inténtalo! Lee *Mis hileras y pilas de monedas* en las páginas 168 a 183.

MIS HILERAS Y PILAS DE MONEDAS

por Tololwa M. Mollel
ilustrado por E. B. Lewis

La **ficción realista** presenta sucesos que podrían pasar en la vida real. ¿Alguna vez has ahorrado dinero para comprar algo que querías?

Pregunta de la semana
¿Qué debemos saber sobre ahorrar y gastar?

Después de un buen día en el mercado, mi mamá, Yeyo, me dio cinco monedas de diez centavos. Me quedé boquiabierto mirando el dinero hasta que Yeyo me dio un empujoncito.

—Saruni, ¿qué esperas? Anda y cómprate algo.

Me metí en el mercado. Vi maní tostado, *chapatis*, tortitas de arroz y *sambusas*. Había camiones de juguete de madera, cometas, hondas y canicas. El corazón me latía con fuerza. Quería comprarlo todo, pero agarré mis monedas fuertemente en el bolsillo.

En el fondo del mercado paré. En una hilera ordenada y brillante había varias bicicletas grandes y nuevas. Una de ellas estaba toda decorada de rojo y azul.

¡Eso es lo que compraría!

Desde hacía algún tiempo, Murete, mi padre, me había estado enseñando a andar en su bicicleta grande y pesada. ¡Si tuviera mi propia bicicleta!

Una voz áspera me hizo dar un sobresalto.

—¿Qué miras, niño?

Me di la vuelta y choqué contra un hombre alto y flaco que se rió de mi desconcierto. Avergonzado, me fui corriendo de vuelta adonde Yeyo.

Esa noche, dejé caer cinco monedas de diez centavos dentro de mi caja secreta de monedas. Adentro había otras monedas de diez centavos que Yeyo me había dado por ayudarle con el trabajo en el mercado los sábados. A la débil luz de la linterna, me regalé los ojos con el dinero. No podía creer que todo era mío.

Vacié la caja y puse las monedas en pilas y las pilas en hileras. Después conté las monedas y pensé en la bicicleta que tanto deseaba comprar.

Todos los días después de la escuela, cuando no estaba ayudando a Yeyo a preparar la cena, le preguntaba a Murete si podía montar en su bicicleta. Él sostenía la bicicleta mientras yo daba vueltas, con los dedos de los pies apenas tocando los pedales.

Cuando Murete soltaba la bicicleta, me tambaleaba, me caía o chocaba contra objetos y entre las matas de café. Otros niños del barrio se reían al verme.

Ríanse, pensaba dolorido pero resuelto. Pronto sería como un guepardo sobre ruedas, volando a hacer mandados ¡en mi propia bicicleta!

Sábado tras sábado, llevábamos productos al mercado, apilados en la cabeza de Yeyo y en mi carretilla de madera vieja y chirriante. Vendíamos maíz y frijoles secos, calabazas, espinaca, bananas, leña y huevos.

Mi caja de monedas pesaba cada vez más.

Yo vaciaba la caja, ponía las monedas en pilas y las pilas en hileras. Después contaba las monedas y pensaba en la bicicleta azul y roja.

Después de varias lecciones más, Murete me dejó andar solo mientras me daba instrucciones a gritos: "*¡La mirada al frente, los brazos derechos, sigue pedaleando, no vayas tan rápido!*". Yo disfrutaba de la brisa en la cara, los pedales girando suavemente bajo mis pies, y sobre todo, la sonrisa orgullosa de Yeyo cuando me veía pasar. ¡Cómo se sorprendería al verme en mi propia bicicleta! Y qué agradecida estaría cuando yo la usara para ayudarle los días de mercado.

Llegaron las fuertes lluvias de marzo. Había tanto barro en el suelo que nadie iba al mercado. En su lugar, yo ayudaba a Yeyo con las tareas de la casa. Cuando no llovía, ayudaba a Murete en el cafetal. Podábamos los cafetos y poníamos las hojas y las ramitas caídas alrededor de los tallos. Siempre que podía, practicaba con la bicicleta de Murete.

Dejó de llover en junio. Al poco tiempo terminó la escuela. Nuestra cosecha —maíz y arvejas, camotes, verduras y frutas— fue tan grande, que íbamos al mercado los sábados y los miércoles. Mi caja de monedas se puso más y más pesada.

Vacié la caja y puse las monedas en pilas y las pilas en hileras. Después conté las monedas y pensé en la bicicleta que iba a comprar.

Pocos días después, tuve el valor suficiente de intentar montar en una bicicleta cargada. Con ayuda de Murete, até una calabaza gigante en el portabultos detrás de mí. Cuando quise pedalear, la bicicleta se tambaleó tan peligrosamente que Murete, que estaba de pie a mi lado, la tuvo que agarrar.

—Bueno, Sarum, es demasiada carga para ti— dijo, y me bajé. Él se subió a la bicicleta para el regreso a la casa, y suspiró fatigado: —Y demasiada también para mis huesos, que se están poniendo muy viejos para pedalear.

Practiqué todos los días con cargas más pequeñas y poco a poco aprendí a andar con una bicicleta cargada. "No más viajes al mercado empujando la carretilla vieja y chillona", pensé. Andaría con mi carga orgulloso y con la cabeza alta, montado en mi bicicleta ¡igual que Murete!

El primer sábado después de que empezó la escuela en julio, fuimos al mercado como de costumbre. Al atardecer, después de vender todo lo que teníamos, Yeyo se sentó a hablar con otra vendedora.

Yo me adentré en el mercado. Llevaba puesto un viejo abrigo que Murete me había dado para los días frescos de julio como aquél. Mis preciosas monedas estaban envueltas en varios montoncitos dentro de los bolsillos enormes del abrigo.

"Debo de ser el niño más rico del mundo", pensé, sintiéndome como un rey. "Puedo comprar lo que quiera".

El hombre alto y flaco estaba sacando brillo a sus bicicletas cuando me acerqué.

—Quiero comprar una bicicleta —dije, y saqué mis montones de monedas.

El hombre silbó con asombro a medida que yo desenvolvía el dinero cuidadosamente en su mesa.

—¿Cuántas monedas tienes ahí?

Orgullosamente, le dije:

—Trescientas cinco.

—Trescientas... cinco —murmuró—. Mmm, eso es... treinta chelines con cincuenta centavos. Y estalló en carcajadas:

—¿Una bicicleta completa... por treinta chelines... con cincuenta centavos?

Seguí oyendo su risa mientras me alejaba con mis montones de monedas, profundamente desilusionado.

Camino a la casa, Yeyo me preguntó qué me pasaba. Tuve que contarle todo.

—¿Ahorraste dinero para una bicicleta para ayudarme? —preguntó. Vi que estaba asombrada y conmovida—. ¡Qué bueno eres! Y en cuanto al hombre alto y flaco —me dijo—, *¡Oi!* ¿Qué sabe él? Por supuesto que vas a comprar una bicicleta. Algún día lo harás.

Sus palabras amables no me alegraron.

Al día siguiente por la tarde, un ruido como *pikipiki* llenó el aire, *tuk-tuk-tuk-tuk-tuk*. Salí de la casa y me quedé boquiabierto. Murete estaba montado en una motocicleta naranja.

Apagó el motor y se bajó. Luego, riéndose de la emoción de mis preguntas sobre el *pikipiki*, entró en la casa.

Volvió a salir acompañado de Yeyo y empujando su bicicleta.

—Te la quiero vender. Por treinta chelines con cincuenta centavos—. Me guiñó el ojo.

Sorprendido, miré a Murete. ¿Cómo sabía de mi caja secreta de monedas? Yo no le había dicho nada.

De repente comprendí la cosa maravillosa que me acababa de pasar. "¡Mi bicicleta, tengo mi propia bicicleta!" me dije, y no me importaba para nada que no estuviera decorada de rojo y azul. En segundos, le traje mi caja de monedas a Murete.

Murete le dio la caja a Yeyo. Yeyo, a su vez, me la dio a mí. Confundido, miré a Yeyo, luego a Murete y de nuevo a Yeyo.

—¿Me la están… devolviendo?

Yeyo sonrió.

—Es un premio por todo lo que nos has ayudado.

—¡Gracias, gracias! —grité feliz.

El sábado siguiente, mi carga iba alta y llena de orgullo en mi bicicleta, que empujé al entrar con importancia al mercado. No iba montado en ella porque Yeyo se habría quedado muy atrás.

Mirando a Yeyo, me dije que ojalá no tuviera que llevar una carga tan grande en la cabeza.

"Si tuviera un carrito para remolcarlo con mi bicicleta", pensé, "¡podría aligerar su carga!"

Esa noche vacié la caja, arreglé las monedas en pilas e hileras. Después conté las monedas y pensé en el carrito que iba a comprar...

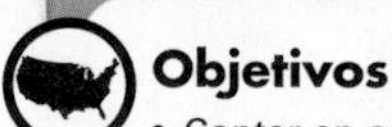

Objetivos

• Contar en orden cronológico los principales sucesos de un cuento. Explicar cómo afectan a los futuros sucesos en el cuento. • Apoyar tus respuestas con detalles del texto. • Identificar si el narrador está hablando en primera o en tercera persona.

Piensa críticamente

1. En el cuento, Saruni ahorra su dinero para comprar una bicicleta. Piensa en una vez que ahorraste dinero para comprar algo que deseabas mucho. ¿Qué deseabas? ¿Qué hiciste para ganar dinero? **El texto y tú**

2. ¿Qué punto de vista utiliza el autor a lo largo del cuento? ¿Por qué escribió el cuento desde este punto de vista? No olvides incluir detalles del cuento para apoyar tu respuesta. **Pensar como un autor**

3. El autor del cuento podría haber descrito lo que ocurrió sin usar diálogos. ¿Por qué crees que mostró lo que dijeron los personajes? **Propósito del autor**

4. ¿Qué problema tenía Saruni al principio del cuento? ¿Cómo se resolvió su problema al final? **Estructura del cuento**

5. **Mira de nuevo y escribe** Vuelve a mirar la página 180. ¿Se sintió Saruni contento con las palabras bondadosas de Yeyo? Usa detalles de la selección para decir cómo se sintió y por qué. Da evidencia que apoye tu respuesta.

PRÁCTICA PARA EL EXAMEN **Respuesta desarrollada**

Conoce al autor y al ilustrador

Tololwa Mollel

Tololwa Mollel se crió en una pequeña aldea en Tanzania, África. Como el niño en *Mis hileras y pilas de monedas,* el Sr. Mollel acostumbraba ir al mercado con su abuela. "¡Era la única vez que yo recibía dinero!", dice. El Sr. Mollel dice que muy pocos niños en Tanzania tienen su propia bicicleta. El niño del cuento no quiere una bicicleta sólo para él. "Los niños de Tanzania ayudan a sus familias a ganarse la vida", dice.

E. B. Lewis

E. B. Lewis decidió seguir los pasos de sus tíos, que eran artistas. Por sus ilustraciones en *Mis hileras y pilas de monedas,* E. B. Lewis ganó el premio de honor Coretta Scott King.

Hablando de su oficio de pintar en su estudio, el Sr. Lewis dice: "Nunca sé qué va a pasar. Pongo música a todo volumen—todo desde rap hasta música clásica y jazz. Hay pintura por todas partes. Como forma de ganarse la vida, no está nada mal".

Busca otros libros sobre niños, ahorrar, gastar y el dinero.

Usa el Registro de lecturas del *Cuaderno de lectores y escritores* para registrar tu lectura independiente.

Objetivos

- Escribir cuentos imaginativos, desarrollados en miras a un final e incluyendo detalles sobre los personajes y el ambiente. • Mostrar concordancia entre el sujeto y el verbo en oraciones simples o compuestas.

¡Escribamos!

Aspectos principales de la ficción realista

- es inventado pero sería posible
- las acciones de los personajes son creíbles
- tiene un principio, un desarrollo y un final claros

CALLE DE LA LECTURA EN LÍNEA
GRAMATIRITMOS
www.CalledelaLectura.com

Ficción realista

Una **ficción realista** es un cuento inventado que parece como si pudiera ocurrir en realidad. El modelo del estudiante en la próxima página es un ejemplo de ficción realista.

Instrucciones Piensa en algo que te gustaría comprar. Ahora escribe una ficción realista sobre cómo ahorrarías para comprarlo.

Lista del escritor

Recuerda que debes...

- ✓ incluir sucesos que podrían ocurrir en la vida real.
- ✓ agregar detalles sobre los personajes y el ambiente.
- ✓ utilizar oraciones simples y compuestas completas.
- ✓ verificar la concordancia entre sujeto y predicado.
- ✓ volver a leer el cuento para estar seguro de que tenga sentido.

Modelo del estudiante

Para ganar dinero

Yo quiero comprarle a mi hermanita un juego de té para su cumpleaños. Mi papá dice que cuesta $15, ¡y sólo falta una semana para su cumpleaños!

Decido preguntarles a papá y mamá si puedo hacer algunos quehaceres extra para ganar algún dinero, como:

1. Limpiar el sótano.
2. Sacar las malas hierbas del jardín.
3. Lavar el auto.

Mis padres aceptan pagarme $10 si termino todo lo de la lista para el domingo. Si acabo a tiempo, entonces ¡sólo necesitaré $5 más!

Voy a la casa de al lado y le ofrezco a la Sra. Peterson sacar a su perro a pasear después de la escuela. Le explico por qué estoy tratando de ganar dinero. **La Sra. Peterson dice que con gusto me paga cincuenta centavos cada vez que saque a Pintón, y enseguida ella piensa en otra idea.**

—Te pago $3 si mañana me ayudas a bañar a Pintón.

Ahora yo sé que puedo ganar suficiente para el regalo de mi hermana. ¡Me imagino la cara que pondrá cuando lo abra!

Característica de la escritura: Oraciones: La variedad de oraciones contribuye a una escritura interesante.

Género: Una **ficción realista** parece como si pudiera ocurrir en realidad.

Las **oraciones compuestas** tienen una puntuación correcta.

Normas

Oraciones compuestas

Recuerda Una **oración compuesta** contiene dos oraciones unidas por una coma o una palabra como *y*, *o*, o *pero*.

Objetivos

• Comprender cómo cambia la información cuando se cambia de un tipo de medio a otro. • Explicar cómo las diferentes técnicas mediáticas son utilizadas para afectar la transmisión del mensaje. • Comparar cómo se utilizan diferentes estilos de escritura para diferente tipo de información en Internet.

Destrezas del siglo XXI

EXPERTO EN INTERNET

Sitios Web ¿Quieres encontrar información rápidamente en un sitio web? Pulsa las teclas Control y F. Luego escribe lo que buscas. Dale a Enter. ¡Es un buen truco!

- Los sitios Web están en la Internet. Las direcciones de las páginas Web se llaman URL, y suelen empezar con http://. La página de inicio presenta el sitio Web y sirve de índice.
- Muchos sitios Web son valiosas fuentes de información sobre diversos temas, que se presentan mediante colores, formas y a veces sonidos.
- Lee "Aprender a administrar el dinero" y nota la comunicación interactiva y las reglas de un sitio Web. ¿Qué influencia tienen las formas y los colores en el mensaje?

Aprender a administrar el dinero

En *Mis hileras y pilas de monedas*, Saruni ahorra su dinero para comprar una bicicleta nueva. Después de leerlo, quizá te has preguntado cómo pueden los jóvenes aprender más cosas sobre el dinero. Si buscas en Internet, quizás encuentres un sitio Web que enseñe a los niños qué pueden hacer con el dinero que tienen.

Los colores y las formas destacan las opciones. Cada opción es un enlace hacia otra página. Los enlaces están subrayados o resaltados.

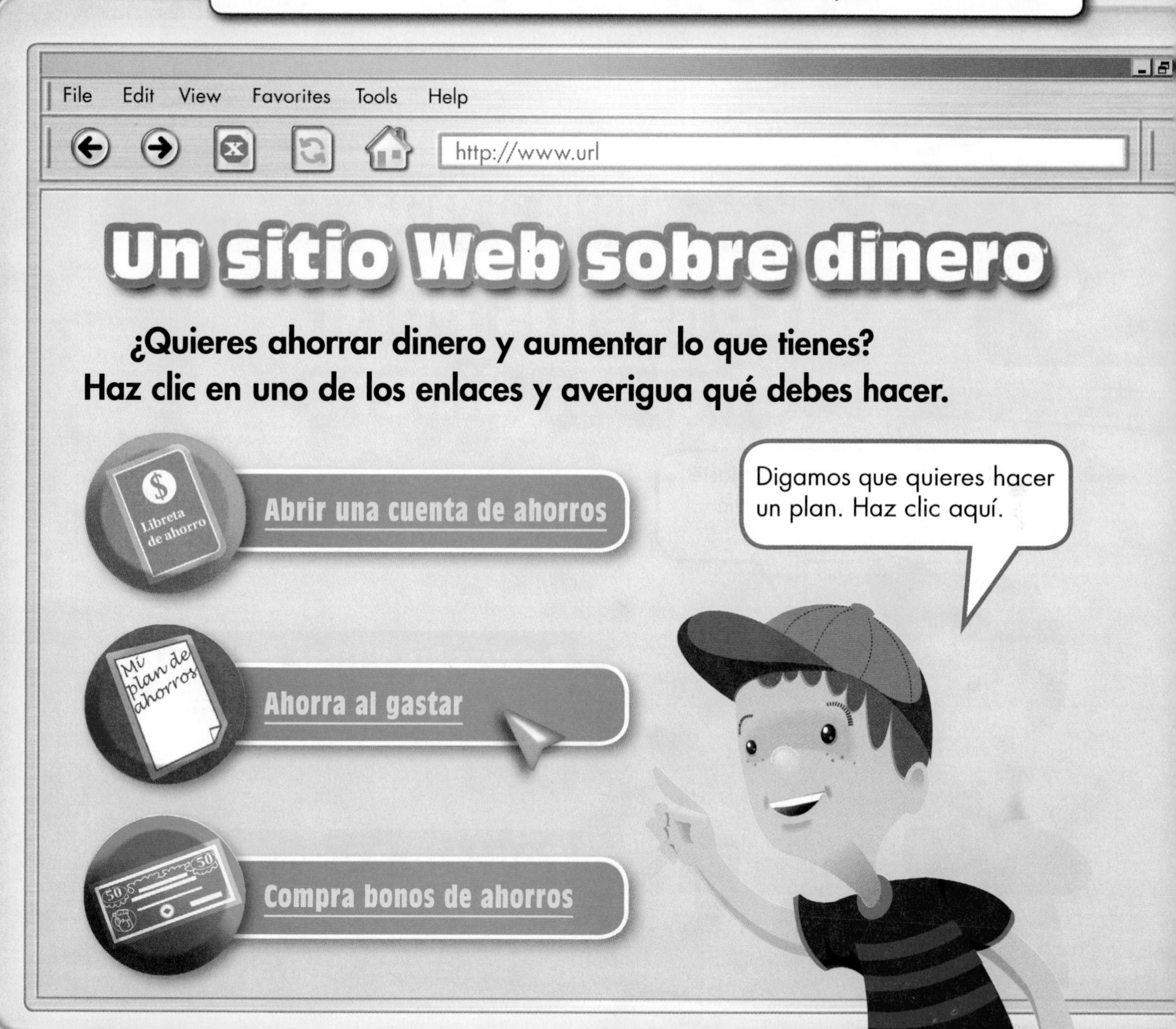

Si haces clic en Ahorra al gastar, podrás ver lo siguiente.

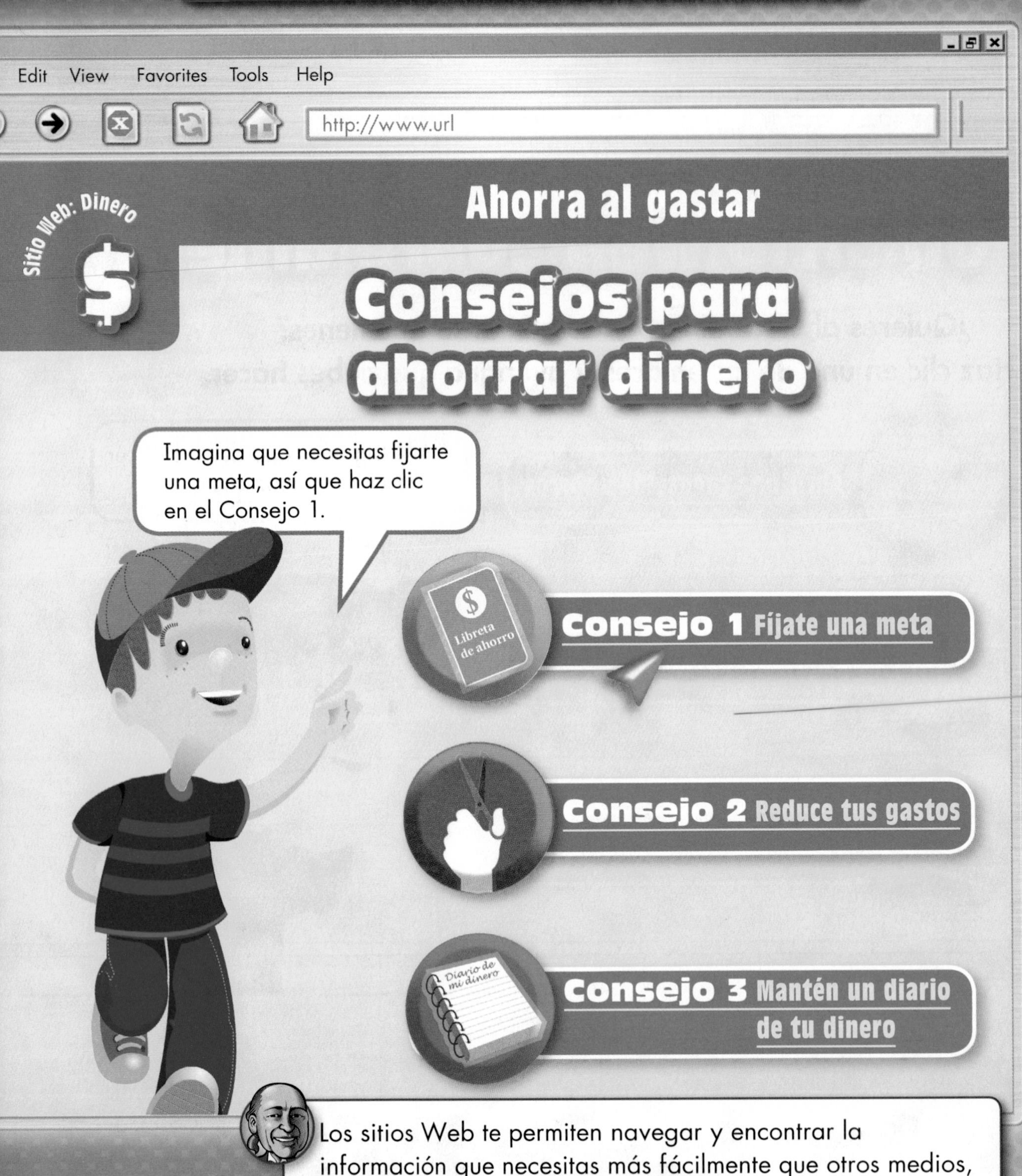

Los sitios Web te permiten navegar y encontrar la información que necesitas más fácilmente que otros medios, como los programas televisivos.

Si haces clic en Consejo 1: Fíjate una meta, podrás ver lo siguiente.

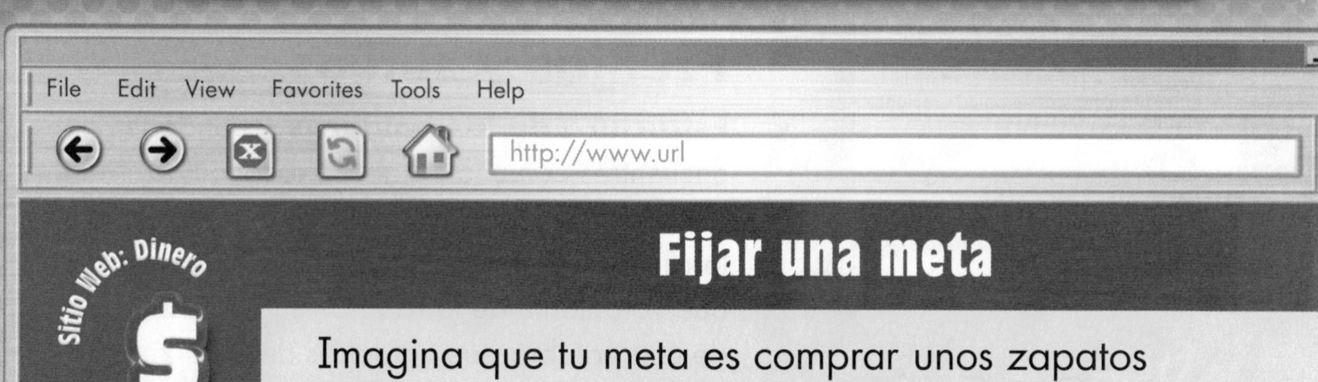

Fijar una meta

Imagina que tu meta es comprar unos zapatos deportivos que cuestan $48, y tú ganas $12 por semana cortando césped. ¿Cuál es tu plan? ¿Qué tan pronto quieres comprarlos?

Plan 1 Si ahorras $6 por semana, tardarías ocho semanas en ahorrar lo suficiente para comprarlos (6 x 8 = 48). ¿Tienes paciencia para esperar casi dos meses?

Plan 2 Si ahorras $12 por semana, puedes comprar los zapatos en sólo cuatro semanas (4 x 12 = 48). ¡En la mitad de tiempo! Pero durante esas cuatro semanas no tendrás dinero para gastar. ¿Qué meta te pondrías? Eso depende de ti.

Compara las frases cortas, el lenguaje informal y otras normas de este sitio Web con el lenguaje y las normas en un artículo en línea sobre ahorrar dinero.

para más práctica

Busca en línea
www.CalledelaLectura.com
Usa un sitio Web para aprender más sobre el dinero.

Destrezas del siglo XXI Actividad en línea
Conéctate y sigue los pasos que aparezcan en un sitio Web para aprender cómo ahorrar dinero.

Objetivos

• Hablar claramente e ir al punto mientras se hace contacto visual, modulando la rapidez, el volumen y la claridad en la que comunicas tus ideas. • Comprender el significado de los prefijos y sufijos comunes y comprender cómo afectan a la raíz de la palabra. • Leer en voz alta y comprender el texto adecuado al nivel del grado. • Mostrar concordancia entre el sujeto y el verbo en oraciones simples o compuestas.

CALLE DE LA LECTURA EN LÍNEA
LIBRO DEL ESTUDIANTE EN LÍNEA
www.CalledelaLectura.com

Vocabulario

Prefijos y sufijos

Estructura de las palabras Cuando te encuentres con una palabra desconocida, fíjate si la palabra lleva un prefijo o un sufijo junto a la raíz. Un prefijo es la parte de una palabra que va delante de la raíz. Un sufijo es la parte de una palabra que va detrás de la raíz. Si sabes el significado de la raíz y del prefijo o sufijo que la acompaña, puedes averiguar el significado de esa palabra.

¡Practícalo! Elige dos Palabras para aprender de *Mis hileras y pilas de monedas.* Subraya la raíz y encierra en un círculo el prefijo o sufijo de cada palabra. Escribe el significado de la raíz, el significado del sufijo o prefijo, y el significado de la palabra completa.

Fluidez

Fraseo apropiado

Al leer en voz alta, obedece los signos de puntuación del texto. Recuerda que debes hacer una pausa en las comas y que debes detenerte brevemente al llegar al final de cada oración para que tu lectura suene fluida.

¡Practícalo! Con tu compañero, practica leyendo en voz alta la página 170 de *Mis hileras y pilas de monedas.* Haz una pausa en las comas y detente brevemente al llegar al final de cada oración. ¿Has hablado como lo habrías hecho en una conversación normal?

Escuchar y hablar

Cuando presentes un informe de un libro, sigue las normas de conversación.

Informe de un libro

En el informe de un libro se explica de qué trata ese libro y se hacen inferencias sobre los personajes, sucesos o ideas de dicho libro.

¡Practícalo! Haz un informe oral del libro *Mis hileras y pilas de monedas*. Habla sobre los personajes, el ambiente y los sucesos importantes en el orden en que acontecen. ¿Recomendarías este libro a un amigo? ¿Por qué?

Sugerencias

Al escuchar...

- haz preguntas y comentarios relevantes sobre el texto.

Al hablar...

- da señales verbales adecuadas.
- habla con claridad y bien alto para que te oigan.
- asegúrate de que haya concordancia entre el sujeto y el verbo en tus oraciones compuestas.

Trabajo en equipo...

- Formula y responde preguntas de manera detallada.

Objetivos
• Describir diferentes tipos de poesía y cómo crean imágenes mentales en el lector. • Identificar el lenguaje que crea las imágenes visuales en la mente del lector y que atraen a los sentidos.

Poesía

- La poesía nos ayuda a ver, sentir y pensar en las cosas de un modo diferente.
- Los poetas eligen muy cuidadosamente las palabras para crear **imágenes,** es decir, un cuadro o representación que se forma en la mente o en la imaginación. Las imágenes se usan en todo tipo de poemas.
- Los **poemas narrativos** cuentan una historia. Las historias que cuentan pueden ser simples, dramáticas, humorísticas o incluso un poco tristes.
- A veces los poetas repiten algunas ideas y palabras. Esas **repeticiones** pueden crear un **ritmo** especial.
- Los poemas que **riman** tienen líneas con los mismos sonidos, por lo general al final. Pero algunos poemas riman antes del final de las líneas.

La vaca estudiosa

por María Elena Walsh

Había una vez una vaca
en la quebrada de Humahuaca.

Como era muy vieja, muy vieja,
estaba sorda de una oreja.

Y a pesar de que ya era abuela
un día quiso ir a la escuela.

Se puso unos zapatos rojos,
guantes de tul y un par de anteojos.

La vio la maestra asustada
y dijo: —Estás equivocada.

Y la vaca le respondió:
—¿Por qué no puedo estudiar yo?

La vaca, vestida de blanco,
se acomodó en el primer banco.

Los chicos tirábamos tiza
y nos moríamos de risa.

La gente se fue muy curiosa
a ver a la vaca estudiosa.

La gente llegaba en camiones,
en bicicletas y en aviones.

La vaca, de pie en un rincón,
rumiaba sola la lección.

Un día toditos los chicos
se convirtieron en borricos.

Y en ese lugar de Humahuaca
la única sabia fue la vaca.

Pensemos...

¿Por qué dirías que "La vaca estudiosa" es un **poema narrativo**? Di qué sucede en el poema.

Pensemos...

¿Cómo te parece que es el tono de este **poema narrativo**: triste, dramático o humorístico? ¿Por qué?

Pensemos...

Indica algunas **rimas** en "La vaca estudiosa".

Pensemos...

¿En qué líneas del poema se crean algunas de las **imágenes** más fuertes?

El camión color naranja de papá

por Jorge Argueta

¡Rrrruuummm!

Por las calles ruge
el camión color
naranja de papá.

Cuando veo a papá
en su camión anaranjado
frente a mi escuela,

yo corro y corro
y doy un gran salto
para sentarme junto a él.

¡Rrrruuummm!

Riendo nos vamos
a recoger por las calles
cajas de cartón.

¡Rrrruuummm!

Pensemos...

¿La **repetición** de cuál palabra produce un ritmo especial? ¿Qué sonido imita esa palabra?

El ciempiés ye-yé

por Gloria Fuertes

Tanta pata y ningún brazo
¡qué bromazo!
Se me dobla el espinazo,
se me enredan al bailar.
¡Qué crueldad!
por delante y por detrás
sólo patas nada más.

Grandes sumas
me ofrecieron,
si futbolista prefiero
ser,
pero quiero ser cantor
y tocar el saxofón
con la pata treinta y dos
en medio de la función.

Pensemos...

¿En qué estrofa se presenta la **imagen** más clara de un ciempiés con muchas patas?

Unidad 2

Soluciones ingeniosas

¿De qué maneras ingeniosas se resuelven los problemas?

Calle de la Lectura en línea

www.CalledelaLectura.com

- Video de la Pregunta de la semana
- Selecciones electrónicas
- Animaciones de ¡Imagínalo!
- Ordenacuentos

¡Pensemos en la lectura!

El pingüino polluelo TEXTO EXPOSITIVO

¿De qué manera las estructuras de las plantas y los animales los ayudan a resolver problemas?

Conexión con CIENCIAS

Segunda selección

Las plantas se acomodan a su mundo ENSAYO FOTOGRÁFICO

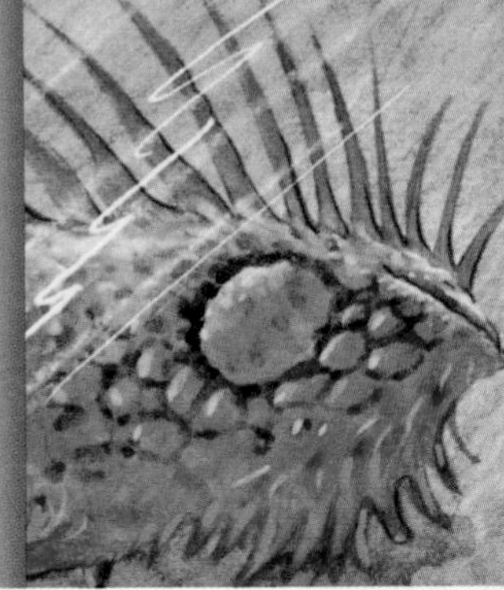

Quiero una iguana FICCIÓN REALISTA

¿Cómo sabes que una solución es buena?

Conexión con ESTUDIOS SOCIALES

Segunda selección

El gran partido de fútbol CORREO ELECTRÓNICO

Mi propio cuartito FICCIÓN REALISTA

¿Cuándo se debe buscar una solución?

Conexión con ESTUDIOS SOCIALES

Segunda selección

El reto del coleccionista ENTREVISTA

Mitad y mitad CUENTO FANTÁSTICO CON ANIMALES

¿Cómo podemos asegurarnos de que una solución es justa?

Segunda selección

La Liebre y la Tortuga FÁBULA

Nidos de pájaro asombrosos TEXTO EXPOSITIVO

¿Cómo se han adaptado las plantas y los animales para resolver problemas?

Conexión con CIENCIAS

Segunda selección

¡Extra! ¡Extra! Noticias fantásticas de Bosque Escondido CUENTO DE HADAS

Objetivos

- Escuchar con atención cuando alguien habla, hacer preguntas sobre el tema del que se está hablando y comentar sobre el tema. • Hablar claramente e ir al punto mientras se hace contacto visual, modulando la rapidez, el volumen y la claridad en la que comunicas tus ideas.

Vocabulario oral

Hablemos sobre

Las estructuras de las plantas y los animales

- Haz preguntas sobre cómo se adaptan las plantas y los animales a su ambiente.
- Describe cómo las plantas y los animales se protegen en la naturaleza.
- Haz sugerencias sobre lo que podemos aprender de la conducta de las plantas y los animales.

CALLE DE LA LECTURA EN LÍNEA
VIDEO DE LA PREGUNTA PRINCIPAL
www.CalledelaLectura.com

¡Has aprendido
0 4 7
palabras asombrosas
este año!

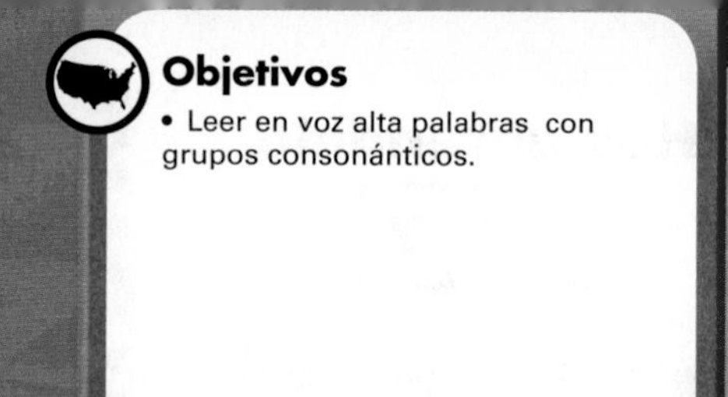

Objetivos

- Leer en voz alta palabras con grupos consonánticos.

Fonética

Grupos consonánticos

Palabras que puedo combinar

Brenda

Gloria

grama

plan

trabajo

Oraciones que puedo leer

1. Tengo dos hermanas: Brenda y Gloria.
2. Cortamos la grama del jardín.
3. Hice un plan de trabajo para la escuela.

Es la primera vez que mi hermano Flavio toca la trompeta. A él le place mucho practicar, y sueña con tocar en el grupo de instrumentos de viento de la escuela.

El único problema para mí es que a veces practica en el cuarto y yo no me puedo concentrar en lo que hago. Sin embargo, a mi hermanita menor le encanta el sonido y aplaude mientras dice: ¡Bravo, bravo!

Creo que me tengo que acostumbrar y tal vez pedirle a Flavio que de vez en cuando vaya a practicar al garaje.

- Grupos consonánticos

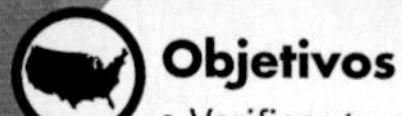

Objetivos

- Verificar tu comprensión de un texto y ajustar tu lectura basándote en cuán bien comprendes lo que estás leyendo. • Identificar el tema y el propósito del autor para escribir. • Identificar los detalles o hechos que apoyan la idea principal.

¡Imagínalo!

Destreza

Estrategia

CALLE DE LA LECTURA EN LÍNEA
ANIMACIONES DE ¡IMAGÍNALO!
www.CalledelaLectura.com

Destreza de comprensión

Idea principal y detalles

- El tema es aquello sobre lo que trata un escrito. La idea principal es la idea más importante que se presenta sobre el tema.
- Los detalles de apoyo son los datos que amplían la idea principal.
- Usa lo que sabes sobre idea principal, detalles y el organizador gráfico cuando leas "El continente más frío". Luego, usa el organizador como ayuda para escribir un resumen de un párrafo.

Estrategia de comprensión

Verificar y aclarar

Al leer, es importante que sepas cuándo comprendes algo y cuándo no. Si estás confundido, detente y vuelve a leer la sección en voz alta. Volver atrás y leer de nuevo es una manera de aclarar o ajustar tu comprensión.

El continente más frío

La Antártida no es como los demás continentes. Es el continente que está en el extremo sur de la Tierra. El Polo Sur se encuentra allí. Todo el suelo está cubierto de hielo. En algunos lugares, ¡el hielo tiene una profundidad de casi tres millas! Por debajo de la capa de hielo hay montañas y valles.

El clima de la Antártida es muy hostil. Es el lugar más frío de la Tierra. La temperatura nunca sube de cero grados. También es uno de los lugares más ventosos de la Tierra.

En la Antártida no se encuentran muchos seres vivos. Los seres humanos van allí sólo con el propósito de hacer investigaciones por corto tiempo. Muy pocos animales pueden vivir allí. Sin embargo, en las islas cercanas viven muchos animales. Las focas y los pingüinos nadan en las aguas del océano. Construyen nidos en la tierra. Algunas aves pasan los veranos en la Antártida. Pero la mayor parte del continente es puro hielo, nieve y aire frío.

Destreza Lee el título y la primera oración. ¿Cuál es el tema? ¿Cuál crees que es la idea principal?

Estrategia ¿Por qué no se encuentran muchos seres vivos en la Antártida? Cuando no comprendes lo que lees, ¿cómo puedes verificar y aclarar?

¡Es tu turno!

¿Necesitas repasar? Mira el manual *¡Imagínalo!* para obtener ayuda sobre idea principal y detalles y verificar y aclarar.

Pensemos...

¡Inténtalo! Mientras lees *El pingüino polluelo*, usa lo que sabes sobre idea principal y detalles y verificar y aclarar.

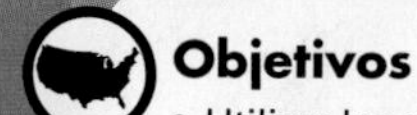

Objetivos

- Utilizar las claves del contexto para determinar los significados de las palabras desconocidas o con varios significados. • Identificar las palabras que son opuestas, similares, que tienen varios significados y que suenan igual pero tienen significados diferentes.

¡Imagínalo! | Palabras para aprender

cascarón

picotea

congelada

aletas
colonia
cepilla
se acerca

CALLE DE LA LECTURA EN LÍNEA
ACTIVIDADES DE VOCABULARIO
www.CalledelaLectura.com

Estrategia de vocabulario para

Sinónimos

Claves del contexto A veces, al leer, ves una palabra que no conoces. Tal vez el autor dé un sinónimo de la palabra. Un sinónimo es una palabra que tiene el mismo o casi el mismo significado que otra. Busca alguna palabra que pueda ser un sinónimo para hallar el significado de la palabra que no conoces.

1. Mira las palabras que están cerca de la palabra que no conoces. Puede que el autor dé un sinónimo en la oración.
2. Si no, mira las oraciones cercanas. Puede que el autor use un sinónimo de esa palabra.
3. Prueba el sinónimo en lugar de la palabra en la oración. ¿Tiene sentido?

Lee "Los pingüinos son aves" en la página 207. Busca sinónimos para comprender el significado de las Palabras para aprender.

Palabras para escribir Mira las ilustraciones de las páginas 208 a 221. Escoge una ilustración y escribe sobre ella. Usa la lista de Palabras para aprender.

Los pingüinos son aves

Todas las aves nacen de huevos. La mamá pone los huevos y luego la mamá o el papá ave los incuba hasta que llega el momento de que los polluelos salgan del cascarón. Cada ave bebé picotea, es decir, golpea con el pico, contra la pared de su propio huevo hasta que el cascarón se rompe. El polluelo no puede alimentarse por sí mismo. Necesita que sus padres le lleven comida y lo mantengan abrigado. Por eso la mamá pingüino debe dejar la colonia por un tiempo y salir al mar en busca de alimentos. Cuando un papá o mamá ave se sienta sobre el nido, el polluelo se acurruca, o presiona contra su barriga. Los padres se acicalan sus propias plumas. Luego, uno u otro cepilla el plumón, las suaves plumas del bebé. Esto ayuda a mantener calentito al polluelo.

En lugar de alas, los polluelos tienen aletas, y en vez de volar, nadan. Algunos pingüinos viven en la Antártida, donde la mayor parte del agua que rodea el suelo está congelada. Los pingüinos no hacen nidos, de modo que uno de los padres se acerca al huevo o el polluelo para mantenerlo abrigado.

¡Es tu turno!

¿Necesitas repasar? Para obtener ayuda adicional sobre cómo usar las claves del contexto para hallar los significados de los sinónimos, mira la sección *¡Palabras!* en la página P•3.

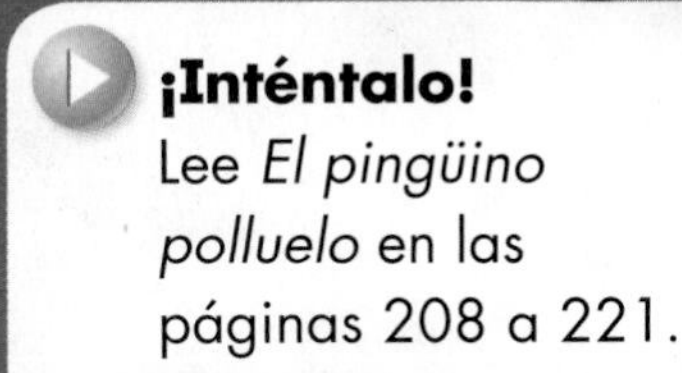

¡Inténtalo! Lee *El pingüino polluelo* en las páginas 208 a 221.

El pingüino polluelo

por Betty Tatham
ilustrado por Helen K. Davie

Pregunta de la semana

¿De qué manera las estructuras de las plantas y los animales los ayudan a resolver problemas?

Un **texto expositivo** por lo general da información sobre hechos de la vida real, como la vida del pingüino emperador. ¿Qué datos quieres conocer sobre estos pingüinos y sus crías?

¡Pensemos en la lectura!

El viento sopla fuerte y forma remolinos en la nieve que hay sobre el hielo. Aquí, una mamá pingüino acaba de poner un huevo. Es el único huevo que pondrá este año.

La mayoría de las aves hacen un nido para poner sus huevos. Pero en el hielo de la Antártida no hay ramitas ni hojas. No hay pasto ni barro. No hay nada para hacer un nido. Nada, sólo nieve y hielo.

El nuevo papá pingüino usa el pico para empujar el huevo hacia sus patas palmeadas.

Pensemos...

¿Qué detalles estás aprendiendo sobre la Antártida? ¿Por qué son importantes? **Verificar y aclarar**

Lo mete bajo su piel cubierta de plumas, en un lugar especial llamado *parche de incubación*. Aquí el huevo está tan cómodo y calentito como en una bolsa de dormir.

Uno de los padres se tiene que quedar con el huevo para mantenerlo caliente. Pero en los lugares donde los pingüinos ponen sus huevos, no hay comida.

El papá pingüino es más grande y gordo que la mamá. Puede pasar más tiempo sin comer. Por eso, el papá pingüino se queda cuidando el huevo mientras la mamá va al mar a buscar comida.

Pensemos...

¿Entiendes por qué el papá pingüino se queda con el huevo?

Verificar y aclarar

Los padres cantan juntos antes de que la mamá pingüino se marche.

Acompañada de muchos otros pingüinos, la mamá pingüino se va de la colonia, lugar donde puso el huevo.

La mamá camina o se desliza sobre la barriga. Esto se llama *ir en tobogán*. Usa sus aletas y patas palmeadas para avanzar sobre el hielo y la nieve.

Como es invierno en la Antártida, hay millas de agua congelada más allá de la costa. Después de tres días, la mamá pingüino llega al final del hielo. Se zambulle en el agua para buscar peces, calamares y unas criaturas diminutas parecidas a los camarones que se llaman *krill*.

Pensemos...

¿Entiendes por qué algunas palabras están en letra cursiva? ¿Cómo puedes aprender su significado? **Verificar y aclarar**

¿Entiendes por qué un grupo es importante? **Verificar y aclarar**

En la colonia, mientras tanto, los papás pingüino se *apiñan* en un grupo. Están muy juntos para darse calor. Cada papá pingüino mantiene caliente el huevo que incuba.

Durante dos meses, el papá pingüino tiene siempre el huevo entre las patas. Cuando camina, arrastra las patas para que el huevo no salga rodando. Duerme de pie. No tiene nada para comer, pero la grasa de su cuerpo lo mantiene con vida.

Por fin, siente que el polluelo se mueve dentro del huevo. El polluelo picotea y picotea. En unos tres días, el cascarón se rompe.

El polluelo está mojado. Pero pronto su *plumón*, que es una capa de plumitas suaves, se seca. Sus plumas se vuelven ligeras y grises. El papá sigue abrigando al pequeño en su parche de incubación. A veces el polluelo asoma la cabeza. Pero mientras es pequeñito, tiene que estar cubierto. Y tiene que seguir entre las patas de su papá. De lo contrario, puede morir de frío.

El papá habla con el polluelo con voz de trompeta. El polluelo le responde con un silbido.

Pensemos...

¿Qué detalles te ayudan a entender más sobre el parche de incubación? **Verificar y aclarar**

El sonido de trompeta del papá hace eco en el hielo. La mamá pingüino regresa a la colonia, pero no lo oye. Todavía está demasiado lejos. Si la mamá no vuelve pronto con comida, el polluelo morirá.

Pasan dos días hasta que la mamá puede oír el sonido del papá pingüino.

La mamá llega por fin a la colonia. Se acerca mimosa a su pequeño y lo saluda con un sonido de trompeta. El polluelo le responde con un silbido. La mamá le cepilla suavemente el plumón gris con el pico.

Pensemos...

¿Qué te imaginas cuando piensas en un papá pingüino cantando? **Visualizar**

La mamá tragó muchos peces antes de alejarse del mar. Alimenta a su polluelo con la comida que guarda en el estómago y trae a su pico. Tiene suficiente comida para alimentarlo por semanas. El polluelo se queda bien abrigadito en la bolsa de su mamá.

El papá tiene mucha hambre, así que viaja al mar. Allí se zambulle en busca de comida. Semanas más tarde, el papá vuelve con más comida para el polluelo.

Todos los días los padres cepillan, o limpian, con sus picos el plumón del polluelo. Eso mantiene sus plumas algodonosas, para que el pequeño esté bien abrigado.

Pensemos...

¿Qué preguntas tienes sobre la información de esta página?

Verificar y aclarar

A medida que el polluelo crece, ya no necesita quedarse entre las patas de sus padres. Entonces, se queda junto a otros polluelos para guardar el calor.

Este grupo de polluelos se llama *guardería*. Ahora el polluelo pasa la mayor parte del tiempo ahí. Pero corre hasta su mamá o su papá para que lo alimenten cuando uno de ellos vuelve del agua con comida.

Pensemos...

¿Qué significa para ti la palabra *guardería*? ¿En qué se parece aquí? **Conocimientos previos**

A veces el polluelo y otros pingüinos jóvenes clavan el pico en el hielo para subir mejor por las pendientes resbalosas. Bajan rápidamente en tobogán sobre su barrigas cubiertas de plumas.

El polluelo crece y crece. A los cinco meses ya es un pingüino joven, con suficiente edad para ir al océano solo.

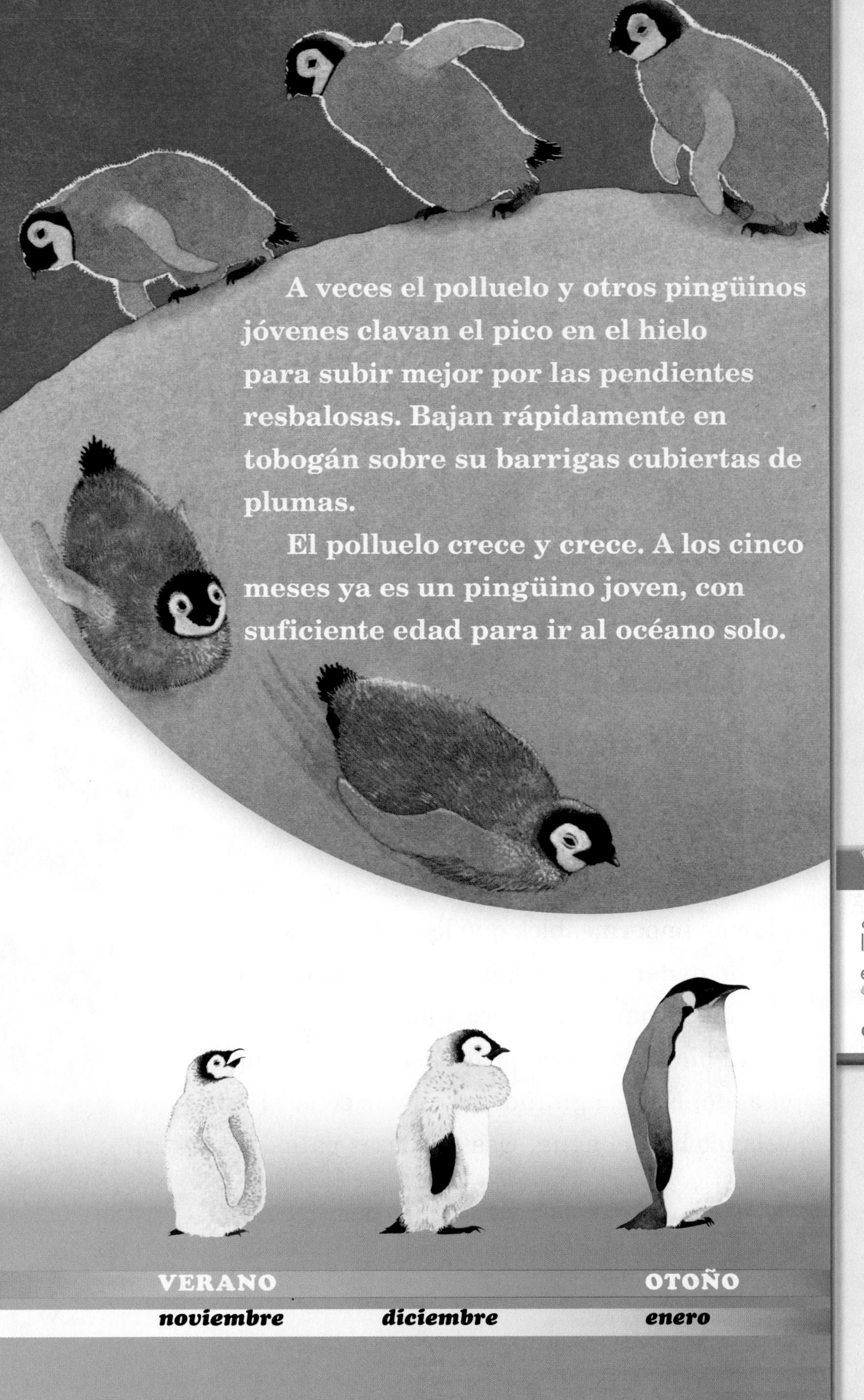

Pensemos...

¿Cómo te ayuda la línea cronológica a entender el texto? **Verificar y aclarar**

Pensemos...

¿Cómo te imaginas al pingüino cuando usa las patas palmeadas para dirigirse a cualquier lugar?
Visualizar

Ahora, en vez de plumón, tiene una capa de plumas impermeables que lo protegen del agua. Puede nadar en el océano helado porque las plumas lo mantienen seco y abrigado.

El pingüino joven pasa casi todo el tiempo en el agua. Nada, agitando las aletas como si estuviera volando bajo el agua. Usa las patas palmeadas para dirigirse a cualquier lugar.

Atrapa un pez con el pico y se lo traga de la cabeza a la cola.

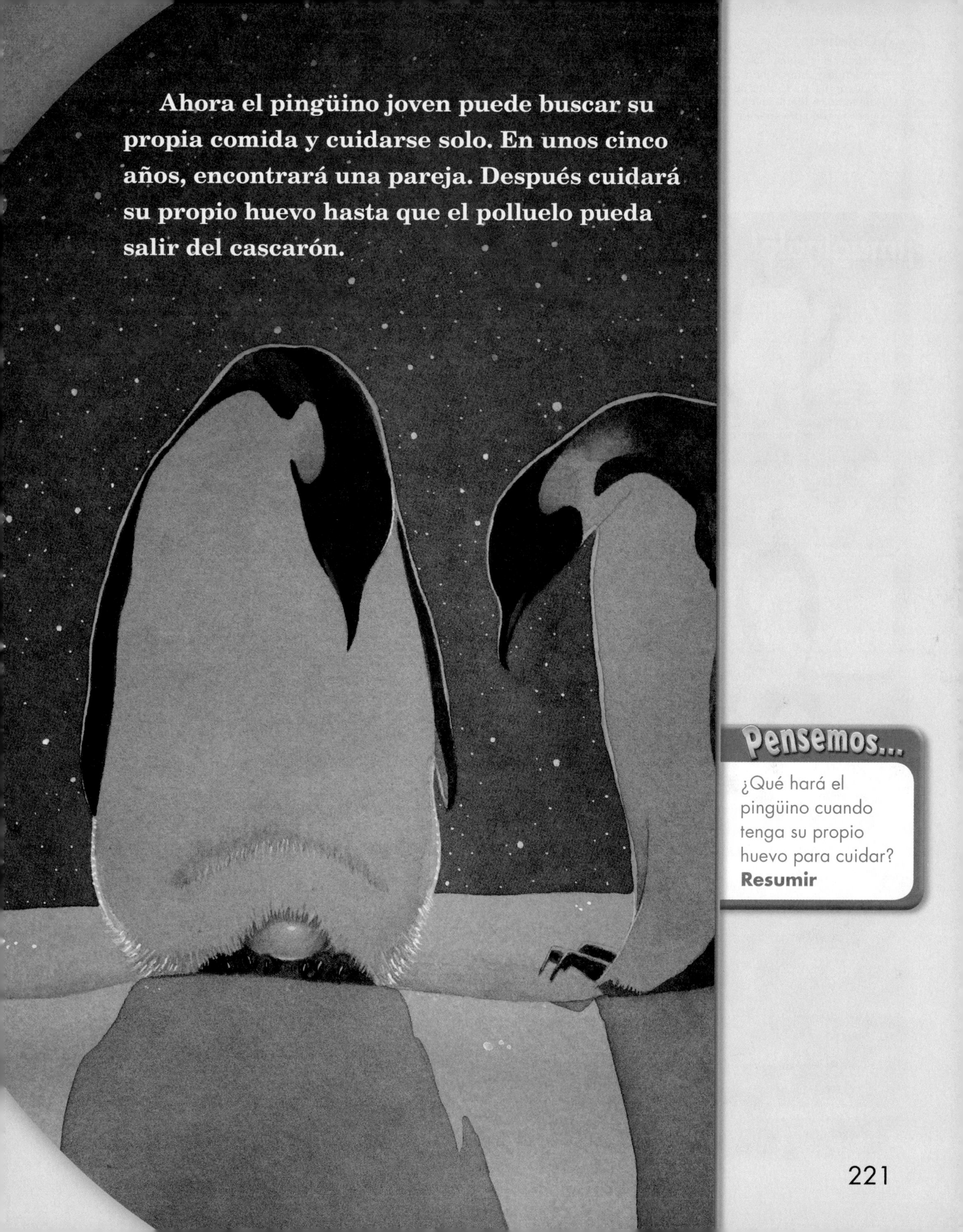

Ahora el pingüino joven puede buscar su propia comida y cuidarse solo. En unos cinco años, encontrará una pareja. Después cuidará su propio huevo hasta que el polluelo pueda salir del cascarón.

Pensemos...

¿Qué hará el pingüino cuando tenga su propio huevo para cuidar? **Resumir**

Objetivos

• Hacer preguntas, aclarar lo que no entiendas y buscar hechos y detalles. Apoyar tus respuestas con detalles del texto. • Identificar los detalles o hechos que apoyan la idea principal.

Piensa críticamente

1. Ojea el texto para identificar la información en el artículo. ¿Cómo sobreviven los pingüinos polluelos en la Antártida? **El texto y el mundo**

2. La autora puso muchas palabras en cursivas, como *parche de incubación* en la página 211. Ojea el texto para encontrar esas palabras. ¿Por qué crees que lo hizo? ¿Cómo ayudan al lector las palabras en cursivas? **Pensar como un autor**

3. Vuelve a mirar las páginas 214 a 216. ¿Qué detalles apoyan la idea de que el padre y la madre pingüino cuidan a su polluelo? **Idea principal y detalles**

4. ¿Usaste alguna fuente de referencia como ayuda para entender lo que leías? ¿Cuáles? Si no las usaste, ¿qué fuentes de referencia podrías haber usado para esta selección? **Verificar y aclarar**

5. **Mira de nuevo y escribe** Vuelve a mirar la pregunta de la página 208. Busca información en el texto sobre cómo protegen los pingüinos a sus polluelos. Escribe una respuesta a la pregunta.

PRÁCTICA PARA EL EXAMEN **Respuesta desarrollada**

Conoce a la autora

Betty Tatham

Betty Tatham dice que el pingüino es su animal preferido. "Yo escribo principalmente sobre cosas que me gustan, y los animales me gustan mucho". Cuando investigó los pingüinos, leyó sobre las diecisiete especies de pingüinos que hay. Luego decidió escribir sobre el pingüino emperador porque es el más interesante. "Me gusta el hecho de que el papá cuide el huevo y que la mamá pingüino encuentre su pareja por el sonido de su voz. Me gusta la cariñosa relación que tienen los dos padres con su polluelo".

La Sra. Tatham nunca ha visto un pingüino emperador de verdad, pero le encantaría ir a Antártida a conocerlos. Pudo ver pingüinos azules en Australia y el pingüino rey en Nueva Zelandia. A ella le preocupan mucho las especies amenazadas y en peligro de extinción. Da apoyo a varias organizaciones que trabajan para asegurar que estos animales puedan sobrevivir.

Busca otros libros sobre animales y sus crías.

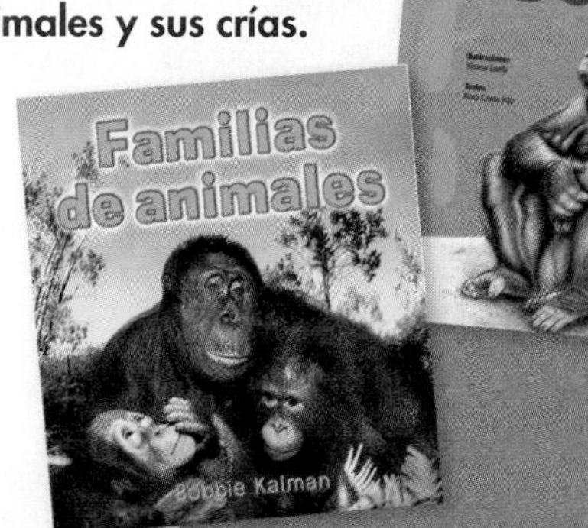

Usa el Registro de lecturas del *Cuaderno de lectores y escritores* para registrar tu lectura independiente.

Objetivos
• Escribir poemas que atraen los cinco sentidos y utilicen rima, métrica y patrones de versos. • Utilizar y comprender la función de los sustantivos.

Aspectos principales de un poema

- algunas veces está escrito en métrica
- usualmente incluye algunos versos que riman
- con frecuencia usa lenguaje figurado

CALLE DE LA LECTURA EN LÍNEA
GRAMATIRITMOS
www.CalledelaLectura.com

Poesía

Cuartetos

En un **poema**, cada línea es un verso. Dependiendo de cuántos versos tengan, los poemas pueden ser cuartetos, quintetos a sextetos. El modelo del estudiante en la próxima página es un ejemplo de un cuarteto. Un cuarteto es un poema formado por cuatro versos y que usa un patrón de rima.

Instrucciones Escribe un cuarteto sobre pingüinos.

Lista del escritor

Recuerda que debes...

- ✓ usar el patrón correcto para el tipo de poema que estás escribiendo.
- ✓ incluir detalles sensoriales.
- ✓ darle un título a tu poema.
- ✓ usar sustantivos comunes y propios correctamente.

Modelo del estudiante

La familia pingüino

El **pingüino** polluelo está bien calientito
entre el suave **plumón** de pingüino **papá.**
Y en la **Antártida** helada, pingüina **mamá**
va a buscar **alimento** para su **pequeñito.**

Género:
Un cuarteto es un **poema** hecho de cuatro versos y un esquema de rimas.

Característica de la escritura: Lenguaje:
El lenguaje figurado ayuda a formar la imagen.

Los **sustantivos comunes y propios** están usados correctamente.

Normas

Sustantivos comunes y propios

Recuerda Un **sustantivo común** nombra a una persona, un lugar o un objeto. Un **sustantivo propio** nombra a una persona, un lugar o un objeto en particular. La palabra *niño* es un sustantivo común. El nombre *Juan* es un sustantivo propio.

Objetivos

- Identificar las relaciones de causa y efecto entre las ideas en el texto.
- Utilizar las características del texto para adivinar lo que sucederá después.

Ciencias en Lectura

Género
Ensayo fotográfico

- El ensayo fotográfico es un texto expositivo escrito generalmente para informar al lector sobre un tema.
- Utilizan fotos y texto para dar datos y detalles. Usan características del texto para ayudar a predecir, ubicar y verificar la información.
- Estos ensayos pueden tener relaciones de causa y efecto. Busca palabras clave que indiquen relaciones de causa y efecto.
- Lee el título, los encabezados, las palabras en negrita y cursivas para hacer predicciones. Verifica tus predicciones.

Las plantas se acomodan a su mundo

de *Semillas, tallos y estambres*

por Susan E. Goodman

fotos de Michael J. Doolittle

Luz del sol

Casi todas las plantas necesitan sol para vivir. Gracias a un proceso llamado *fotosíntesis* convierten la luz del sol en alimento o energía. Pero a veces es difícil recibir suficiente luz. Las plantas altas y los árboles obtienen luz creciendo más que las plantas de alrededor. Para eso, forman un tallo o un tronco fuerte utilizando mucha energía. Otras plantas obtienen de otras formas la luz que necesitan.

Plantas pasajeras

La **campanilla** utiliza su energía trepando por un tallo fuerte. Esta enredadera usa su tallo flexible para enredarse en objetos fuertes y llegar a la luz.

Esta **bromelia** va de pasajera de otra manera. Es una planta aérea. Crece en lo alto de un árbol y usa sus raíces para anclarse al tronco o a las ramas más altas del árbol.

Colocación de las hojas

Muchas plantas colocan sus hojas de forma que puedan obtener todo el sol posible. Las hojas de la **menta** crecen cruzándose y así se hacen menos sombra.

Pensemos...

¿Qué significa que una palabra esté en letra cursiva? ¿Qué significa que una palabra esté en negrita? **Ensayo fotográfico**

Pensemos...

¿Puedes hallar y explicar las relaciones de causa y efecto que el autor usa en esta página? **Ensayo fotográfico**

Cómo obtener nutrientes

La mayoría de las plantas obtienen los nutrientes que necesitan de la tierra, aunque algunas plantas consiguen sus "vitaminas" de otra forma.

Pensemos...

¿Por qué algunos encabezados están en rojo y otros en azul?
Ensayo fotográfico

Plantas carnívoras

Las puntas de las hojas de la **planta atrapamoscas** son una tentación para los insectos. Es fácil posarse sobre ellas y brillan de tal forma que parece que tienen comida. ¡Error! El insecto avanza hacia el interior y, en menos de un segundo, la trampa se cierra. Los pelos de las hojas apuntan hacia afuera para impedir que el insecto escape cuando se está cerrando la trampa. Después, la planta usa sustancias químicas para digerir su comida. En esta figura, la punta de una hoja acaba de capturar una mosca, mientras la hoja más grande de abajo está digiriendo otra.

Pensemos...

Localiza los nombres de dos plantas carnívoras. ¿En qué se parecen y en qué se diferencian?
Ensayo fotográfico

El inventor del papel pegajoso atrapamoscas tal vez sacó la idea de una planta llamada **rosolí o rocío de sol.** Las hojas de la rosolí están cubiertas de pelos. Y esos pelos están cubiertos de un líquido, un "rocío pegajoso". El insecto que se posa en una planta rosolí no podrá escapar. Se queda pegado a los pelos, que se doblan y lo atrapan.

Cómo estar a salvo

Las plantas no se pueden escapar de los insectos y animales hambrientos, por eso tienen otras formas de protegerse.

Defensas físicas

Las plantas aprovechadas, como las bromelias y las enredaderas, no dañan directamente al árbol que las hospeda, pero pueden causarle algunos daños. Absorben el agua y el sol que podría usar el árbol. Si se apilan demasiadas en un árbol, pueden romper sus ramas. El **árbol terminalia** de la foto tiene una gran defensa. Cada tanto deja caer su corteza, y con ella la mayoría de esos acompañantes no deseados.

Este árbol, llamado **palo borracho,** tiene por todo el tronco unas espinas que los científicos llaman aguijones cónicos. No importa cómo las llamemos, lo mejor es mantenerse lejos. Su pinchazo es muy doloroso.

Pensemos...

¿Dónde puedes encontrar datos y detalles sobre cómo se defienden las plantas? **Ensayo fotográfico**

Pensemos...

Relacionar lecturas ¿A quiénes te parece que les será más difícil sobrevivir, a los pingüinos polluelos o las plantas de esta lectura?

Escribir variedad de textos Haz una tabla para explicar por qué piensas así.

Objetivos

• Utilizar las claves del contexto para determinar los significados de las palabras desconocidas o con varios significados. • Identificar las palabras que son opuestas, similares, que tienen varios significados y que suenan igual pero tienen significados diferentes. • Escuchar con atención cuando alguien habla, hacer preguntas sobre el tema del que se está hablando y comentar sobre el tema.

CALLE DE LA LECTURA EN LÍNEA
LIBRO DEL ESTUDIANTE EN LÍNEA
www.CalledelaLectura.com

Vocabulario

Sinónimos

Claves del contexto Al leer puede que te encuentres con una palabra que no conozcas. Vuelve a leer las palabras y las oraciones que la rodean. Puede que el autor te dé un sinónimo —una palabra con un significado igual o parecido— de esa palabra. Si puedes identificar el sinónimo, úsalo para averiguar el significado de esa palabra.

¡Practícalo! Elige cuatro palabras que no conozcas de *El pingüino polluelo.* Usa las claves del contexto para tratar de averiguar un sinónimo de cada palabra o para pensar en uno que tú conozcas. Escribe una oración con cada sinónimo.

Fluidez

Precisión

Es muy importante leer con precisión para comprender bien el texto. Lee cada palabra tal y como aparece en la página. Asegúrate de que lo que lees tenga sentido. Si no lo tiene, lee más despacio o vuelve a leer.

¡Practícalo! Con tu compañero, practica leyendo en voz alta la página 212 de *El pingüino polluelo.* Pide a tu compañero que liste las palabras que hayas leído incorrectamente. Vuelve a leer la página. ¿Has leído con más precisión?

Escuchar y hablar

Cuando hagas una investigación y una presentación en grupo, asegúrate de que tú también contribuyes.

Discurso

En los discursos informales el orador habla ante un público sobre personas, cosas, ideas o sucesos. El propósito es informar.

¡Practícalo! Con un grupo pequeño investiga acerca de los pingüinos. Escribe un discurso informativo con los datos reunidos. Incluye tus opiniones sobre lo que hallaste. Da tu discurso ante la clase.

Sugerencias

Al escuchar...

- mira al hablante para escucharle con atención.
- toma notas de lo que dice el hablante.

Al hablar...

- mantén una postura adecuada y establece contacto visual.
- habla a un ritmo adecuado.
- determina el propósito del discurso.

Trabajo en equipo...

- Formula y responde preguntas usando detalles.
- Desarrolla las ideas de los demás.

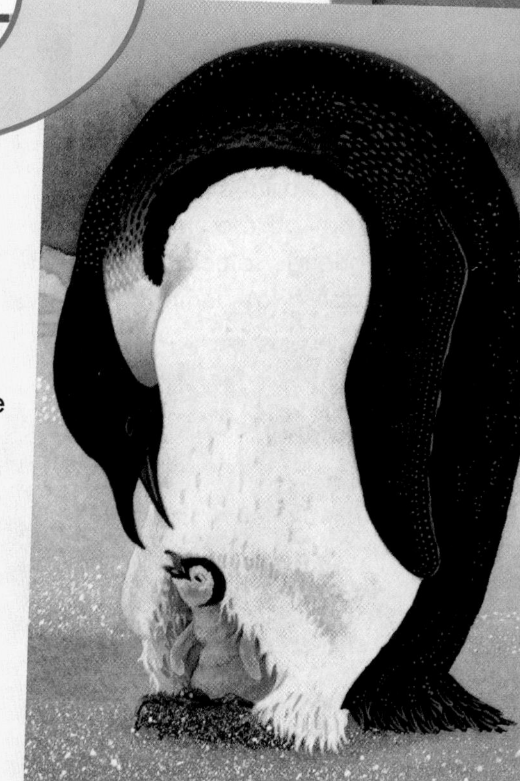

Objetivos

• Hacer preguntas sobre el tema del que se está hablando y comentar sobre el tema. • Participar en discusiones moderadas por el maestro y otros estudiantes, formular y contestar preguntas y ofrecer ideas basadas en las ideas de los demás.

Vocabulario oral

Hablemos sobre

Soluciones buenas

- Plantea y contesta preguntas sobre cómo podemos saber si una solución es buena.
- Haz sugerencias sobre cómo llegar a una buena solución.
- Expresa opiniones en equipo sobre cómo las buenas soluciones ayudan a los demás.

CALLE DE LA LECTURA EN LÍNEA
VIDEO DE LA PREGUNTA PRINCIPAL
www.CalledelaLectura.com

¡Has aprendido

0 5 7

palabras asombrosas

este año!

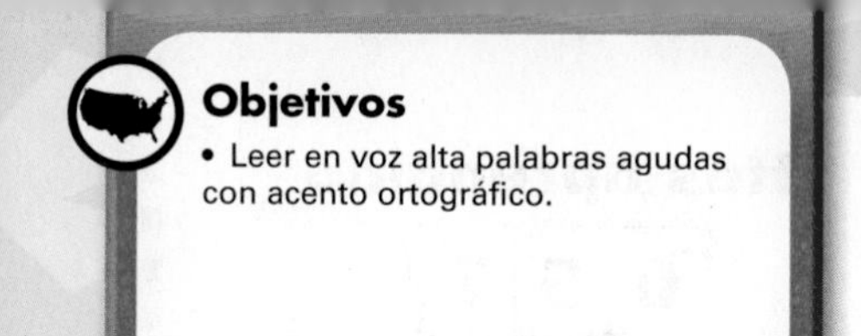

Fonética

Acentuación: Palabras agudas

Palabras que puedo combinar

An drés

per dió

bo tón

so fá

por tón

Oraciones que puedo leer

1. Andrés perdió un botón de la camisa.
2. Hoy compramos el sofá nuevo.
3. El portón de la escuela se abre temprano.

¡Puedo leer!

Hoy es la reunión anual de nuestra familia. Quizás este año podremos colgar una piñata grande del ciprés. La del año pasado fue pequeña y me sentí mal porque no hubo bastantes dulces. Todos estamos trabajando con afán para que la fiesta sea un éxito. Mi papá preparó el jamón. Mis tías están preparando el café y los pasteles. Cada persona traerá un plato de comida especial. El único que está gruñón es mi perro León. A él no le gusta el bullicio. El día es hermoso y la comida huele bien, así que lo único que falta es que lleguen los invitados y empiece el festín.

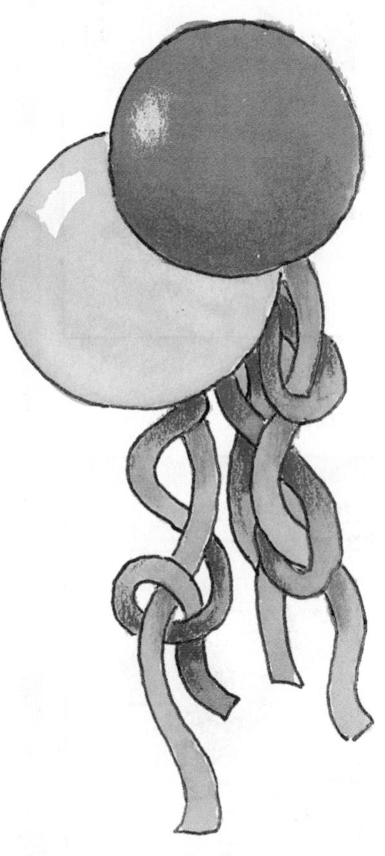

Has aprendido

- Palabras agudas

Objetivos

- Identificar las palabras que crean una imagen en tu mente y atraigan los sentidos. • Verificar tu comprensión de un texto y ajustar tu lectura basándote en cuán bien comprendes lo que estás leyendo.

¡Imagínalo!

Destreza

Estrategia

CALLE DE LA LECTURA EN LÍNEA
ANIMACIONES DE ¡IMAGÍNALO!
www.CalledelaLectura.com

Destreza de comprensión

Comparar y contrastar

- Comparas cuando dices en qué se parecen o se diferencian dos o más cosas.
- Contrastas al decir solamente en qué se diferencian dos o más cosas.
- Usa lo que aprendiste sobre comparar y contrastar. Utiliza el texto y el organizador gráfico para escribir un párrafo corto que compare y contraste a Pelusa y a Manchita, cuando leas "Pelusa y Manchita" en la página 237.

Pelusa	Manchita

Estrategia de comprensión

Visualizar

Al leer, haz una imagen visual del personaje, del ambiente y de lo que está sucediendo. Utiliza los detalles que te indican cómo se ve, suena, sabe, se siente o huele algo para ayudarte a crear imágenes. Si no puedes visualizar lo que estás leyendo, detente y vuelve a leer hasta que te lo puedas imaginar.

Pelusa y Manchita

Rita tenía un gatito negro que se llamaba Pelusa. El gato tenía ojos verdes y brillantes. Su vecino Joe tenía un perro grande color café que se llamaba Manchita. Manchita tenía una mancha blanca en la punta de la cola.

Estrategia Éste es un buen punto para detenerte y visualizar a las mascotas. ¿Qué detalles te ayudan a visualizarlas?

Joe estaba lanzando un palo a su perro, cuando Rita salió al patio.

—¿Dónde está tu gato? —le preguntó Joe—. Ni siquiera salió a jugar. A Manchita le encanta jugar.

—Los gatos son mucho más quisquillosos —respondió Rita—. No juegan con cualquiera.

Justo en ese momento Pelusa salió de la casa. Manchita comenzó a ladrar y Pelusa salió corriendo y se trepó a las ramas de un árbol.

—Bueno, —dijo Joe—, esa es otra diferencia. Mi perro nunca se treparía a un árbol.

Destreza Compara y contrasta lo que sienten Joe y Rita por sus mascotas. ¿Qué detalles te lo indican?

Pelusa le bufó a Manchita desde la rama. Rita estaba enojada. —Bueno, mi gato nunca asustaría a tu perro.

—Yo no estaría tan seguro de eso, —se rió Joe, mientras rescataba al gato.

¡Es tu turno!

¿Necesitas repasar?
Mira el manual *¡Imagínalo!* para obtener ayuda sobre comparar y contrastar y visualizar.

¡Inténtalo!
Mientras lees *Quiero una iguana*, usa lo que aprendiste sobre comparar y contrastar y visualizar.

Objetivos

- Utilizar las claves del contexto para determinar los significados de las palabras desconocidas o con varios significados.

Palabras para aprender

adorable

iguana

trofeos

compasivo
probablemente
maduro
mencionar

CALLE DE LA LECTURA EN LÍNEA
ACTIVIDADES DE VOCABULARIO
www.CalledelaLectura.com

Estrategia de vocabulario para

Palabras poco comunes

Claves del contexto ¿Qué haces cuando ves una palabra poco común? A veces puedes deducir lo que significa si miras las palabras y las oraciones alrededor de la palabra.

1. Lee las palabras y las oraciones que rodean la palabra que no conoces. A veces el autor te da el significado.
2. Si no, usa las palabras y las oraciones para deducir un significado de la palabra.
3. Usa ese significado en la oración. ¿Tiene sentido en la oración?

Lee "Cómo escoger una mascota" en la página 239. Usa las claves del contexto para entender el significado de las Palabras para aprender y otras palabras poco comunes.

Palabras para escribir Vuelve a leer "Cómo escoger una mascota". Escribe sobre una mascota que te gustaría tener. Explica tus razones para escoger esa mascota. Usa la lista de las Palabras para aprender.

Cómo escoger una mascota

¿Quieres una nueva mascota? Algunas personas quieren una mascota adorable como lo serían un gatito o un perrito. Otras quizás preferirían una mascota diferente como una iguana o una tarántula. He oído que hay quienes sólo quieren tener una pecera llena de peces. ¿Y tú sabes lo que te gustaría?

Quizás quieras un animal ya maduro que no tengas que educar. Tal vez quieras un animal que puedas llevar a competir. ¿Te gustaría ganar trofeos? También podrías ser compasivo y rescatar una mascota de un refugio.

Debo mencionar, además, que debes aprender algo acerca de los animales. Es importante ser sensible a las necesidades de ese nuevo miembro de tu familia. ¿Qué cuidados necesitará tu nueva mascota? ¿Quién le dará de comer? ¡A la mayoría de los animales no les gustan los espaguetis! Averigua lo que necesitas hacer para mantener sana a tu mascota.

Probablemente, lo más importante es que cuides bien de tu mascota. Juntos gozarán de muchos años de felicidad.

¡Es tu turno!

¿Necesitas repasar? Para obtener ayuda adicional sobre cómo usar las claves del contexto para determinar los significados de las palabras poco comunes, mira la sección *¡Palabras!* en la página P•7.

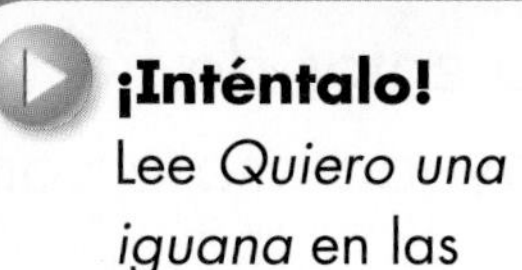

¡Inténtalo! Lee *Quiero una iguana* en las páginas 240 a 255.

Quiero una

POR KAREN KAUFMAN ORLOFF
ILUSTRADO POR DAVID CATROW

La **ficción realista** es un cuento que podría ocurrir en la realidad. Al leer, piensa en otros cuentos de ficción realista. ¿De qué manera te ayuda eso a comprender mejor este cuento?

iguana

Pregunta de la semana

¿Cómo sabes que una solución es buena?

Querida Mamá:
Sé que tú piensas que no debo quedarme con la iguanita de Mikey Gulligan cuando él se mude, pero ahora te explico por qué debo hacerlo. Si no me la llevo, se quedará con Tufito. Y Fiera, el perro de Tufito, se la va a comer.
¿Tú no quieres que le pase eso, verdad?

Cariños,
Tu sensible hijo, Alex

Querido Alex:

Me alegro de que seas tan compasivo, pero dudo que la mamá de Tufito permita que Fiera se meta en la jaula de la iguana.

Admito que fue un buen intento de tu parte.

Cariños,
Mamá

Querida mamá:
¿Sabías que las iguanas son muy silenciosas y que también son muy graciosas? Pienso que son más graciosas que los hámsters.

Cariños,
Tu adorable niño, Alex

Querido Alex,
Las tarántulas también son silenciosas, pero no se me ocurriría tener una como mascota. A propósito, la iguana de Mikey es más fea que Godzilla. Se me ocurrió que debería mencionar eso.

Cariños,
Mamá

Querida Mamá:

Ni siquiera tendrías que ver a la iguana. La guardaría en su jaula en mi cuarto, sobre la cómoda, al lado de mis trofeos de fútbol. Además es tan pequeña, ni siquiera te darías cuenta de que está allí.

Cariños y un millón y un besos,

Alex

Querido Alex,

Las iguanas pueden crecer hasta más de seis pies de longitud. No vas a tener espacio suficiente en tu cuarto y mucho menos en tu cómoda (con o sin todos esos trofeos).

Con cariño,

Mamá

Querida Mamá,

Toma unos 15 años para que las iguanas lleguen a ser tan grandes. Mikey me lo dijo. Para ese entonces ya estaré casado y probablemente viva en mi propia casa.

Con cariño,

Tu brillante y maduro hijo,

Alex

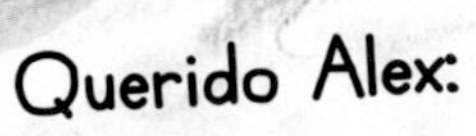

Querido Alex:

¿Cómo vas a conseguir a una novia que se case contigo si eres dueño de un reptil que mide seis pies de longitud?

Con cariño,

Tu preocupada madre

Querida Mamá:
Olvídate de la novia.
¡Lo que necesito ahora es una amiga nueva!
Esta iguana puede ser el hermanito que siempre quise.
Con cariño,
Tu hijo que se siente tan solito, Alex

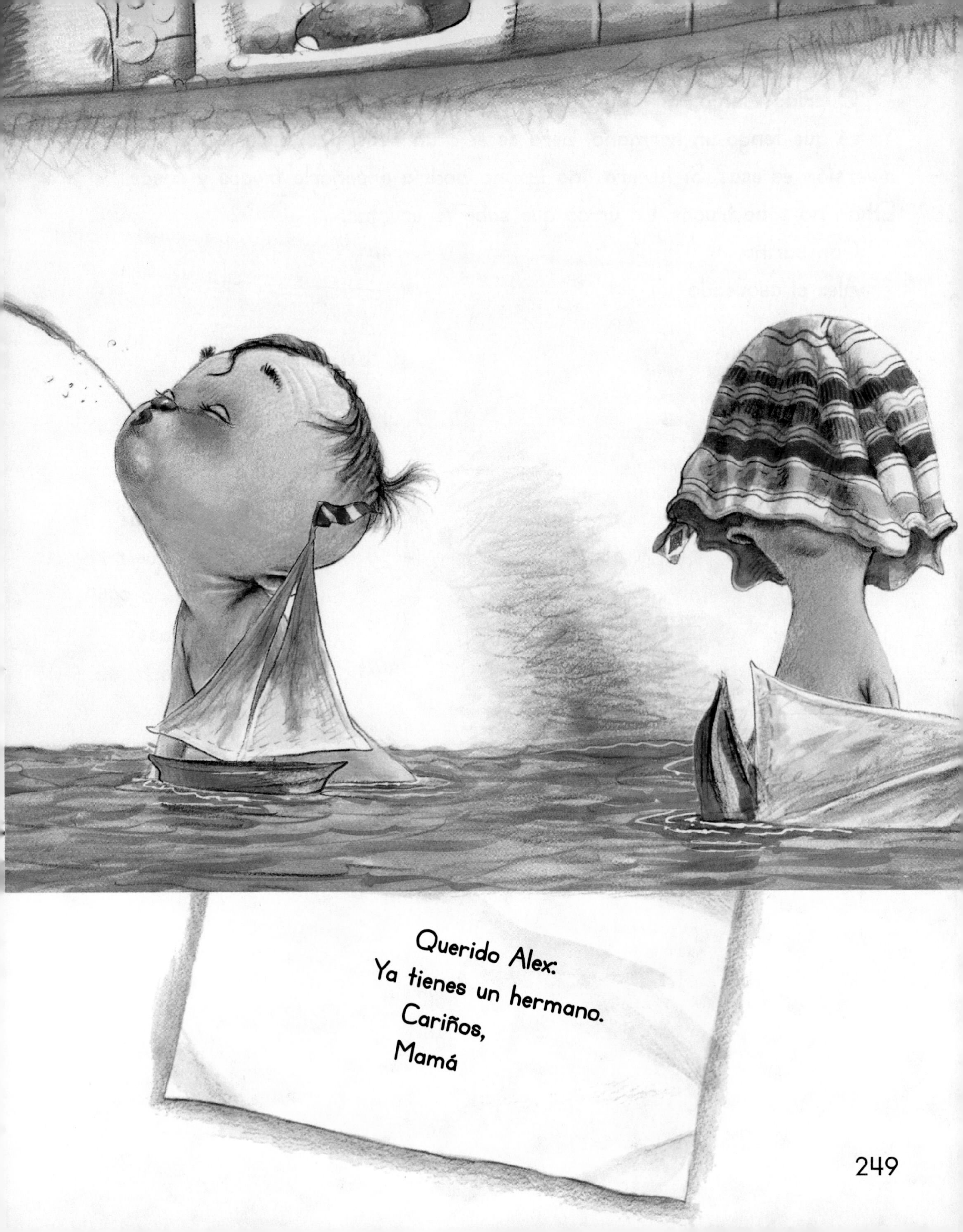
Querido Alex:
Ya tienes un hermano.
Cariños,
Mamá

Querida Mamá:

Ya sé que tengo un hermano, pero es sólo un bebé. ¿Qué clase de diversión es esa? Si tuviera una iguana podría enseñarle trucos y cosas. Ethan no sabe trucos. Lo único que sabe es eructar.

Con cariño,

Alex el asqueado

Querido Alex:

¿Cómo puedo saber que estás listo para tener una mascota? ¿Recuerdas lo que pasó cuando trajiste a casa el pez de la clase?

Con cariño,

Mamá

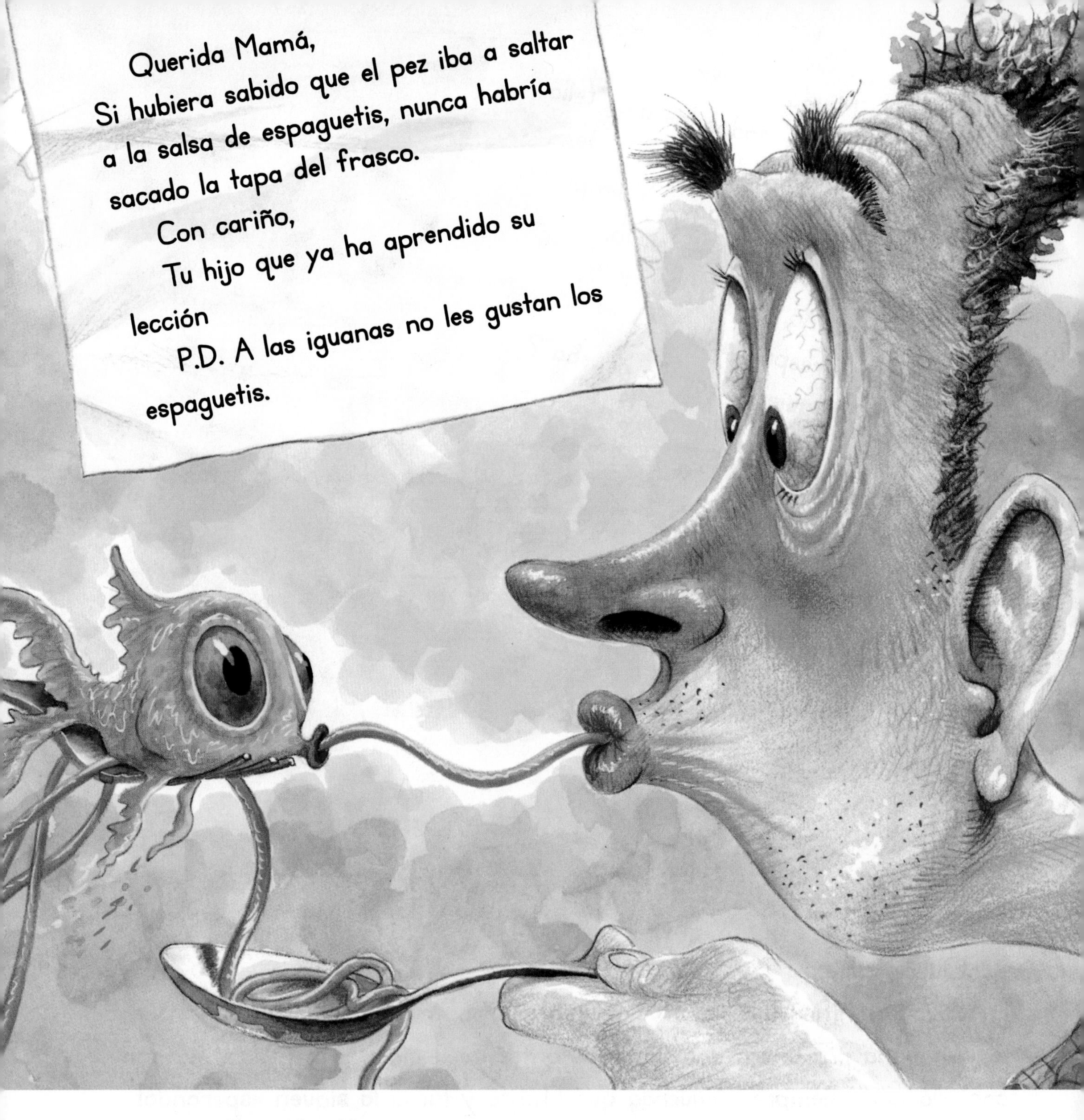

Querido Alex:

Supongamos que te dejo guardar la iguana a prueba. ¿Qué harías exactamente para cuidarla?

Con cariño,

Mamá

Querida Mamá:
Le daría de comer todos los días (ella come lechuga). Y me aseguraría de que tuviera suficiente agua. Y limpiaría su jaula cuando estuviera sucia.
Con cariño,
Alex el responsable
P.D. ¿Qué quiere decir "a prueba"?

Querido Alex,

A prueba significa que Papá y yo vamos a observar lo bien que te encargas de la iguana por una o dos semanas antes de decidir si te puedes quedar con ella para siempre. Recuerda que ¡Tufito y Fiera la siguen esperando!

Con cariño,

Mamá

P.D. Si limpias su jaula de la misma manera en que limpias tu cuarto, vas a tener un problema.

Querida Mamá:

Te prometo, prometo, prometo, que voy a tratar de limpiar mi cuarto y la jaula de la iguana. Y óyeme también. Voy a pagar por la lechuga con mi mesada. Después de todo, ¿cuánto puede comer una bebé iguana?

Con cariño,
Alex el mago financiero

—¿Estás seguro de que quieres hacer esto, Alex?

—¡Sí, Mamá! Quiero una iguana. . . ¡Por favor!

Querido Alex:
Fíjate en lo que hay en la cómoda.
Con cariño,
Mamá

—¡SÍÍÍÍÍÍ!
¡Gracias!
¡Gracias!

Objetivos

- Hacer preguntas, aclarar lo que no entiendas y buscar hechos y detalles. Apoyar tus respuestas con detalles del texto.
- Identificar las palabras que crean una imagen en tu mente y atraen los sentidos.

¡Imagínalo! Volver a contar

CALLE DE LA LECTURA EN LÍNEA
ORDENACUENTOS
www.CalledelaLectura.com

Piensa críticamente

1. En todo el cuento, Alex usa distintos argumentos para convencer a su mamá de que le permita quedarse con la iguana. ¿Qué métodos has usado tú para convencer a alguien de que haga algo? **El texto y tú**

2. La autora usa los escritos persuasivos entre Alex y su mamá para contar el cuento. ¿Por qué resulta más interesante un cuento así? **Pensar como un autor**

3. ¿Qué comparaciones hace Alex entre una iguana y su hermanito Ethan? **Comparar y contrastar**

4. En todo el cuento, Alex trata de convencer a su mamá de que una iguana sería una buena mascota. Piensa en algunas de las escenas que él se imagina. ¿Cuáles son algunas palabras que te ayudan a imaginarte a la iguana mascota? **Visualizar**

5. **Mira de nuevo y escribe** Vuelve a leer la página 250. La mamá de Alex teme que él no esté listo para tener una mascota. ¿Crees que tiene razón? Ofrece detalles que evidencien tu respuesta.

PRÁCTICA PARA EL EXAMEN **Respuesta desarrollada**

Conoce a la autora y al ilustrador

Karen Kaufman Orloff

Karen Kaufman Orloff es escritora de libros infantiles y columnista. Escribe sobre la vida, los niños y la vida de familia.

A Karen se le vino la idea de escribir *Quiero una iguana* porque sus hijos querían un perrito como mascota, pero su esposo era alérgico a los perros. Entonces se les ocurrió conseguir una iguana. A ella no le pareció fabulosa la idea de tener un reptil, pero al final terminaron con dos iguanas como mascotas de la familia.

David Catrow

David Catrow es ilustrador, caricaturista, pintor y autor. Sus caricaturas se han publicado en más de 900 periódicos en los Estados Unidos y Canadá, incluso el *New York Times, USA Today* y el *Washington Post*. Muchas personas citan el trabajo del Sr. Catrow porque su humor e imaginación son similares al trabajo del Dr. Seuss y de Tedd Arnold.

Busca otros libros sobre mascotas.

Usa el Registro de lecturas del *Cuaderno de lectores y escritores* para registrar tu lectura independiente.

Objetivos
- Escribir cuentos imaginativos, desarrollados en miras a un final e incluyendo detalles sobre los personajes y el ambiente. • Utilizar y comprender la función de los sustantivos.

¡Escribamos!

Aspectos principales de un cuento de hadas

- cuento imaginario que puede incluir actos heroicos
- a menudo comienza con: "Había una vez..."
- a menudo termina con: "... y vivieron felices para siempre"
- los personajes generalmente son muy buenos o muy malos

CALLE DE LA LECTURA EN LÍNEA
GRAMATIRITMOS
www.CalledelaLectura.com

Cuento de hadas

Un **cuento de hadas** es una historia imaginaria que muchas veces incluye actos heroicos y aventuras emocionantes. Los cuentos de hadas generalmente se escriben para niños. El modelo del estudiante en la próxima página es un ejemplo de un cuento de hadas.

Instrucciones Escribe un cuento de hadas en que el personaje principal sea una iguana.

Lista del escritor

Recuerda que debes...

- ✓ escribir una historia imaginaria.
- ✓ tener un principio, un desarrollo y un final claros.
- ✓ incluir detalles acerca de los personajes.
- ✓ desarrollar el argumento hasta un clímax.
- ✓ utilizar sustantivos singulares y plurales correctamente.

Modelo del estudiante

Maddie y la iguana

Había una **vez** en una **tierra** muy lejana, una **joven** llamada **Maddie.** Todas las **personas** de la **aldea** sabían que a Maddie le encantaba la **naturaleza.** La veían a menudo en los **bosques** recogiendo **insectos** y **hojas.** Un **día** Maddie se encontró con un **animal** extraño. "¿Qué será esto?", se preguntó.

—Soy una **iguana** —chilló el animal.

—¿Qué es una iguana, y por qué puedes hablar? —balbuceó Maddie con **voz** espantada.

—Una iguana es un tipo de **lagarto,** pero antes yo era el **príncipe Clayton** —le informó la iguana—. Alguien me hizo un **hechizo.** Por favor, cúbreme con tres hojas de colores. Di tres **palabras** que puedan romper el hechizo.

Maddie había recogido muchas hojas de colores. Puso tres encima de la iguana. Después dijo, "por favor", "gracias" y "de nada". Estas tres palabras rompieron el hechizo.

La iguana se convirtió en el príncipe Clayton. Él y Maddie se hicieron **amigos** y vivieron felices para siempre.

Los **sustantivos singulares y plurales** están usados correctamente.

Género: Un **cuento de hadas** frecuentemente termina con las palabras "y vivieron felices para siempre".

Características de la escritura: Lenguaje: Los verbos expresivos dan vida a los personajes.

Normas

Sustantivos singulares y plurales

Recuerda Un **sustantivo singular** se refiere a una persona, lugar o cosa. Un **sustantivo plural** se refiere a más de una persona, lugar o cosa.

Objetivos

• Comprender cómo cambia la información cuando se cambia de un tipo de medio a otro. • Comparar cómo se utilizan diferentes estilos de escritura para diferente tipo de información en Internet.

Destrezas del siglo XXI

EXPERTO EN INTERNET

Correo electrónico

Enviar mensajes de texto por teléfono celular es divertido, pero el correo electrónico puede ser incluso mejor. Comparte documentos y trabaja con varias personas en proyectos escolares. El correo electrónico te prepara para el mundo del trabajo. Sí, ¡el correo electrónico es muy útil!

- El correo electrónico también se conoce como e-mail. Estos mensajes se envían de una computadora a otra a través de la Internet.
- Te permiten comunicarte rápidamente con gente de cualquier lugar del mundo. Al igual que las cartas, pueden ser formales o informales.
- Además, se les pueden adjuntar videos o fotos.
- Lee "El gran partido de fútbol". Compara el lenguaje usado en estos mensajes con el empleado en un artículo de información de la Internet.

El gran partido de fútbol

Francisco y José iban a la misma escuela hasta que José se mudó. También jugaban juntos en el equipo de fútbol. José sabe que Francisco necesita un poco de ánimo y apoyo porque dentro de poco tiene un partido de fútbol importante. Aunque los dos amigos ya no van a la misma escuela, se mantienen en contacto por correo electrónico.

Francisco usó su proveedor de correo electrónico para escribirle a su amigo José.

File Edit View Favorites Tools Help

http://www.url

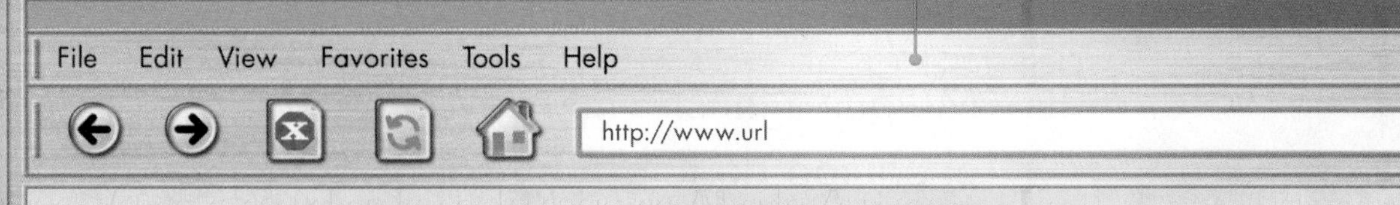

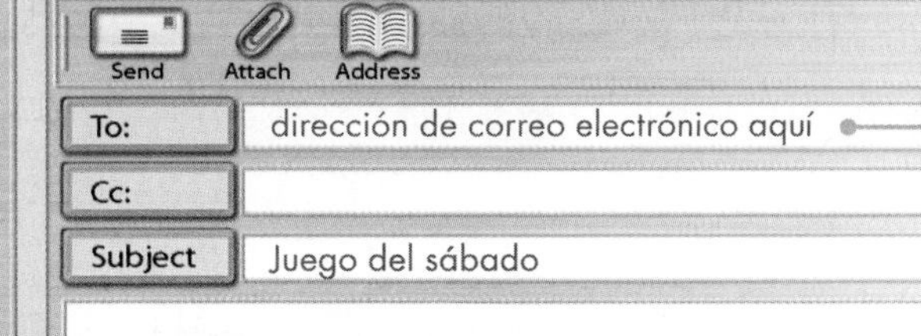

La dirección electrónica de la persona a quien le escribes va aquí.

Hola, José:

¿Qué te parece tu nueva escuela? Ojalá jugaras todavía en nuestro equipo de fútbol. Tenemos un partido importantísimo el sábado y nos ayudaría mucho que fueras nuestro portero. Tal vez podrías venir a vernos y a darnos ánimo. Vamos a jugar contra nuestros rivales, los Jets.

¡Vamos Tigres!

Francisco

Cuando le escribes a un amigo o amiga, la despedida suele ser más informal.

¡Este mensaje habría sido más corto si Francisco lo hubiera mandado como texto!

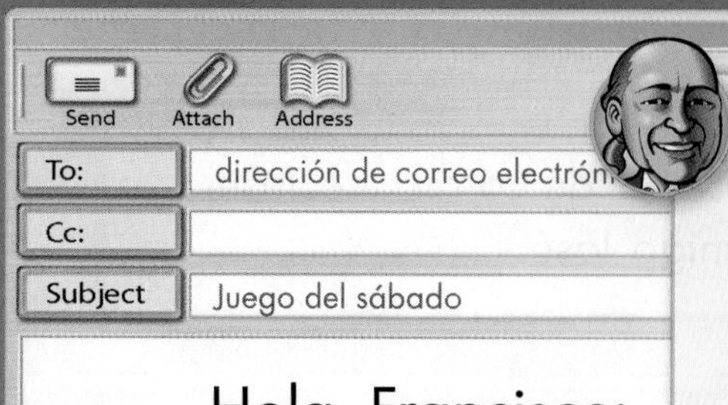

Observa el formato de carta, el lenguaje informal y otras normas de este mensaje. Compara el lenguaje usado en este mensaje con el empleado en un artículo de información de la Internet y el de otros medios digitales.

Hola, Francisco:

Me gusta mucho mi nueva escuela. Me presenté para el equipo de fútbol, ¿y sabes qué? ¡Soy el nuevo portero! Le voy a pedir permiso a mi mamá para ir a ver tu partido. ¿Te gustaría jugar un rato la próxima semana? Hay una cancha de fútbol cerca de donde vivo ahora.

José

De: (Aquí aparece el correo electrónico del remitente)
Fecha: Lunes 22 de julio, 2005, 11:15 AM
Para: (Aquí aparece el correo electrónico del receptor)
Asunto: Juego del sábodo

Querido José,

Gracias por haber venido al partido el sábado. Todo el equipo te lo agradece muchísimo. Si tú hubieras sido nuestro portero, los Jets no habrían anotado. Mi mamá tomó algunas fotos de nosotros celebrando nuestra victoria al final del juego. Te las mando como anexo a este mensaje.

Francisco

Puedes compartir fotos o documentos adjuntándolos a un mensaje de correo electrónico.

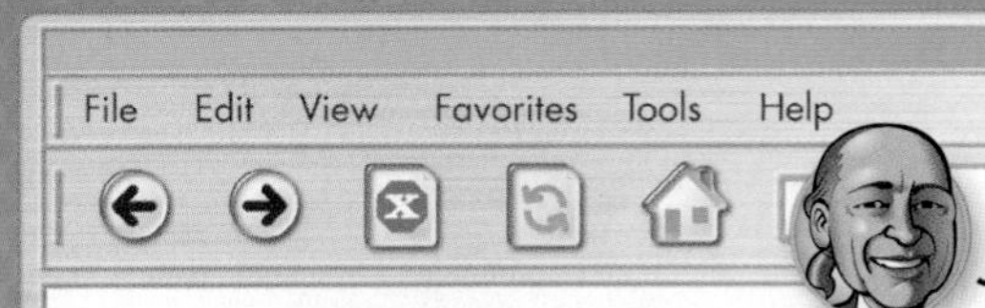

José estaba muy entusiasmado, de modo que hizo clic en el ícono de fotos y encontró estas fotos.

También puedes adjuntar un video digital. ¡Imagina lo que oiría y haría el equipo si esto fuera un video!

para más práctica

Busca en línea

www.CalledelaLectura.com

Escribe tu propio mensaje de correo electrónico a un amigo.

Destrezas del siglo XXI
Actividad en línea

Conéctate y sigue los pasos para escribir un mensaje de correo electrónico a un amigo sobre algún talento o destreza que tengas.

Objetivos

• Escuchar con atención cuando alguien habla, hacer preguntas sobre el tema del que se está hablando y comentar sobre el tema. • Hablar claramente e ir al punto mientras se hace contacto visual, modulando la rapidez, el volumen y la claridad en la que comunicas tus ideas. • Leer en voz alta y comprender el texto adecuado al nivel del grado.

CALLE DE LA LECTURA EN LÍNEA
LIBRO DEL ESTUDIANTE EN LÍNEA
www.CalledelaLectura.com

Vocabulario

Palabras poco comunes

Claves del contexto Recuerda que puedes usar las claves del contexto para determinar el significado de las palabras poco comunes. Si te encuentras con una palabra desconocida, vuelve a leer las palabras y las oraciones que la rodean. Éstas te pueden ayudar a averiguar el significado de esa palabra poco común.

¡Practícalo! Elige un libro de la biblioteca de la clase o un libro de la biblioteca de la escuela que estés leyendo. Anota las palabras poco comunes que encuentres. Usa las claves del contexto para determinar el significado de esas palabras. Búscalas en el diccionario para ver si tienes razón.

Fluidez

Expresión

Al leer en voz alta, puedes cambiar el tono de voz para cada personaje. Los signos de puntuación te indican cuándo debes subir o bajar el tono de voz. Leer con expresión ayuda a tu público a entender mejor y a disfrutar más lo que estás diciendo.

¡Practícalo! Practica leyendo en voz alta la página 251de *Quiero una iguana.* ¿Cómo debes cambiar la expresión al leer estos párrafos? ¿Te ayuda esto a entender mejor los personajes?

Escuchar y hablar

Al dar un discurso, habla con claridad y expresión.

Discurso persuasivo

El propósito del discurso persuasivo es tratar de convencer al público para que adopte la opinión o punto de vista del orador.

¡Practícalo! Escribe un discurso persuasivo para convencer a un amigo o familiar de que lea *Quiero una iguana.* Pronuncia el discurso ante tu clase.

Sugerencias

Al escuchar...

- trata de identificar las técnicas persuasivas del hablante.
- haz preguntas relevantes.

Al hablar...

- usa técnicas persuasivas.
- mantén una postura adecuada.
- usa correctamente los sustantivos singulares y plurales.

Trabajo en equipo...

- Formula y responde preguntas de manera detallada.

Objetivos

- Participar en discusiones moderadas por el maestro y otros estudiantes, formular y contestar preguntas y ofrecer ideas basadas en las ideas de los demás.

Vocabulario oral

Hablemos sobre

Encontrar soluciones

- Comenta ideas sobre cómo encontrar soluciones para cosas inesperadas.
- Expresa opiniones en equipo sobre obstáculos y soluciones.
- Plantea y contesta preguntas sobre soluciones y problemas científicos.

CALLE DE LA LECTURA EN LÍNEA
VIDEO DE LA PREGUNTA PRINCIPAL
www.CalledelaLectura.com

¡Has aprendido
0 6 7
palabras asombrosas
este año!

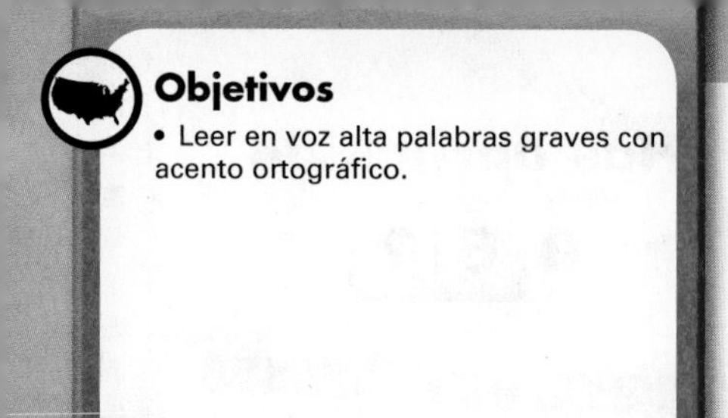

Fonética

Acentuación: Palabras graves

Palabras que puedo combinar

á g i l

d i f í c i l

t r é b o l

l á p i z

c é s p e d

Oraciones que puedo leer

1. El deporte te mantiene ágil.
2. Es difícil encontrar un trébol.
3. Encontré un lápiz en el césped.

¡Puedo leer!

El señor González y el señor Benítez vienen a ayudar a mi papi a cortar un árbol que se ha secado en el jardín. Hay una rama muy frágil que cuelga cerca de la casa.

Nuestra vecina, la señora Pérez, viene a ver cómo lo cortan. Mi hermano mayor va a ayudar porque él es muy hábil con la sierra.

Yo estoy lista para sacar fotos para mi álbum. Me gustaría ser más útil, pero mi mami dice que yo soy una reportera que va a documentar un hecho importante. Además, dice ella, sacar buenas fotos no es fácil. Estoy lista y ya comienza la acción.

Has aprendido

- Palabras graves

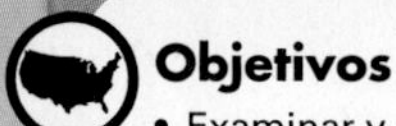

Objetivos

- Examinar y pasar juicio sobre los hechos en un artículo y apoyar tus conclusiones con evidencia.

¡Imagínalo!

Destreza

¡Imagínalo! Aprendizaje visual de destrezas

Sacar conclusiones

Combina lo que ya sabías con información nueva para sacar conclusiones.

Lo que sé:
Subir una cuesta causa cansancio.
La cara se nos pone roja con el esfuerzo.
El ejercicio nos hace sentir calor.

Conclusión:
El niño se pone rojo y se cansa.

I•6

Estrategia

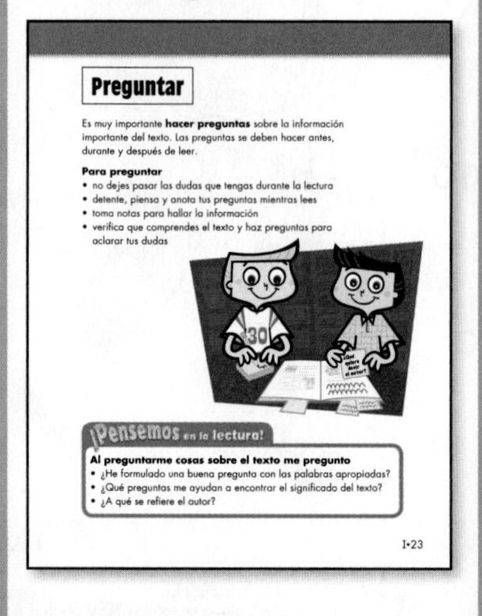
Preguntar

Es muy importante **hacer preguntas** sobre la información importante del texto. Las preguntas se deben hacer antes, durante y después de leer.

Para preguntar
- no dejes pasar las dudas que tengas durante la lectura
- detente, piensa y anota tus preguntas mientras lees
- toma notas para hallar la información
- verifica que comprendes el texto y haz preguntas para aclarar tus dudas

¡Pensemos en la lectura!

Al preguntarme cosas sobre el texto me pregunto
- ¿He formulado una buena pregunta con las palabras apropiadas?
- ¿Qué preguntas me ayudan a encontrar el significado del texto?
- ¿A qué se refiere el autor?

I•23

CALLE DE LA LECTURA EN LÍNEA
ANIMACIONES DE ¡IMAGÍNALO!
www.CalledelaLectura.com

Destreza de comprensión

Sacar conclusiones

- Una conclusión es una decisión u opinión que tiene sentido basada en hechos y detalles.
- Los detalles y los hechos que lees y que ya conoces te ayudarán a sacar conclusiones sobre el texto.
- Usa lo que aprendiste sobre sacar conclusiones al leer "Una colección de estampillas". Saca conclusiones sobre cómo puedes coleccionar estampillas sin gastar dinero.

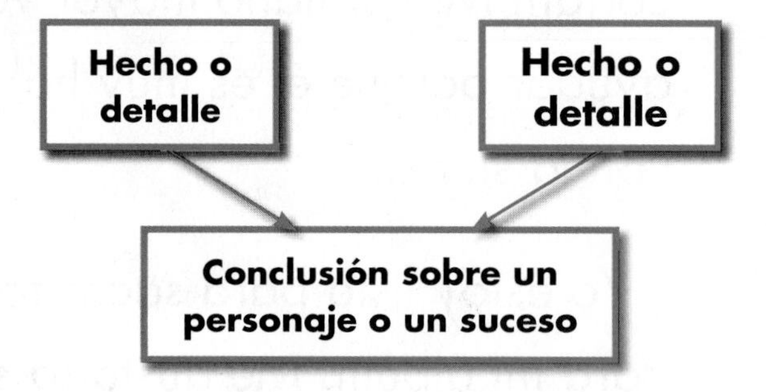

Estrategia de comprensión

Preguntar

Los buenos lectores se hacen preguntas a medida que leen. Preguntas literales como: "¿Quién es este personaje?", te ayudan a comprender lo que estás leyendo. Preguntas interpretativas como: "¿Por qué está sucediendo esto?" y preguntas evaluativas como: "¿Estoy de acuerdo con lo que dice el autor?", te ayudan a pensar y relacionarte con el texto.

Una colección de estampillas

Coleccionar estampillas es un pasatiempo interesante y divertido. A mucha gente joven le gusta coleccionar estampillas. Pero es posible que no tengan suficiente dinero para comprarlas. ¿Cómo conseguir estampillas sin gastar dinero?

Hay distintas maneras de resolver este problema. Una forma es pidiéndole a los conocidos que te regalen las estampillas que no necesitan. Para empezar, les puedes decir a tus amigos y familiares que estás comenzando una colección. Si tu tío recibe una carta de Francia, te puede dar la estampilla.

Otra manera de obtener estampillas es intercambiándolas. Cuando empieces a coleccionar verás que tendrás más de una copia de cada estampilla. Puedes cambiar las repetidas por otras que no tienes.

Pedir estampillas e intercambiar las repetidas son dos buenas maneras de obtener estampillas. Casi sin darte cuenta, tendrás una gran colección.

Estrategia Éste es un buen lugar para parar de leer y hacerse preguntas como: ¿De qué trata la selección?

Destreza ¿Qué conclusiones puedes sacar sobre lo que se puede hacer con más de una copia de una estampilla?

¡Es tu turno!

¿Necesitas repasar? Mira el manual *¡Imagínalo!* para obtener ayuda sobre sacar conclusiones y preguntar.

¡Inténtalo! Mientras lees *Mi propio cuartito*, usa lo que aprendiste sobre sacar conclusiones y preguntar.

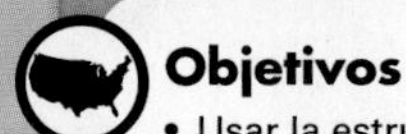

Objetivos

- Usar la estructura de las palabras para determinar el signnificado de las palabras compuestas.

apretujada

espacio

pasatiempos

determinación
exactamente
observamos
realizar

CALLE DE LA LECTURA EN LÍNEA
ACTIVIDADES DE VOCABULARIO
www.CalledelaLectura.com

Estrategia de vocabulario para

Palabras compuestas

Estructura de las palabras Cuando lees, es posible que te encuentres con una palabra larga. Mírala con atención. ¿Puedes ver dos palabras en ella? Es posible que sea una palabra compuesta. Usa los significados de las dos palabras para hallar su significado. Por ejemplo, *puntapié* es un golpe que se da con la punta del pie.

1. Divide las palabras compuestas en dos palabras pequeñas.
2. Piensa en el significado de cada palabra pequeña y junta el significado de ambas.
3. Prueba el nuevo significado en la oración. ¿Tiene sentido?

Lee "Ordénalo" en la página 273. Usa el significado de las dos palabras que forman las palabras compuestas para descubrir su significado.

Palabras para escribir Vuelve a leer "Ordénalo". Escribe sobre lo que haces para mantener tu cuarto ordenado. Usa la lista de Palabras para aprender.

¡Ordénalo!

¿Hay pilas de cosas amontonadas en nuestro cuarto? ¿Está la ropa tan apretujada en el guardarropa que las puertas ya no cierran? ¡Entonces es hora de actuar con determinación!

Primero, debemos aceptar que ordenar nuestro espacio requerirá tiempo y trabajo. Luego, observamos cada cosa y nos preguntamos qué exactamente deberíamos tirar y qué conservar. Después, consideramos las cosas que vamos a tirar. ¿Están en buenas condiciones? Donémoslas a una institución de caridad. Si no, tirémoslas.

A continuación, agrupemos las cosas que vamos a conservar. Ponemos cada grupo en un lugar distinto. Ponemos los libros de estudio en unos estantes y los de pasatiempos en otros. Colgamos la ropa en el armario o la guardamos en los cajones. Cubrimos la cama con una cobija y en la mesita de noche ponemos una lámpara con pantalla.

Asimismo, pasamos la aspiradora y sacamos el polvo y quitamos las telarañas. ¡Felicitaciones! Acabamos de realizar una gran tarea. Ahora tenemos un cuarto limpio y bien ordenado.

¡Es tu turno!

¿Necesitas repasar? Para obtener ayuda adicional sobre cómo usar la estructura de las palabras para hallar los significados de las palabras compuestas, mira la sección *¡Palabras!* en la página P•9.

¡Inténtalo! Lee *Mi propio cuartito* en las páginas 274 a 289.

Mi propio cuartito

por Amada Irma Pérez
ilustrado por Maya Christina Gonzalez

Género

La **ficción realista** trata sobre cosas que pueden ocurrir en la vida real. ¿Qué hace la niña de este cuento para solucionar el problema que tiene?

Pregunta de la semana
¿Cuándo se debe buscar una solución?

Una mañana me desperté en una cama muy apretujada en un cuarto bien lleno. El codo de Víctor me picaba las costillas. Mario había gateado de su cuna hasta nuestra cama. Ahora una pierna suya me cubría la cara y apenas yo podía respirar. Mis otros tres hermanos dormían en la cama juntito a la nuestra.

Yo estaba demasiado grande para esto. Ya iba a cumplir nueve años y estaba cansada de compartir mi cuarto con mis cinco hermanitos. Lo que más deseaba en el mundo era tener mi propio cuartito.

Lo único que yo quería era un pequeño espacio, pero eso era lo que no había. Nuestra pequeña casa la compartíamos los ocho miembros de nuestra familia y a veces más, cuando amigos y familiares venían de México y se quedaban con nosotros hasta que hallaban trabajo y un lugar donde vivir.

Una vez una familia con ocho niños vivió con nosotros por dos meses. Había mucho ruido pero era muy divertido. Siempre había una larga fila para usar el baño.

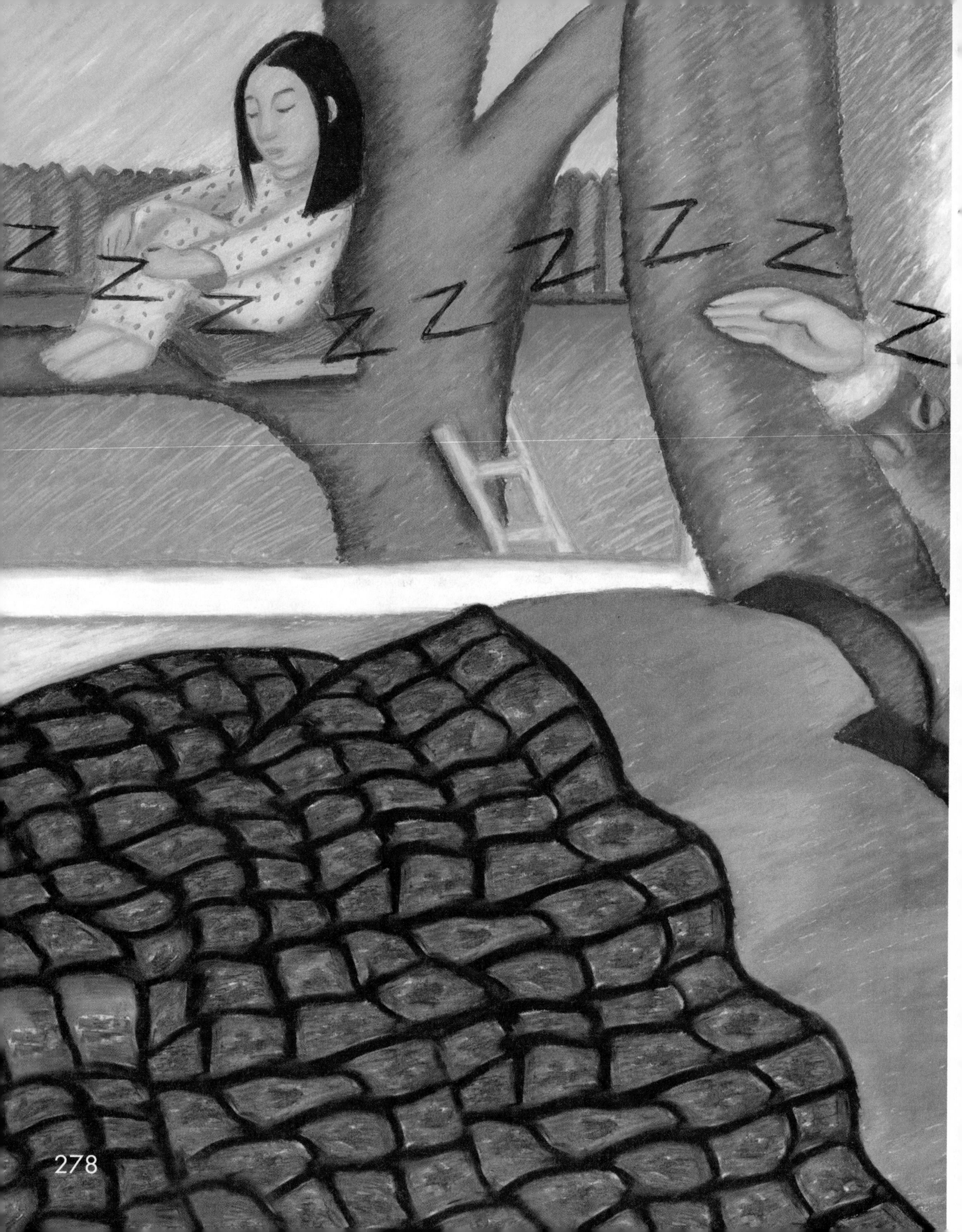

A veces muy de mañanita, mientras todos dormían, me subía por la escalera chueca al olmo del patio de atrás. Me sentaba en una tablita que imaginaba ser una banca y me ponía a pensar. Podía oír a mi papá roncando. Él trabajaba de noche en la fábrica y se iba a dormir un poco antes del amanecer.

Yo amaba a mis hermanos. No era que no quisiera estar junto a ellos, lo único que necesitaba era un lugar mío.

Caminé de puntitas por nuestra casita de dos recámaras. Me asomé detrás de la cortina que mi mamá había hecho con saquitos de harina para separar nuestra sala del cuartito donde guardábamos cosas.

—¡Ajá! ¡Aquí está! Éste puede ser mi cuarto—. Me lo imaginé con mi propia cama, mesa y lámpara, un lugar donde pudiera leer los libros que tanto amaba, escribir en mi diario y soñar, mis pasatiempos favoritos.

Me senté entre las cajas. Mi mamá debe haberme oído porque ella se acercó desde la cocina.

—Mamá, es perfecto —dije y le conté mi idea.

—Ay, mijita, tú no entiendes. Estamos guardando la máquina de coser de mi hermana y las herramientas para jardín de tu tío. Algún día necesitarán sus cosas para poder vivir mejor aquí en este nuevo país. Y también hay muebles y ropa vieja —dijo, moviendo la cabeza de un lado a otro lentamente.

Se fijó en la determinación en mi cara y las lágrimas que ya comenzaban a formarse en mis ojos.

—Espera —dijo pensando seriamente—. Quizás podamos poner estas cosas en el porche de atrás y cubrirlas con cobijas viejas.

—Y podemos poner una lona para que no se echen a perder —agregué.

—Sí, yo creo que sí podemos hacerlo. Vamos a sacar todo y ver qué tanto espacio tenemos.

Le di un fuerte abrazo y ella me dio un besito.

Después del desayuno, comenzamos a empujar los viejos muebles hacia el porche. Todos ayudaron. Parecíamos un ejército de poderosas hormigas.

Acarreamos muebles, herramientas y máquinas. Arrastramos bolsas bien repletas de ropa vieja y juguetes. Jalamos cajas con tesoros y demasiadas cosas viejas. Finalmente todo estaba fuera, excepto algunos botes de pintura que habían sobrado de la vez que pintamos la casa.

Cada bote contenía sólo un poquito de pintura. Había color de rosa, azul y blanco, pero no lo suficiente para pintar de un solo color el cuarto.

—Tengo una idea —les dije a mis hermanitos—. Vamos a juntarlos todos.

Sergio y Héctor me ayudaron a vaciar de un bote a otro y observamos los colores mezclándose. Un nuevo color comenzó a aparecer, un poco morado pero más oscuro que el rosa. ¡Magenta!

Nos pusimos a pintar hasta que la pintura se nos terminó.

Mi mamá me enseñó cómo medir mi nueva pared magenta con un pedazo de estambre amarillo brillante que había quedado de la última cobijita que había tejido. Mi tío Pancho regresaba de nuevo a México y ahora yo podía quedarme con su cama, pero teníamos que decirle si la cama iba a caber.

Cortamos el pedazo de estambre del tamaño exacto de la cama. Corrimos todos hacia la casa de mi tío Pancho agitando el estambre en el aire y medimos su cama. ¡Perfecto! Ese pedacito de estambre amarillo era mágico.

Un poco más tarde mi tío Pancho llegó con mi nueva camita amarrada al techo de su coche. Corrí hacia afuera y lo abracé. Mi papá lo ayudó a meter la cama y cuidadosamente la acomodó en su lugar.

Mis hermanos brincaron y brincaron y todos aplaudieron. Luego Raúl movió una caja de madera vacía y la acomodó a un lado de la camita para hacerla una mesita de noche.

—Lo único que ahora necesitas es una lamparita —dijo mi mamá.

Sacó una caja de zapatos repleta de estampillas *Blue Chip* que había coleccionado por años. Mi mamá y mi papá las recibían gratis cuando compraban comida o gasolina. Eran como pequeños premios que valían como dinero en tiendas especiales. Pero antes de poder usarlas, las teníamos que pegar en libritos para estampillas.

Así nos pusimos a lamer y a pegar estampillas sin parar. Cuando terminamos, mi papá nos llevó en el coche hasta la tienda de estampillas.

Enseguida que llegamos vi la lámpara que quería. Era tan delicada y bella como una bailarina. Estaba hecha de cerámica de vidrio con una pantalla que tenía olancitos alrededor de la orilla de arriba a abajo.

Cerré los ojos. Estaba tan emocionada pero a la vez con miedo de que no fuéramos a tener suficientes estampillas para conseguirla. Entonces oí la voz de mi mamá:

—Sí, mijita. Tenemos suficientes.

Cuando llegamos a casa, con mucho cuidado puse la nueva lámpara en mi mesita. Luego me recosté en mi nueva camita y miré hacia el cielo raso pensando. Todavía faltaba algo, lo más importante…

¡Libros!

Al día siguiente fui a la biblioteca y me apuré para llegar a casa con los brazos llenos de libros. Eran exactamente seis. Ése era mi número de la suerte porque éramos seis niños en nuestra familia.

Esa noche prendí mi nueva lámpara y me puse a leer y leer. Mis dos hermanitos, Mario y Víctor, se pararon en la puerta y abrieron las cortinas. Los invité a que entraran. Ellos se acurrucaron conmigo en mi nueva camita y les leí un cuento. Luego me dijeron: "Buenas noches" y regresaron a su cuarto.

Yo me sentí la niña más afortunada y feliz del mundo. Todos en mi familia me habían ayudado a realizar mi sueño. Antes de poder apagar la luz, me quedé dormida muy en paz bajo una cobija de libros en mi propio cuartito.

Objetivos

- Hacer preguntas, aclarar lo que no entiendas y buscar hechos y detalles. Apoyar tus respuestas con detalles del texto. • Formular diferentes tipos de preguntas sobre un texto.

¡Imagínalo! Volver a contar

CALLE DE LA LECTURA EN LÍNEA
ORDENACUENTOS
www.CalledelaLectura.com

Piensa críticamente

1. Piensa en el cuarto donde dormía la niña al principio. ¿Se parece al cuarto tuyo? ¿Usaste la experiencia de tu propio cuarto para entender lo que la niña sentía? **El texto y tú**

2. La autora del cuento menciona a muchos familiares y amigos: los hermanitos, los padres, el tío, la hermana de la madre, y hasta una familia amiga con ocho hijos. ¿Por qué crees que menciona a tantas personas? **Pensar como un autor**

3. Mira de nuevo la página 281. La mamá le explica a su hija por qué está lleno de cosas el espacio detrás de la cortina. ¿Qué le está diciendo a la niña con esto? **Sacar conclusiones**

4. ¿Quiénes ayudaron a realizar el sueño de la niña? ¿Qué hicieron para ayudarla? **Preguntar**

5. **Mira de nuevo y escribe** Vuelve a leer la pregunta de la página 274. Piensa en lo que la niña necesitaba. Luego, piensa qué solución le encontró a su problema. Escribe una respuesta a la pregunta. No olvides incluir detalles de la selección que apoyen tu respuesta.

PRÁCTICA PARA EL EXAMEN **Respuesta desarrollada**

Conoce a la autora y a la ilustradora

Amada Irma Pérez

Amada Irma Pérez es maestra en Oxnard, California. Nació en México e inmigró a los Estados Unidos con su familia cuando era niña. "Mis padres querían ofrecernos una casa con más espacio, pero al principio no podían hacerlo", dice. Pero sí la animaron a educarse y a ser bilingüe. Hoy, Amada es maestra de tercer grado. *Mi propio cuartito* es su primer libro y describe su propia experiencia de vivir en un espacio pequeño.

Maya Christina Gonzalez

Maya Christina Gonzalez nació en las afueras de Los Angeles y creció en Oregón. Al principio, Maya trabajaba como diseñadora de joyas para ganarse la vida y poder seguir con su arte. Maya se dedica por completo a la pintura y al arte gráfico. Ha ilustrado varios cuentos infantiles.

Busca otros libros escritos por Amada Irma Pérez e ilustrados por Maya Christina Gonzalez.

Registro de lecturas

Usa el Registro de lecturas del *Cuaderno de lectores y escritores* para registrar tu lectura independiente.

Objetivos

- Escribir ensayos que convenzan a la audiencia de ciertos temas, incluyendo tu propia opinión sobre los temas y utilizar detalles de aopya como evidencia. • Utilizar y comprender la función de los sustantivos.

¡Escribamos!

Aspectos principales de un anuncio

- trata de influir en las actitudes y acciones de la gente
- la información es fácil de leer
- con frecuencia incluye fotos o ilustraciones
- se dirige a un público específico

CALLE DE LA LECTURA EN LÍNEA
GRAMATIRITMOS
www.CalledelaLectura.com

Anuncio

Un **anuncio** es un mensaje escrito que trata de influir en un grupo específico de personas para que hagan algo. El modelo del estudiante en la próxima página es un ejemplo de un anuncio comercial.

Instrucciones Escribe un anuncio comercial que anime a la gente para que vaya a la conferencia del Sr. Arroyo.

Lista del escritor

Recuerda que debes...

- ✓ incluir toda la información importante que puedan necesitar los visitantes.
- ✓ fijar una posición y usar detalles de apoyo.
- ✓ usar lenguaje que atraiga a las personas al evento.
- ✓ utilizar sustantivos singulares y plurales correctamente.

Modelo del estudiante

Vengan a escuchar una maravillosa conferencia

¿No tiene dónde poner sus cosas? ¿Se le pierden los **anteojos**? ¿No encuentra sus **lápices** cuando los necesita? No se preocupe. Venga a escuchar la conferencia de Alberto Arroyo, que es un experto en la organización de cosas. Él va a explicar cómo ordenar cada cuarto de su casa. Nos dirá dónde guardar cada objeto y cómo aprovechar todos los espacios de la casa, por ejemplo, debajo de las **escaleras.** Así, todo tendrá un sitio, nada se perderá, ¡y la casa se verá bonita y ordenada! Al final de la conferencia, el Sr. Arroyo contestará preguntas del **público.** ¡No falte!

Fecha: Martes, 6 de septiembre
Hora: 6:00 a 8:00 p.m.
Entrada: $2.00

Característica de la escritura: Enfoque/Ideas: El propósito para escribir es claro.

Género: Un **anuncio** trata de persuadir a la gente para que haga algo.

Los **otros sustantivos** están escritos correctamente.

Normas

Otros sustantivos

Recuerda Los sustantivos terminados en *-z* forman el plural con *-ces*. Un ejemplo es *lápiz/lápices*.

Unas palabras se usan solamente en su forma plural, como *anteojos*.

Objetivos
• Identificar el tema y el propósito del autor para escribir. • Utilizar las características del texto para adivinar lo que sucederá después. • Hacer conexiones entre los textos informativos y literarios que tengan ideas similares y apoyar tus ideas con detalles del texto.

Estudios Sociales en Lectura

Género
Entrevista

- Una entrevista es la documentación escrita de una conversación entre dos personas.
- Las entrevistas generalmente se escriben como obras de teatro usando características del texto como negrita y color para que los lectores sigan el diálogo.
- Una entrevista puede proveer información interesante sobre gente de la vida real y sus logros o sobre temas que ellos conocen.
- Mientras lees "El reto del coleccionista", busca las características del texto que te ayuden a entender la entrevista.

EL RETO DEL COLECCIONISTA

POR LISA KLOBUCHAR

El Museo Field de Historia Natural, en Chicago, es uno de los museos más grandes del mundo. El Dr. Gary Feinman es jefe del Departamento de Antropología del Museo Field. La antropología es el estudio de cómo vive la gente. Los antropólogos observan cómo las personas se adaptan a los lugares donde viven. Estudian en qué se parecen diferentes grupos de personas y en qué se diferencian. El Dr. Feinman explica cómo forma el museo sus colecciones de antropología. También habla de algunos de los retos que aparecen cuando se exhiben estas colecciones y cómo responde el museo a estos retos.

Dr. Gary Feinman

LISA KLOBUCHAR: ¿Qué tipo de objetos colecciona el Departamento de Antropología del museo?

DR. FEINMAN: Nosotros tenemos de todo, desde tapices, cerbatanas o cerámicas, hasta esculturas de piedra, pinturas o máscaras.

LK: ¡Qué variado! ¿Cuántos objetos posee el museo en total?

DR. F: Sólo nuestro departamento tiene más de un millón de objetos.

LK: ¡Increíble! ¿Cómo logran exhibir tantos objetos?

DR. F: Sólo se exhibe una pequeña parte de la colección de antropología del museo. Mostramos aproximadamente uno o dos objetos de cada cien. No tenemos espacio para exhibirlos todos.

Cerámica inca del Perú

Pensemos...

¿Por qué usa el Dr. Feinman la palabra *nosotros*?
Entrevista

Pensemos...

¿Cómo obtiene el autor información del Dr. Feinman?
Entrevista

LK: Con tantos objetos interesantes y extraños, ¿cómo deciden cuáles poner en exhibición?

DR. F: Todas nuestras exhibiciones siguen un tema determinado. Si un objeto entra dentro de uno de los temas, tratamos de exhibirlo.

LK: ¿Hay objetos que quisieran exhibir pero no pueden hacerlo?

DR. F: Sí. Hay objetos que se dañarían con demasiada facilidad. Algunos sufren daños si se calientan o se enfrían demasiado. Otros pueden dañarse si la luz es demasiado intensa, o si el ambiente es demasiado húmedo o demasiado seco. Las polillas y otros insectos pueden dañar los objetos de tela y las canastas.

Pensemos...

¿Cuál es el tema de esta entrevista? ¿En qué se parece al tema de *Mi propio cuartito*? **Entrevista**

***Tapa,* tela de corteza de Papúa Nueva Guinea**

Canasta de los indígenas wappo

LK: Parece un problema serio. ¿Cómo protegen estos objetos?

DR. F: Disponemos de personal que trabaja a tiempo completo cuidando nuestra colección. Ellos se aseguran de que los objetos estén guardados correctamente. El Museo Field está construyendo un centro de colecciones subterráneo. Con este centro, el museo podrá mantener los objetos bien protegidos. Cuidar la colección es como cuidar nuestra salud. Es mejor evitar problemas que buscar un remedio para la enfermedad.

Máscara de Camerún

Pensemos...

¿Qué preguntas le habría hecho la niña al Dr. Feinman para resolver su problema? **Entrevista**

Pensemos...

Relacionar lecturas ¿En qué se parecen el cuartito de la niña y el Museo Field de Historia Natural? ¿En qué se diferencian?

Escribir variedad de textos Haz un diagrama de Venn para mostrar en qué se parecen y diferencian los dos sitios.

Objetivos

• Hablar claramente e ir al punto mientras se hace contacto visual, modulando la rapidez, el volumen y la claridad en la que comunicas tus ideas. • Trabajar con otros estudiantes. Participar en discusiones moderadas por el maestro y otros estudiantes, formular y contestar preguntas y ofrecer ideas basadas en las ideas de los demás. • Leer en voz alta y comprender el texto adecuado al nivel del grado.

CALLE DE LA LECTURA EN LÍNEA
LIBRO DEL ESTUDIANTE EN LÍNEA
www.CalledelaLectura.com

Vocabulario

Palabras compuestas

Estructura de las palabras Es posible que durante la lectura encuentres una palabra larga formada por dos palabras más cortas. Probablemente sea una palabra compuesta. Recuerda que puedes usar las dos palabras más cortas para decodificar el significado de la palabra compuesta.

¡Practícalo! Después de leer *Mi propio cuartito,* haz una lista con tu compañero de las palabras compuestas que aparezcan en el cuento. Separa las dos palabras que la forman con una raya. Luego escribe el significado de cada palabra compuesta. Usa un diccionario para verificar tu trabajo.

Fluidez

Ritmo

El ritmo con el que leas depende de lo bien que conozcas el texto. Cuando lees algo por primera vez, quizá tengas que ir más despacio. Puedes mejorar tu ritmo leyendo el texto varias veces.

¡Practícalo! Practica con tu compañero leyendo en voz alta la página 282 de *Mi propio cuartito.* Pide a tu compañero que mida con un reloj lo que tardaste en leer la página. Léela otra vez mientras tu compañero te mide con el reloj. ¿Mejoró tu ritmo?

Escuchar y hablar

Cuando expongas un problema, haz contribuciones adecuadas.

Presentación

Cuando escribas una presentación sobre una solución para un problema, empieza enunciando y explicando el problema. Enumera los detalles y ejemplos de cómo resolverlo. Incluye tus recomendaciones para la mejor solución.

¡Practícalo! En un grupo pequeño, identifica un problema para investigar. Piensa en posibles soluciones para el problema. Presenta el problema y las posibles soluciones ante la clase. En grupo, conversa sobre el tema con la clase.

Sugerencias

Al escuchar...

- presta atención y toma nota de lo que dice el hablante.
- saca conclusiones de lo que dice el hablante.

Al hablar...

- habla del tema con claridad.

Trabajo en equipo...

- Tomen turno para hablar durante la conversación.
- Haz sugerencias basadas en las ideas de los demás.

Objetivos

• Hablar claramente e ir al punto mientras se hace contacto visual, modulando la rapidez, el volumen y la claridad en la que comunicas tus ideas. • Seguir, volver a decir y dar instrucciones sobre cómo realizar una acción de cierto modo.

Vocabulario oral

Hablemos sobre

Soluciones justas

- Comenta ideas en equipo sobre cómo podemos estar seguros de que una solución es justa.
- Plantea y contesta preguntas sobre cómo encontrar soluciones justas, igualitarias y honestas.
- Comenta sobre por qué la justicia y el respeto son importantes.

CALLE DE LA LECTURA EN LÍNEA
VIDEO DE LA PREGUNTA PRINCIPAL
www.CalledelaLectura.com

¡Has aprendido
0 7 7
palabras asombrosas
este año!

Objetivos

- Leer en voz alta palabras esdrújulas y sobreesdrújulas con acento ortográfico.

CALLE DE LA LECTURA EN LÍNEA
TARJETAS DE SONIDOS Y GRAFÍAS
www.CalledelaLectura.com

Fonética

Acentuación: Palabras esdrújulas y sobresdrújulas

Palabras que puedo combinar

fo tó grafo

cá maras

có metelo

pe lí cula

pi rá mides

Oraciones que puedo leer

1. El fotógrafo tiene dos cámaras.
2. Si te gusta el pan, ¡cómetelo!
3. Vi una película sobre las pirámides.

El sábado Juan y su papá fueron al cine a ver una película de piratas.

Era una película fantástica que ocurría en el océano Atlántico. El capitán de los piratas tenía una víbora venenosa y un pájaro verde y rojo.

Los piratas encontraron un tesoro enterrado en una isla tropical al lado de unos árboles de plátanos.

Camino a casa, mientras esperaban en el tráfico, Juan y su papá hablaron de la película. Opinaron que era muy cómica y divertida.

Una vez en casa, la mamá le dijo a Juan:

—Cuéntamela.

Has aprendido

- Palabras esdrújulas y sobresdrújulas

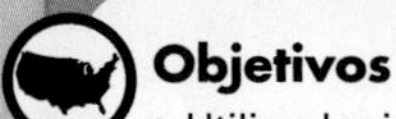

Objetivos

- Utilizar las ideas que adquieres de diferentes partes del texto para hacer predicciones.
- Establecer un propósito para leer el texto.
- Verificar tu comprensión de un texto y ajustar tu lectura basándote en cuán bien comprendes lo que estás leyendo.

¡Imagínalo!

Destreza

Estrategia

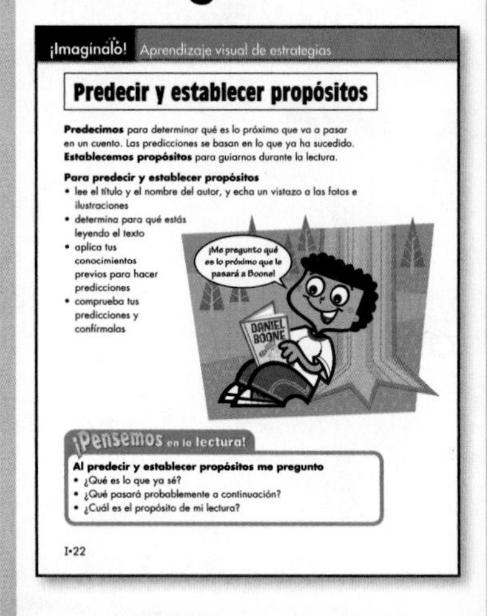

CALLE DE LA LECTURA EN LÍNEA
ANIMACIONES DE ¡IMAGÍNALO!
www.CalledelaLectura.com

Destreza de comprensión

Propósito del autor

- El propósito del autor es la razón por la cual el autor escribe algo.
- Hay muchas razones para escribir: para persuadir, para informar, para entretener, para expresar ideas y sentimientos.
- Usa lo que aprendiste sobre el propósito del autor y el organizador gráfico al leer "Huerta de salsa".

Antes de leer Lee el título. ¿Para qué habrá escrito el autor un artículo con este título?

↓

Mientras lees Piensa en el propósito del autor.

↓

Después de leer Ahora, ¿cuál crees que fue el propósito del autor? ¿Por qué?

Estrategia de comprensión

Predecir y establecer propósitos

Antes de leer, establece un propósito para leer el texto. ¿Qué desenlace o resultado estás esperando? Después, utiliza las ideas para predecir lo que pasará y por qué. ¿De qué crees que tratará el cuento? Mientras lees, verifica tus predicciones y haz nuevas.

Huerta de salsa

David vio el cartel que su padre puso en la cerca del jardín. Decía: Huerta de salsa.

—¿Salsa? —leyó David en voz alta. —¿Es posible sembrar salsa?

Su padre le respondió: —Observa y verás lo que crece.

Cada vez que David ayudaba a regar o a quitar las hierbas, observaba las plantas verdes. Todas parecían distintas. Ninguna parecía salsa.

Finalmente, llegó el tiempo de la cosecha. Primero, su padre desenterró unas cosas blancas y redondas que parecían cebollas. Después cortó unos frutos que parecían jalapeños. A continuación cortó unas hojitas verdes muy fragantes. Finalmente, arrancó unas frutas rojas y redondas de una enredadera. En realidad parecían tomates.

—¿Dónde está la salsa? —preguntó David mientras seguía a su padre rumbo a la cocina.

El padre lavó y cortó todo. Puso toda su cosecha en una máquina con cuchillas muy afiladas y la encendió. Cuando abrió la tapa, ¡estaba llena de salsa!

Estrategia Haz una predicción y establece un propósito antes de leer utilizando el título y la foto. ¿De qué crees que tratará la historia? Confirma tus predicciones mientras lees.

Estrategia Establece un propósito antes de leer. ¿Qué resultado esperas al leer la selección?

Destreza ¿Cuál es el propósito del autor? ¿Cómo lo sabes?

¡Es tu turno!

¿Necesitas repasar?
Mira el manual *¡Imagínalo!* para obtener ayuda sobre el propósito del autor y predecir y establecer propósitos.

¡Inténtalo!
Mientras lees *Mitad y mitad*, usa lo que aprendiste sobre el propósito del autor y predecir y establecer propósitos.

Objetivos

• Utilizar las claves del contexto para determinar los significados de las palabras desconocidas o con varios significados. • Identificar las palabras que son opuestas.

¡Imagínalo! Palabras para aprender

abajo

siembra

socios

engañaste
fortuna
listo
perezoso
arriba

CALLE DE LA LECTURA EN LÍNEA
ACTIVIDADES DE VOCABULARIO
www.CalledelaLectura.com

Estrategia de vocabulario para

Antónimos

Claves del contexto Al leer, a veces te encuentras con una palabra que no conoces. Tal vez el autor haya usado un antónimo de la palabra. Los antónimos son palabras con significados opuestos. Por ejemplo, *vacía* es el opuesto de *llena.* Busca una palabra que pueda ser un antónimo para hallar el significado de la palabra desconocida.

1. Mira las palabras cercanas a la palabra desconocida. Puede que el autor use un antónimo.
2. Busca palabras que parezcan tener significado opuesto de la palabra que no conoces.
3. Usa el significado de esa palabra para hallar el significado.

Lee "La agricultura" en la página 307. Busca antónimos para comprender el significado de las Palabras para aprender y otras palabras que no conozcas.

Palabras para escribir Vuelve a leer "La agricultura". ¿Te gustaría ser un agricultor? ¿Por qué? Escribe tus ideas. Usa la lista de Palabras para aprender.

La agricultura

La agricultura no es una ocupación para nadie que sea perezoso. Los agricultores siempre están ocupados. En la primavera remueven, o levantan, la tierra para prepararla para la siembra. Luego, deben cavar grandes hoyos, poner las semillas bien abajo, en el fondo de cada hoyo, y volver a cubrirlas poniéndoles tierra arriba. En el verano, riegan y despejan los cultivos que están creciendo. En el otoño cortan o recogen la cosecha de los campos.

El clima puede hacer quedar a cualquier agricultor como muy listo o muy tonto. Si hay demasiada lluvia, los cultivos se arruinan; si no hay suficiente, los cultivos se mueren. Año tras año se escucha a algún agricultor exclamar: "¡Me engañaste!". Por eso, los agricultores y el clima deben funcionar como socios.

La mayoría de los agricultores no ganan mucho dinero. Entonces, ¿por qué trabajan en el campo? Algunos lo hacen para obtener los alimentos que necesitan. Otros eligen hacerlo porque para ellos una gran fortuna no es tan importante como trabajar la tierra.

¡Es tu turno!

¿Necesitas repasar? Para obtener ayuda adicional sobre cómo usar las claves del contexto para hallar los significados de los antónimos, mira la sección *¡Palabras!* en la página P•2.

¡Inténtalo!
Lee *Mitad y mitad* en las páginas 308 a 325.

Género

En un **cuento fantástico con animales** los animales actúan como personas. Busca en qué forma Oso y Liebre actúan como personas.

Mitad y mitad

adaptado e ilustrado por Janet Stevens

Pregunta de la semana

¿Cómo podemos asegurarnos de que una solución es justa?

Había una vez un oso muy perezoso que tenía mucho dinero y muchas tierras. Su padre había sido un oso muy trabajador, brillante en los negocios, y le había dejado toda su fortuna a su hijo.

Pero lo único que el señor Oso quería hacer era dormir.

No muy lejos vivía el señor Liebre, que aunque era listo, a veces se metía en problemas. En un tiempo tuvo tierras, pero ahora no tenía nada. Había perdido una arriesgada apuesta con una tortuga y se vio obligado a vender todas sus tierras al señor Oso para pagar la deuda.

El señor Liebre y su familia estaban en la miseria.

—¡Los niños tienen mucha hambre, papá Liebre! ¡Tenemos que hacer algo! —exclamó un día la señora Liebre. Y entre los dos, el señor Liebre y la señora Liebre hicieron un plan.

Al día siguiente, el señor Liebre salió brincando a la casa del señor Oso. Y como era de esperarse, el señor Oso dormía.

—Hola, Oso, ¡levántate! Soy Liebre, tu vecino. ¡Se me ocurrió una idea!

El señor Oso abrió un ojo y gruñó.

—¡Hagámonos socios! —dijo el señor Liebre—. Ese terreno que está frente a tu casa es todo lo que necesitamos. Yo haría el trabajo pesado de sembrar y cosechar, y podríamos dividir las ganancias en partes iguales. Sí, Oso, lo haremos juntos. Yo trabajaré y tú dormirás.

—¿Eh? —dijo el señor Oso.

—Entonces, ¿en qué quedamos? —preguntó el señor Liebre—. ¿La mitad de arriba o la mitad de abajo? Elige tú, ¿la de arriba o la de abajo?

—Aaah, déjame ver… —dijo el señor Oso bostezando—. Tomaré la mitad de arriba, Liebre. Que quede claro: la de arriba.

El señor Liebre sonrió:

—Trato hecho, Oso.

Entonces, el señor Oso se volvió a dormir y el señor Liebre sembró la tierra, la señora Liebre la regó y entre todos le quitaron las malas hierbas.

El señor Oso dormía mientras la siembra crecía.

Cuando llegó el tiempo de la cosecha, el señor Liebre exclamó:

—¡Levántate, Oso! Tu mitad es la de arriba y la mía es la de abajo.

El señor Liebre y su familia sacaron las zanahorias, los rábanos y las remolachas. El señor Liebre arrancaba lo de arriba y lo tiraba en una pila para el señor Oso. Luego apartaba lo de abajo para él.

El señor Oso miró su pila fijamente:

—Pero ¡la mejor parte está en tu mitad!

—Tú elegiste la de arriba, Oso —dijo el señor Liebre.

—Me hiciste trampa, Liebre. Siembra en ese terreno otra vez. Esta temporada, ¡yo quiero la mitad de abajo!

—Trato hecho, Oso —asintió el señor Liebre.

Entonces, el señor Oso volvió a dormirse y el señor Liebre y su familia empezaron a trabajar nuevamente. Sembraron la tierra, la regaron y le quitaron las malas hierbas.

El señor Oso dormía mientras la siembra crecía. Cuando llegó el tiempo de la cosecha, el señor Liebre lo llamó:

—¡Levántate, Oso! Tu mitad es la de abajo y la mía es la de arriba.

El señor Liebre y su familia recogieron lechuga, bróculi y apio. El señor Liebre separó la mitad de abajo para el señor Oso y separó la mitad de arriba en su propia pila.

El señor Oso miró lo que le tocaba y se enfadó:

—Liebre, me engañaste de nuevo.

—Pero, Oso —dijo el señor Liebre—, esta vez tú querías la mitad de abajo.

El señor Oso gruñó:

—Vuelve a sembrar ese terreno, Liebre. Me has engañado dos veces y me debes ¡la cosecha de arriba y la de abajo!

—Tienes razón, pobrecito —dijo el señor Liebre suspirando—. Es justo que quieras ambas mitades ahora: la de arriba y la de abajo. Trato hecho, Oso.

Entonces, el señor Oso se volvió a dormir y el señor Liebre y su familia empezaron a trabajar. Sembraron, regaron y desyerbaron la tierra una vez más.

El señor Oso dormía mientras la siembra crecía.

Cuando llegó el tiempo de la cosecha, el señor Liebre exclamó:

—¡Levántate, Oso! ¡Esta vez te toca la mitad de abajo y la de arriba!

Allí, frente a la casa del señor Oso, se extendía un alto maizal. El señor Liebre y su familia arrancaron todas las plantas. El señor Liebre cortó las raíces de abajo y las flores de arriba, y las amontonó en una pila para el señor Oso. Luego, recolectó cuidadosamente las mazorcas de maíz que estaban entre la mitad de arriba y la mitad de abajo, y las separó para él.

El señor Oso se frotó los ojos y miró.

—¿Ves, Oso? Lo tuyo es lo de arriba y lo de abajo. A mí me toca la parte de en medio. Sí, Oso. ¡Trato hecho!

El señor Oso estaba ahora muy despierto.

—¡Hasta aquí llegamos, Liebre! —gritó—. De ahora en adelante, yo siembro mi propia tierra, ¡y me voy a quedar con lo de arriba, lo de abajo y lo de en medio!

El señor Liebre y su familia recogieron el maíz y, brincando, se fueron a casa.

El señor Oso nunca más volvió a dormirse ni en la siembra ni en la cosecha de una temporada. El señor Liebre recuperó su tierra con la ganancia de las cosechas, y él y su esposa abrieron un puesto de vegetales.

Y aunque el señor Liebre y el señor Oso aprendieron a convivir como buenos vecinos, ¡nunca más volvieron a ser socios!

Objetivos
- Utilizar las ideas que adquieres de diferentes partes del texto para hacer predicciones. • Establecer un propósito para leer un texto basado en lo que esperas aprender del texto.

¡Imagínalo! | **Volver a contar**

CALLE DE LA LECTURA EN LÍNEA
ORDENACUENTOS
www.CalledelaLectura.com

Piensa críticamente

1. Repasa el cuento. ¿Crees que Liebre fue justo con Oso? ¿Qué puedes aprender de la forma en que se portó Liebre? ¿Qué puedes aprender de la forma en que Oso hizo negocios? **El texto y tú**

2. Janet Stevens seguramente se divirtió haciendo los dibujos. Imagina que puedes entrar dentro del dibujo de la página 314. Mira a tu alrededor. Cuenta todo lo que ves, hueles y oyes.
Pensar como un autor

3. ¿Por qué crees que la autora decidió usar la liebre como el personaje principal de este cuento? **Propósito del autor**

4. ¿Cuál fue tu propósito al leer este cuento? ¿Querías saber cómo se tratarían Oso y Liebre? ¿Predijiste que Oso no sacaría nada en la primera cosecha?
Predecir y establecer propósitos

5. **Mira de nuevo y escribe** Vuelve a mirar la página 320. ¿Por qué piensa Oso que lo volvieron a engañar? Da evidencia que apoye tu respuesta.
PRÁCTICA PARA EL EXAMEN **Respuesta desarrollada**

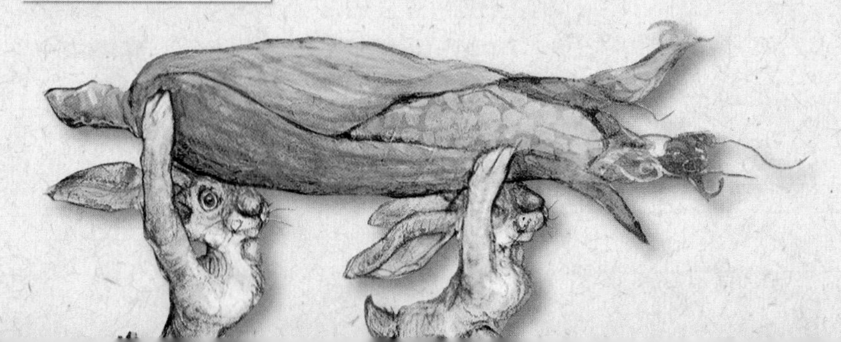

Conoce a la autora e ilustradora

Janet Stevens

Cuando Janet Stevens empezó a escribir *Mitad y mitad,* las palabras sencillamente no le venían. Entonces comenzó a hacer los dibujos. "Al dibujar primero a los personajes de Oso y Liebre, pude conocerlos mejor. Cuando les puse ropa y conocí su personalidad, ellos empezaron a hablar. Entonces pude escribir el cuento".

La Sra. Stevens desea que aprendamos algo sobre sus personajes al mirar sus dibujos. "Cuando dibujo personajes, me gusta exagerar su personalidad". Esto lo ves en el oso tan soñoliento y la liebre tan llena de energía en *Mitad y mitad*.

Busca otros libros de fábulas sobre animales.

Registro de lecturas

Usa el Registro de lecturas del *Cuaderno de lectores y escritores* para registrar tu lectura independiente.

Objetivos
- Escribir ensayos para las audiencias y por las razones adecuadas.
- Utilizar y comprender la función de los sustantivos.

¡Escribamos!

Aspectos principales de una carta amistosa

- incluye la fecha, un saludo y la despedida
- se escribe en un tono amistoso
- generalmente se dirige a alguien conocido

CALLE DE LA LECTURA EN LÍNEA
GRAMATIRITMOS
www.CalledelaLectura.com

Carta amistosa

Una **carta amistosa** es una carta que se escribe a un familiar o amigo. El modelo del estudiante en la próxima página es un ejemplo de una carta amistosa.

Instrucciones Escribe una carta que uno de los personajes de *Mitad y mitad* le manda a otro.

Recuerda que debes...

 poner la fecha del día en la carta.

 incluir un saludo a la persona a quien le escribes, y añadir una despedida antes de firmar tu nombre.

 mantener un tono amigable.

 enfocarte en la audiencia y el propósito.

 utilizar sustantivos singulares masculinos y femeninos correctamente.

Modelo del estudiante

4 de octubre de 20__

Querido Oso:

Yo sé que te he engañado tres veces. Lamento mucho haberme quedado con todos tus cultivos. Pero Oso, si no fuera por ti, mi familia se habría muerto de hambre.

Gracias a ti, la Sra. Liebre y yo hemos tenido otra buena temporada. Todo **el mundo** dice que los vegetales de nuestra granja estaban deliciosos. Ganamos tanto dinero que pudimos llevar al **dentista** a nuestros hijos, y comprarles guantes para las manos y botas nuevas para **el agua.**

¿Cómo estás tú? ¿Te sientes muy solo? Me dijeron que las llantas del tractor se dañaron. ¿Quieres que te ayude a arreglarlas?

Ven a visitarnos a nuestra casa nueva. Sé que ya casi llega el invierno y **el sueño** es muy importante para un oso. Espero que vengas a cenar antes de empezar **la siesta** invernal. ¡La Sra. Liebre hace **la tarta** de zanahoria más rica del mundo!

Tu amigo,

Liebre

Característica de la escritura: Normas: La carta debe incluir la fecha, saludo y despedida.

Género: Una **carta amistosa** tiene un tono ameno.

Los **sustantivos masculinos y femeninos** están usados correctamente.

Normas

Sustantivos masculinos y femeninos

Recuerda Los **sustantivos terminados en *o*** llevan artículo masculino, por ejemplo, *el oso*. Los **sustantivos terminados en *a*** llevan artículo femenino, por ejemplo, *la siesta*. Hay algunas excepciones, como *el agua* y *la mano*.

Objetivos

- Volver a decir el tema y los detalles en tus propias palabras.

Estudios Sociales en Lectura

Género
Fábula

- Los animales suelen ser los personajes principales de una fábula.
- El tema, o la moraleja, de una fábula está apoyado por los detalles del cuento.
- La moraleja suele aparecer al final de la fábula para hacer hincapié en su importancia.
- Lee la fábula "La Liebre y la Tortuga". Piensa en la razón o enseñanza de la fábula. ¿Qué detalles de la fábula apoyan al tema?

La Liebre y la Tortuga

por Esopo
ilustrado por Michael Hague

Un buen día, una Liebre ágil y veloz se burlaba de una Tortuga que caminaba lentamente. Para gran sorpresa de la Liebre, la Tortuga comenzó a reírse.

—Cuando quieras, hacemos una carrera —dijo la Tortuga—. Ya verás cómo te gano.

—Muy bien —dijo la Liebre—, correré todo el camino haciendo piruetas a tu alrededor.

La carrera comenzó y la Liebre corría tan rápido que pronto dejó atrás a la Tortuga. Al llegar a la mitad del recorrido, la Liebre se detuvo para tomar una siesta.

Mientras la Liebre dormía, la Tortuga siguió avanzando a paso lento y pesado, directo hacia la meta. Cuando la Liebre despertó, le sorprendió no ver a la Tortuga. Corrió lo más rápido que pudo hasta la meta y, al llegar vio que allí la esperaba la Tortuga, con una gran sonrisa.

A paso lento y constante, se gana la carrera.

Pensemos...

¿Cuál es la enseñanza que el autor quiere que aprendas de este cuento? **Fábula**

Pensemos...

Resume el tema de "La Liebre y la Tortuga" con tus propias palabras usando detalles del cuento. ¿Cómo puedes aplicar esta enseñanza a tu propia vida? **Fábula**

Pensemos...

Relacionar lecturas ¿Quiénes fueron los ganadores y los perdedores en esta fábula y en *Mitad y mitad*? ¿Por qué algunos ganaron y otros perdieron en cada cuento?

Escribir variedad de textos Escribe un breve párrafo comparando y contrastando los ganadores y los perdedores de ambas fábulas.

Objetivos

• Identificar las palabras que son opuestas, similares, que tienen varios significados y que suenan igual pero tienen significados diferentes. • Comprender cómo cambia la información cuando se cambia de un tipo de medio a otro. • Trabajar con otros estudiantes. Participar en discusiones moderadas por el maestro y otros estudiantes, formular y contestar preguntas y ofrecer ideas basadas en las ideas de los demás.

CALLE DE LA LECTURA EN LÍNEA
LIBRO DEL ESTUDIANTE EN LÍNEA
www.CalledelaLectura.com

Vocabulario

Antónimos

Claves del contexto Los antónimos son palabras que tienen significado opuesto. Cuando encuentres palabras poco comunes al leer, piensa en palabras que puedan significar lo contrario. Si hallas el antónimo, te será más fácil averiguar el significado de la palabra poco común.

¡Practícalo! Elige un libro de la biblioteca de la clase. Trabaja con un compañero para identificar cuatro o cinco antónimos en el libro. Escribe la palabra que signifique lo contrario junto a cada antónimo que encuentres.

Fluidez

Fraseo apropiado

Cuando leas, agrupa palabras en frases de sentido completo, de manera que el relato sea más interesante y comprensible.

¡Practícalo! Practica leyendo en voz alta la página 320 de *Mitad y mitad*. ¿Cómo aplicarías el fraseo para hacer que esta página sea más interesante?

Prepárate para la escuela intermedia

Cuando hagas una entrevista, usa lenguaje formal, habla con claridad y establece contacto visual.

Lectura y medios de comunicación

Entrevista

Durante una entrevista una persona le hace preguntas a otra. El propósito es averiguar qué sabe o qué hizo la persona entrevistada.

¡Practícalo! Frente a la clase, entrevista al señor Oso, de *Mitad y mitad* para la radio. Con tu compañero, escribe preguntas y respuestas sobre la experiencia del señor Oso con el señor Liebre. Elige a una persona para hacer de reportero y a otra para hacer de Oso. Luego, comenta en qué se diferenciaría la entrevista si fuera para la televisión.

Sugerencias

Al escuchar...

- presta atención al orador.

Al hablar...

- expresa opiniones apoyadas por información precisa.
- habla con expresión.

Trabajo en equipo...

- Pregunta y responde dando detalles específicos.
- Ten en cuenta que en la comunicación por radio sólo se usan palabras y sonidos.

Objetivos

- Escuchar con atención cuando alguien habla, hacer preguntas sobre el tema del que se está hablando y comentar sobre el tema.

Vocabulario oral

Hablemos sobre

Las adaptaciones de las plantas y los animales

- Haz y escucha comentarios sobre cómo se adaptan las plantas y los animales.
- Haz preguntas relevantes sobre los hábitats de los animales.
- Comenta lo que podemos aprender de las plantas y los animales.

CALLE DE LA LECTURA EN LÍNEA
VIDEO DE LA PREGUNTA PRINCIPAL
www.CalledelaLectura.com

¡Has aprendido
0 8 7
palabras asombrosas
este año!

Objetivos

- Leer en voz alta adverbios interrogativos y exclamativos con acento ortográfico.

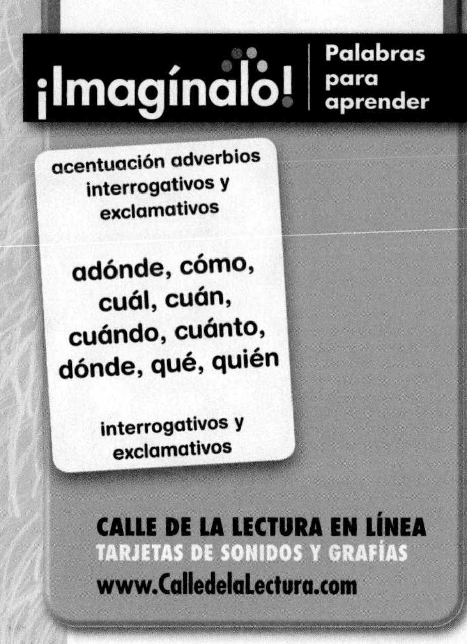

CALLE DE LA LECTURA EN LÍNEA
TARJETAS DE SONIDOS Y GRAFÍAS
www.CalledelaLectura.com

Fonética

Acentuación de adverbios interrogativos y exclamativos

Palabras que puedo combinar

c ó m o

q u i é n

c u á n d o

d ó n d e

q u é

Oraciones que puedo leer

1. ¿Cómo y con quién vamos al desfile?
2. ¿Cuándo y dónde nos encontramos para jugar?
3. ¡Qué sorpresa fue recibir la bicicleta!

¡Puedo leer!

¡Qué problema tengo ahora! Mi hermanito de tres años es muy curioso. Se pasa el día preguntando cosas.

—¿Quiénes son esos chicos?— pregunta cuando ve a mis amigos. —¿Por qué vienen aquí? ¿Cuántas veces vienen a jugar? ¿Adónde van ahora? ¿Cuántos amigos tienes? ¿Cuál es tu mejor amigo?

—¡Cuántas preguntas tiene tu hermanito!— dicen mis amigos. —¡Cuánta paciencia tienes!

Sí, yo pienso, pero lo quiero mucho y no me molesta. Después de todo, soy su hermano mayor y le tengo que enseñar muchas cosas.

Has aprendido

- Acentuación de adverbios interrogativos y exclamativos

Objetivos

• Identificar el tema y el propósito del autor para escribir. • Identificar los detalles o hechos que apoyan la idea principal. • Utilizar las características del texto para adivinar lo que sucederá después.

¡Imagínalo!

Destreza

Estrategia

CALLE DE LA LECTURA EN LÍNEA
ANIMACIONES DE ¡IMAGÍNALO!
www.CalledelaLectura.com

Destreza de comprensión

Idea principal y detalles

- El tema es sobre qué trata un texto. La idea principal es la idea más importante sobre el tema.
- Los detalles y hechos son porciones de información. Agregan algo sobre la idea principal.
- Usa lo que aprendiste sobre la idea principal y los detalles al leer "¿Todas las aves vuelan?". Después, escribe un párrafo que explique si todos los pájaros vuelan.

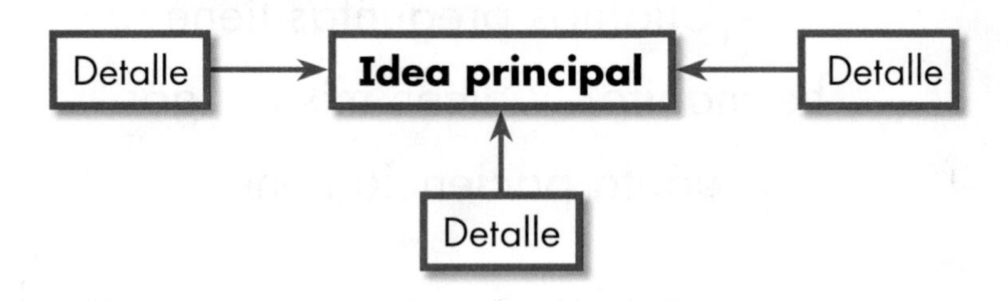

Estrategia de comprensión

Estructura del texto

Los buenos lectores utilizan la estructura o la organización del texto para comprender la información. Una estructura de comparar y contrastar explica en qué se parecen y se diferencian las cosas. Otros autores utilizan estructuras que incluyen descripciones, causa y efecto o preguntas y respuestas.

¿Todas las aves vuelan?

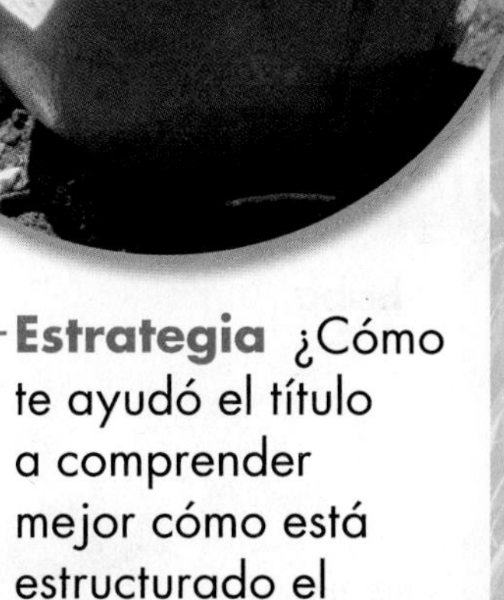

Las aves se parecen

Hay muchos tipos diferentes de aves en el mundo. Pero todas las aves se parecen en ciertas cosas. Todas las aves ponen huevos. Todas las aves tienen plumas. Y todas las aves tienen alas.

Estrategia ¿Cómo te ayudó el título a comprender mejor cómo está estructurado el texto?

Pingüinos y avestruces

Pero que todas las aves tengan alas no quiere decir que todas puedan volar. Algunas pasan mucho tiempo en el agua. Los pingüinos usan sus alas para nadar. Los pingüinos no son las únicas aves que no vuelan. Algunas aves muy grandes, como el avestruz, no vuelan. Se trasladan de un lado a otro caminando.

La fragata

Algunas aves vuelan, pero casi nunca caminan. La fragata es un ave que no camina muy bien. Tampoco nada. Se traslada volando de un lugar a otro.

Destreza ¿Qué detalles y hechos incluye este párrafo sobre la fragata?

Patos

Sin embargo, la mayoría de las aves combinan el vuelo con alguna forma de caminar o nadar. Mira el caso de los patos. Pueden hacer las tres cosas: volar, caminar y nadar. ¡Qué suerte tienen! ¿Verdad?

¡Es tu turno!

¿Necesitas repasar? Mira el manual *¡Imagínalo!* para obtener ayuda sobre idea principal y detalles y la estructura del texto.

¡Inténtalo! Mientras lees *Nidos de pájaro asombrosos*, usa lo que aprendiste sobre la idea principal y detalles y la estructura del texto.

Objetivos

- Utilizar las claves del contexto para determinar los significados de las palabras desconocidas o con varios significados.

baba

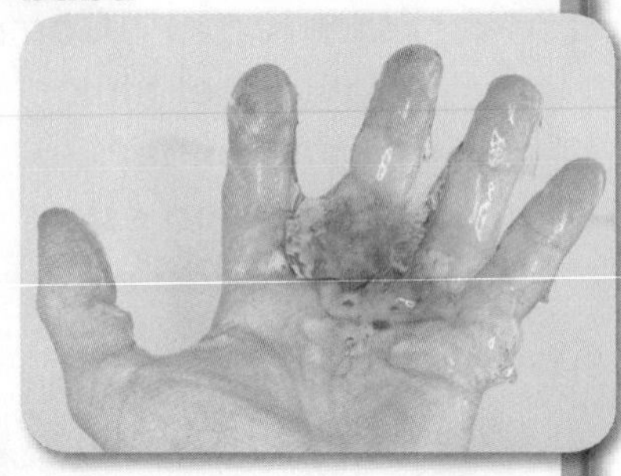

pico

toneladas

cazadoras
material
plataforma
ramitas

CALLE DE LA LECTURA EN LÍNEA
ACTIVIDADES DE VOCABULARIO
www.CalledelaLectura.com

Estrategia de vocabulario para

Palabras poco comunes

Claves del contexto Si encuentras una palabra poco común, mira las palabras alrededor. Las claves del contexto, es decir, las palabras y oraciones cercanas, pueden ayudarte a descubrir su significado. Los autores suelen definir o explicar las palabras poco comunes con el contexto.

1. Mira las palabras y oraciones cercanas a la palabra poco común. El autor puede dar su significado en el contexto.
2. Si no es así, usa las palabras y oraciones cercanas para predecir su significado.
3. Prueba ese significado para ver si tiene sentido en la oración.

Lee "Hogar, dulce hogar" en la página 341. Usa las claves del contexto para hallar el significado de las palabras poco comunes.

Palabras para escribir Vuelve a leer "Hogar, dulce hogar". Haz una lista en orden alfabético de las Palabras para aprender y de otras palabras poco comunes. Escribe junto a cada una la clave del contexto que te ayudó a comprender su significado.

Hogar, dulce hogar

La paloma mensajera es un tipo de ave muy particular. Se parece a otras aves, con alas, pico y plumas, pero hace algo muy especial. Una paloma mensajera puede encontrar el camino de regreso a casa a partir de un punto muy lejano.

De vez en cuando, una paloma mensajera puede perderse. Otras veces, las aves cazadoras pueden atacarlas o las palomas pueden quedar atrapadas en una gran tormenta. Pero la mayor parte del tiempo, las palomas mensajeras saben adónde van.

A mucha gente le gusta entrenar palomas mensajeras. Se crían en el patio o en la terraza de sus casas. Se debe construir un nido de madera para palomas con una plataforma desde la que puedan despegar y aterrizar. Dentro del nido, las aves duermen sobre pasto, ramitas y otros tipos de material. Es necesario mantener el nido limpio, libre de suciedad y de baba.

¿Sabías que estas palomas se pueden usar para enviar mensajes? En Francia hay una estatua en honor a las palomas que se usaron durante la Primera Guerra Mundial. Es un monumento que pesa varias toneladas y muestra que las palomas llevaban mensajes que ayudaron a salvar muchas vidas.

¡Es tu turno!

¿Necesitas repasar? Para obtener ayuda adicional sobre cómo usar las claves del contexto para hallar los significados de las palabras poco comunes, mira la sección *¡Palabras!* en la página P•7.

¡Inténtalo!
Lee *Nidos de pájaro asombrosos* en las páginas 342 a 353.

Nidos de pájaro asombrosos

por Ron Fridell

Un **texto expositivo** ofrece datos e información. Al leer, busca datos sobre

Pregunta de la semana

¿Cómo se han adaptado las plantas y los animales para resolver problemas?

Un petirrojo les da de comer un gusano a sus polluelos.

Un lugar seguro

Mira al cielo. Un pájaro baja veloz y ligero, y se para en la rama de un árbol.

Es primavera, la estación en que los pájaros hacen sus nidos y ponen sus huevos. El pájaro entra en el nido de un saltito y se sienta con cuidado sobre los huevos. El nido es un lugar seguro. Protege los huevos del viento y de la lluvia. También los protege de serpientes, mapaches y otros predadores.

Una vez abierto el huevo, los polluelos ya no tienen cascarón que los proteja. El nido los mantiene calentitos y protegidos del peligro. Los padres alimentan a los polluelos hasta que éstos crecen y se ponen más fuertes.

Una serpiente ratonera ataca un nido.

Nido de águila americana en un árbol.

Nido de colibrí en un cono de pino.

Muy pequeños y muy grandes

Hay pájaros que hacen nidos muy pequeños. El nido del colibrí es el más pequeño de todos. Algunos miden apenas una pulgada de ancho y una pulgada de profundidad. ¡Eso sí que es poco espacio! Cuando la mamá colibrí, que es diminuta, se sienta sobre los huevos, le sobresale la cabeza por un lado del nido y la cola por el otro lado.

Hay pájaros que hacen nidos muy grandes. El nido del águila americana puede medir hasta diez pies de ancho y veinte pies de profundidad. Puede llegar a pesar dos toneladas, ¡más de lo que pesa un carro! Las águilas hacen sus enormes nidos en lo más alto de los árboles y en las cimas de las montañas. Tiene sentido, porque las águilas son aves cazadoras que vuelan muy alto, en busca de algo sabroso para comer.

Todo tipo de formas

Los pájaros deben sentirse muy orgullosos de sus nidos. Cada clase de pájaro hace su propio tipo de nido. El colibrí hace nidos pequeños en forma de taza. El águila hace el nido grande y plano, como una plataforma. El pájaro carpintero hace su nido en una cavidad, picoteando el tronco del árbol hasta hacer un agujero.

¿Qué pájaro debería ganar el premio al mejor constructor de nidos? ¿Qué tal el pájaro tejedor? Este pájaro usa su pico, puntiagudo como una aguja, para coser tiras de pasto. Luego teje su nido con las tiras. El pájaro tejedor usa una docena de nudos diferentes para construir su asombroso hogar. Tiene que hacer unos 500 viajes para cortar y trasladar el pasto que necesita para hacer su nido.

Colonia de nidos de tejedores sociales en un árbol de aloe africano.

Tejedor de Rupell construye su nido.

Pájaro carpintero en su nido en un saguaro.

Gaviotas anidan en un puente.

En todo tipo de lugares

Los pájaros viven en los bosques, desiertos, pastizales y pantanos. Viven en el campo y en la ciudad.

A medida que las ciudades van reemplazando los bosques y los campos, los pájaros tienen que adaptarse a un ambiente que cambia. Los pájaros de ciudad tienen que hacer sus nidos en lugares nuevos y extraños. Algunos los hacen en postes de teléfono, farolas y buzones. Otros hacen sus nidos en chimeneas que no se usan, macetas o latas vacías, e incluso en lugares donde nos estorban.

Míralos crecer

Digamos que un pájaro empieza a hacer su nido en el borde de tu ventana. Podrías espantarlo o, mejor aún, podrías dejarlo allí y ver cómo hace su trabajo asombroso. La mayoría de los pájaros tardan una semana o dos en hacer un nido.

La mayoría de los huevos de pájaro tardan unas tres semanas en abrirse. Los polluelos generalmente se quedan en el nido otro par de semanas. Obsérvalos y verás cómo los padres cuidan y alimentan a sus polluelos. Sigue observando cómo tu familia de pajaritos crece y, al final, se va.

Polluelos de un día.

Toda clase de material

Es una maravilla ver la cantidad de cosas raras que usan los pájaros para hacer sus nidos. Algunos pájaros usan pieles viejas de serpientes para sus nidos. Otros usan tela de araña pegajosa para pegarlo todo. Para que el interior del nido esté suave y calentito, algunos pájaros usan pelo de otros animales. ¡Otros recubren el nido con más de mil plumas!

Pájaro pergolero decora su nido.

Polluelo de cuervo en un nido de alambre de púa, plástico, basura y huesos.

Salanganas en nidos con huevos.

Aún más materiales

Los pájaros de ciudad tienen mucho material para escoger. En algunos de sus nidos podrás ver trocitos de papel y de plástico de envolver. En otros verás clips, tachuelas, pinzas para el cabello, bandas elásticas y alambre de púas. Una persona encontró incluso dinero bien guardadito en un nido de pájaro: ¡un billete de cinco dólares!

¡Sopa de nido de pájaro!

El nido más curioso

El nido más curioso de todos es quizá el nido de la salangana. Una salangana es un pajarito que vive en algunos países de Asia, como la India y Tailandia. ¿Qué tiene de raro el nido de este pájaro?

Un nido de salangana está hecho de una baba que sale de la boca del pájaro. Así es: ¡la salangana escupe todo su nido! Cuando la baba sale, parece un fideo largo y húmedo. El pájaro tarda como un mes en tejer esta baba pegajosa hasta formar un nido en forma de taza. Pronto, la baba se seca, y se hace fuerte y resistente.

Algunas personas usan estos nidos para hacer sopa. ¡Sopa de nido! Los trabajadores usan escaleras de soga para alcanzar los nidos de los acantilados y de los techos de las cuevas. Luego, los cocineros los convierten en sopa y los sirven en restaurantes.

¿Por qué querría alguien tomar sopa de nido de pájaro? Algunas personas creen que la baba de salangana los hará lucir y sentirse más jóvenes y saludables.

Pájaros asombrosos

¿Cómo aprenden los pájaros a hacer estos nidos tan extraños y asombrosos? ¿Quién les enseña?

Nadie. Cuando un pájaro hace un nido por primera vez, nunca ha visto cómo se hace. El pájaro no tiene que pensar en lo que está haciendo. Simplemente "sabe" qué hacer de la misma manera que tú y yo sabemos cómo respirar.

Hornero construye su nido de barro y pasto.

Frailecillo del Atlántico recoge pasto y ramitas para hacer su nido.

Alcatraz del norte junta algas para hacer su nido.

Pero eso no quiere decir que hacer un nido sea un trabajo fácil. Nada de eso. Piensa en los 500 viajes que tiene que hacer el pájaro tejedor para traer el pasto con el que hace su nido. O la docena de nudos diferentes que usa para tejerlo.

Y recuerda que los pájaros tienen que hacer casi todo el trabajo con el pico, ayudándose un poquito con las patas. Es como si tú usaras solamente un dedo y el pulgar de una mano.

Intenta hacer un nido con una pila de ramitas, raíces y pasto. Los pájaros son animales asombrosos, y construyen nidos asombrosos.

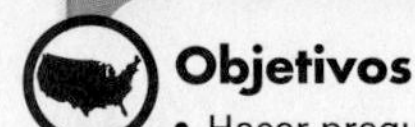

Objetivos

• Hacer preguntas, aclarar lo que no entiendas y buscar hechos y detalles. Apoyar tus respuestas con detalles del texto. • Identificar el tema y el propósito del autor para escribir. • Identificar los detalles o hechos que apoyan la idea principal.

CALLE DE LA LECTURA EN LÍNEA
ORDENACUENTOS
www.CalledelaLectura.com

Piensa críticamente

1. ¿Qué tipos de nidos de pájaro ves en tu barrio? ¿Dónde están? ¿De qué están hechos? **El texto y el mundo**

2. El autor usó fotos y leyendas en toda la selección, ¿Por qué crees que lo hizo? ¿Qué hizo el autor para interesarte en cada tema? ¿Estas características te ayudaron a predecir mejor de qué trataría el texto? **Pensar como un autor**

3. Mira de nuevo la página 350. ¿Cuál es la idea principal de esta página? ¿Qué detalles apoyan la idea principal? **Idea principal y detalles**

4. Mira de nuevo la selección. ¿Qué materiales utilizaría un pájaro del campo para hacer su nido? ¿En qué se diferenciaría del nido de un pájaro de ciudad? ¿Cómo te ayudó la estructura de la selección a encontrar la respuesta? **Estructura del texto**

5. **Mira de nuevo y escribe** Vuelve a mirar los nidos de pájaro asombrosos. Escoge uno que te parezca interesante. Escribe un párrafo en el que digas por qué es tan especial ese nido. No olvides incluir detalles del artículo para apoyar tu respuesta.

PRÁCTICA PARA EL EXAMEN **Respuesta desarrollada**

Conoce al autor

Ron Fridell

Ron Fridell vive en Tucson, Arizona, donde hay muchísimos pájaros. "Cuando estaba escribiendo *Nidos de pájaro asombrosos*, era la primavera, es decir, la época del año en que se construyen los nidos. Y justo frente a la ventana de la cocina, un colibrí estaba haciendo su nido". También ha escrito libros sobre arañas, tortugas, sapos, gusanos de seda, escorpiones y víboras.

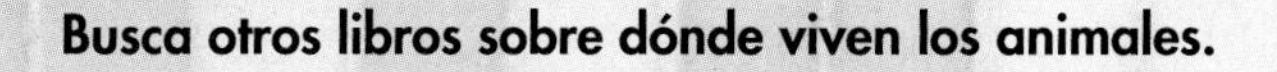

Busca otros libros sobre dónde viven los animales.

Usa el Registro de lecturas del *Cuaderno de lectores y escritores* para registrar tu lectura independiente.

Objetivos

- Utilizar las palabras que muestran un cambio en el tiempo o le dicen al lector que el final de un texto se acerca. • Utilizar y comprender la función de los artículos.

¡Escribamos!

Aspectos principales de las instrucciones

- explican claramente cómo hacer algo
- usan palabras de tiempo y orden
- a veces se escriben como una lista numerada

CALLE DE LA LECTURA EN LÍNEA
GRAMATIRITMOS
www.CalledelaLectura.com

Escritura para exámenes

Instrucciones

Las **instrucciones** son un grupo de palabras que explican qué hacer, cómo hacerlo o adónde ir. El modelo del estudiante en la próxima página es un ejemplo de instrucciones.

Instrucciones Escribe las instrucciones para algo que sepas hacer bien.

Lista del escritor

Recuerda que debes...

- ✓ hacer una lista de los pasos en orden.
- ✓ usar palabras de secuencia, tales como primero, luego y después, al hacer tu lista.
- ✓ volver a leer las instrucciones para asegurarte de que estén completas.
- ✓ utilizar los artículos correctamente.
- ✓ utilizar palabras de transición para organizar la secuencia y presentar la conclusión.

Modelo del estudiante

Cómo hacer el mejor sándwich de mantequilla de maní y mermelada

Primero, debes tener mantequilla de maní, mermelada, dos tajadas de pan, maní tostado con miel, un plato, un cuchillo y una servilleta.

Luego, abre **los frascos** de mantequilla de maní y mermelada. Usando **el cuchillo,** toma un poco de mantequilla de maní del frasco y úntalo sobre un lado de una de **las tajadas** de pan. Luego, unta mermelada sobre un lado de **la** otra **tajada** de pan. Después de esto, abre **el paquete** de maní y extiéndelo sobre el pan untado de mantequilla de maní.

Luego pon **el pan** untado de mermelada sobre el pan untado de mantequilla de maní. ¡Ojo con el lado untado mirando hacia abajo!

Finalmente, siéntate, toma tu servilleta y dale un mordisco al sándwich, que sabrá como **el** mejor **sándwich** hecho por un profesional.

Característica de la escritura: Organización: Los párrafos separados ayudan a que las instrucciones sean más fáciles de seguir.

Género: Las **instrucciones** explican cómo hacer algo.

Los **artículos** concuerdan con los sustantivos en género y número.

Normas

Artículos

Recuerda Cada **artículo** concuerda con su sustantivo. Si un sustantivo es singular, su artículo también es singular, por ejemplo *el cuchillo, la mermelada*. Si el sustantivo es plural, su artículo también es plural, por ejemplo *los frascos, las tajadas*.

Objetivos

• Contar en orden cronológico los principales sucesos de un cuento. Explicar cómo afectan a los futuros sucesos en el cuento. • Hacer conexiones entre los textos informativos y literarios que tengan ideas similares y apoyar tus ideas con detalles del texto.

Ciencias en Lectura

Género

Cuento de hadas

- Los cuentos de hadas son cuentos folclóricos en los que suelen aparecer personajes y sucesos que no son reales.
- Muchos de los cuentos de hadas comienzan con: "Érase una vez..." para mostrar que los sucesos ocurrieron hace mucho y en un lugar lejano.
- Muchos, terminan con: "...y vivieron felices para siempre" para indicar un final feliz.
- Mientras lees, ubica las características que hacen de éste un cuento de hadas. ¿Quiénes son los personajes? ¿Cuál es el ambiente? ¿Qué sucesos crean el argumento?

¡EXTRA! ¡EXTRA!

Noticias fantásticas de Bosque Escondido

por Alma Flor Ada
ilustrado por Leslie Tryon

BOSQUE ESCONDIDO NOTICIAS
VOLUMEN 203 NO.1 3 de MARZO

Asombroso pollito de visita por la capital

MÉXICO—El singular Medio-Pollo, nacido en una granja de las afueras de Guadalajara con una sola pata, un ala y un ojo, ha emprendido un viaje de visita a la capital de México.

Al ser interrogado por nuestro reportero sobre la razón de tan distante viaje, respondió que "Me han dicho que soy único. Todo el mundo dice que la capital es única. Así que quiero descubrir qué es lo que nos asemeja".

Medio-Pollo se detiene por el camino para mostrar su amabilidad

MÉXICO—El reportero que cubre el viaje de Medio-Pollo a la capital de México informa que Medio-Pollo no es sólo una criatura de apariencia singular, sino además muy amable. Aunque esté decidido a completar su viaje y no se detenga ni para hacer turismo ni divertirse en pasatiempos, ha hecho varias paradas a lo largo del camino para acudir en ayuda de Viento, Fuego y Agua. No hay duda de que no se olvidarán de él.

Cooperativa agrícola

Únete a la creación de una cooperativa agrícola y un mercado de granjeros. Si trabajamos juntos, obtendremos mejores resultados.

COMIDA INFORMAL

Próximo jueves a las 6:00 P.M.

en casa de la señora Gallina Roja

Avenida de los Olmos, Valle Feliz

Cuidado de niños y entretenimiento disponibles por cortesía de Ricitos de Oro y Caperucita Roja

Pensemos...

¿Por qué es el pollo un personaje asombroso? ¿En qué se parece a otros personajes de los cuentos de hadas? ¿En qué se diferencia? Emplea detalles del cuento para apoyar tu respuesta
Cuento de hadas

Pensemos...

¿Dónde ocurre el cuento? ¿En qué se parece a otros cuentos de hadas? ¿En qué se diferencia?
Cuento de hadas

MEDIO-POLLO SUFRE UNA EXPERIENCIA TERRIBLE

MÉXICO—El reportero que ha estado siguiendo a Medio-Pollo desde el inicio del viaje presenció la desaparición del singular pollo por la puerta de atrás del palacio del virrey. El reportero pudo ver a través de la ventana de la cocina a Medio-Pollo en las manos del cocinero del virrey, que parecía empeñado en meterlo en una olla con agua hirviendo. El reportero intentó acceder al palacio del virrey, pero sus guardianes le impidieron la entrada.

Éste sería un terrible desenlace para tan valiente y generoso pollo.

Pensemos...

¿Tendrá este cuento un final feliz? ¿Cómo lo sabes? ¿Qué crees que pasará? **Cuento de hadas**

PRIMERA VELETA EN LO ALTO DE LA TORRE DEL PALACIO DEL VIRREY EN CIUDAD DE MÉXICO

MÉXICO—La amabilidad obtuvo su justa recompensa. Medio-Pollo, cuyo viaje a la capital de México ha sido cubierto por uno de nuestros reporteros, fue finalmente salvado de un terrible final. Cuando el cocinero del virrey metió a Medio-Pollo en una olla con agua sobre el fuego, Agua y Fuego recordaron la amabilidad de la extraña criatura y se lanzaron a su rescate. Agua empezó a derramarse sobre Fuego, que inmediatamente se dejó apagar. Cuando el cocinero quiso deshacerse de Medio-Pollo arrojándolo por la ventana, pues ya no tenía ninguna utilidad para él, Viento lo condujo hasta la cima de la torre más alta. Desde ese lugar, el singular pollo podrá disfrutar de las mejores vistas de la capital y de la compañía de su amigo, Viento.

NOTICIAS de Bosque Escondido
Directora: *Abuela Rosa Redding*
Escritor internacional: *Papá Oso*
Experto en jardinería: *Sr. McGregor*
Diagramación, diseño y clasificados: *Gallinita Roja*
Fotografía: *Caperucita Roja*
Sala de prensa: *Cerdito Uno y Cerdito Dos*
Contribuidores de opiniones y editoriales: *L. Felino y Hetty Henny*
Ayudante de sala de prensa: *Bebé Oso*
Distribución y reparto: *Pedro Conejo*
Recaderos: *Pollitos de la Gallinita Roja*

Pensemos...

Vuelve a contar el argumento. ¿Qué efecto tuvo el comienzo sobre el final? ¿Vivió Medio-Pollo feliz para siempre? **Cuento de hadas**

Pensemos...

Relacionar lecturas ¿Qué es asombroso o fantástico de los pájaros de *Nidos de pájaro asombrosos* y de "¡Extra! ¡Extra! Noticias fantásticas de Bosque Escondido"? Asegúrate de emplear evidencia del texto para apoyar tu respuesta.

Escribir variedad de textos Escribe un cuento de hadas con una aventura para la sección de "Noticias fantásticas" sobre un pájaro de *Nidos de pájaro asombrosos.* Asegúrate de incluir detalles y una secuencia de los sucesos para crear un argumento para tu cuento de hadas.

Objetivos

- Utilizar las claves del contexto para determinar los significados de las palabras desconocidas o con varios significados. • Hablar claramente e ir al punto mientras se hace contacto visual, modulando la rapidez, el volumen y la claridad en la que comunicas tus ideas. • Escuchar con atención cuando alguien habla, hacer preguntas sobre el tema del que se está hablando y comentar sobre el tema.

CALLE DE LA LECTURA EN LÍNEA
EDICIÓN DEL ESTUDIANTE EN LÍNEA
www.CalledelaLectura.com

Vocabulario

Palabras poco comunes

Claves del contexto Recuerda que puedes usar las palabras y frases cercanas para determinar el significado de una palabra poco común. Si las palabras y frases cercanas no definen la palabra poco común, predice el significado y pruébalo para ver si tiene sentido en la oración.

¡Practícalo! Escoge un libro de la biblioteca de la clase o un libro que estés leyendo de la biblioteca de la escuela. Escribe las palabras poco comunes que encuentres. Usa claves del contexto para determinar el significado de las palabras. Consulta el diccionario para ver si tu definición es correcta.

Fluidez

Ritmo

Si lees muy rápido, es difícil entenderte. Si armonizas tu ritmo con la atmósfera y el propósito de la lectura, ésta tiene más sentido.

¡Practícalo! Practica con tu compañero leyendo en voz alta la página 345 de *Nidos de pájaro asombrosos*. Armoniza tu ritmo con la atmósfera de la selección, imaginando lo que lees. ¿Te ayuda esto a entender mejor lo que lees?

Escuchar y hablar

Cuando tengas que presentar una descripción, usa palabras que ayuden a los oyentes a visualizar lo que describes.

Descripción

Cuando presentes una descripción, usa palabras que ayuden a los oyentes a imaginar cómo algo se ve, sabe, suena, se siente o huele.

¡Practícalo! En un grupo pequeño, haz una presentación oral en la que describas distintos tipos de nidos de pájaro. Usa la información de *Nidos de pájaro asombrosos* y de otra investigación para preparar tu discurso. Presenta tu discurso ante la clase.

Sugerencias

Los oyentes deben...

- estar sentados en silencio.
- resumir lo que dice el hablante.
- escuchar para identificar la efectividad del hablante.

Los hablantes deben...

- hablar a un ritmo adecuado.
- determinar los propósitos de su presentación.
- utilizar palabras de transición.

Trabajo en equipo...

- Ofrece sugerencias basadas en las ideas de los demás.

Objetivos

• Describir diferentes tipos de poesía y cómo crean imágenes mentales en el lector. • Identificar el lenguaje que crea las imágenes visuales en la mente del lector y que atraen a los sentidos. • Identificar y aplicar juegos del lenguaje.

Poesía

- Los **poemas humorísticos** a veces describen cosas o situaciones tontas que no pueden suceder, como si fueran reales.
- Una **onomatopeya** es una palabra que tiene un sonido parecido a lo que significa. Las palabras *cocorocó, quiquiriquí* y *tic tac* son onomatopeyas.
- Los poemas de **verso libre** no tienen **rima** ni un **ritmo** fijo, sino que organizan las palabras de un modo especial, o usan la **repetición.** Los poemas de verso libre también pueden ser **humorísticos.**
- Las **imágenes** nos ayudan a ver, oír, sentir, gustar u oler en nuestra imaginación las cosas que se describen en el poema.

Rodeo

por Dora Alonso

Los pájaros carpinteros
fabricaron un corral
y quieren dar un rodeo
con los toritos de mar.
¿Dónde encontrarán vaqueros
que se atrevan a montar…?

El pingüino

por Marina Colasanti

Si viera pingüinos
usando blue jeans
quedaría asombrado.
Parece gracioso
y un poco pomposo
que sólo usen frac.
Pero allá esta ropa
tiene su valor:
con frío riguroso
es muy apropiado
trajearse a rigor.

Pensemos...

¿Por qué dirías que "El pingüino" es un poema de **verso libre**? Indica una **rima** y alguna **imagen** en el poema.

Pensemos...

¿Te parece que éste es un **poema humorístico**? ¿Por qué?

Pensemos...

¿Qué **onomatopeya** podría haber usado la autora para imitar el habla de los pingüinos?

La caja de cartón

por Carmen Martín Anguita

La caja cantaba
su destino alegre,
nadie comprendía
su radiante suerte.

El barco decía:
—No le gustarás,
no tienes colores,
no sabes silbar.

El tren se reía
desde su estación.
—Eres una caja
de triste cartón.

La linda cajita
sonríe marrón
y dice segura
con todo valor:

Pensemos...

¿Es éste un poema de **verso libre**? ¿Por qué?

Pensemos...

¿Qué palabras te ayudan a crear **imágenes** en tu mente?

—Yo seré su barco,
su tren, su avión,
y le pondré alas
de imaginación.

Y cuando cansado
se acurruque en mí,
seré la cunita
de un sueño feliz.

—¡Ya viene, ya viene!
¡Silencio, callad!
Y al niño se le oye
decir al entrar:

—¿Dónde está mi caja?
¡Que voy a jugar!

Pensemos...

¿Crees que éste sea un poema **humorístico**? ¿Por qué?

Pensemos...

¿Cuál sería una **onomatopeya** para el sonido del tren?

Unidad 3

La naturaleza y nosotros

PREGUNTA PRINCIPAL

¿Cuáles son las conexiones entre los seres humanos y la naturaleza?

Calle de la Lectura en línea

www.CalledelaLectura.com

- Video de la Pregunta de la semana
- Selecciones electrónicas
- Animaciones de ¡Imagínalo!
- Ordenacuentos

¡Pensemos en la lectura!

¿Cómo pasa la vida de una pasa?
TEXTO EXPOSITIVO

Conexión con CIENCIAS

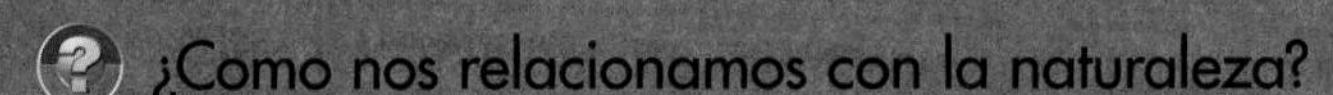

¿Como nos relacionamos con la naturaleza?

Segunda selección
Lombrices, ¡a trabajar! TEXTO DE PROCEDIMIENTO

¡Empujemos el cielo! OBRA DE TEATRO

Conexión con ESTUDIOS SOCIALES

¿Cómo explicamos lo que pasa en la naturaleza?

Segunda selección
Tómalo y corre MITO

Plumas y cantos: El occidente de México
TEXTO EXPOSITIVO

Conexión con CIENCIAS

¿Qué aprendemos al investigar la naturaleza?

Segunda selección
Acierta-ciencias: Adivinanzas en las ciencias POESÍA

Una sinfonía de ballenas FICCIÓN

¿Cómo se puede ayudar a los animales que están en peligro?

Conexión con CIENCIAS

Segunda selección
Él escucha a las ballenas ARTÍCULO DE REVISTA

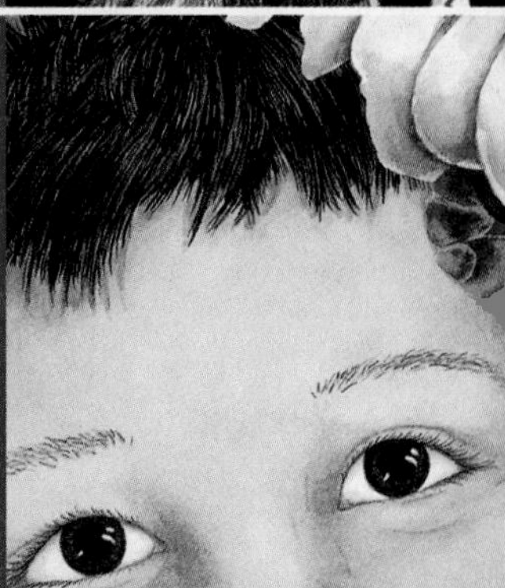

Junto a un cacto: Lechuzas, murciélagos y ratas canguro NO FICCIÓN NARRATIVA

Conexión con CIENCIAS

¿Qué podemos observar en distintos ambientes?

Segunda selección
Por qué conservar el agua 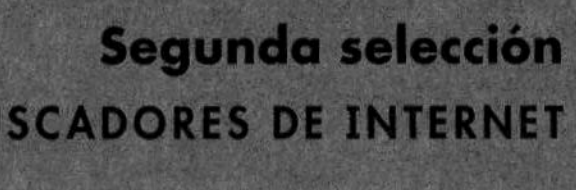 BUSCADORES DE INTERNET

Objetivos

- Trabajar con otros estudiantes. Participar en discusiones moderadas por el maestro y otros estudiantes, formular y contestar preguntas y ofrecer ideas basadas en las ideas de los demás.

Vocabulario oral

Hablemos sobre

Disfrutar de la naturaleza

- Comenta ideas sobre cómo la naturaleza es fuente de placer.
- Plantea y contesta preguntas sobre la conexión entre los seres humanos y la naturaleza.
- Pregunta qué podemos entender gracias a la naturaleza.

CALLE DE LA LECTURA EN LÍNEA
VIDEO DE LA PREGUNTA PRINCIPAL
www.CalledelaLectura.com

¡Has aprendido
0 9 7
palabras asombrosas
este año!

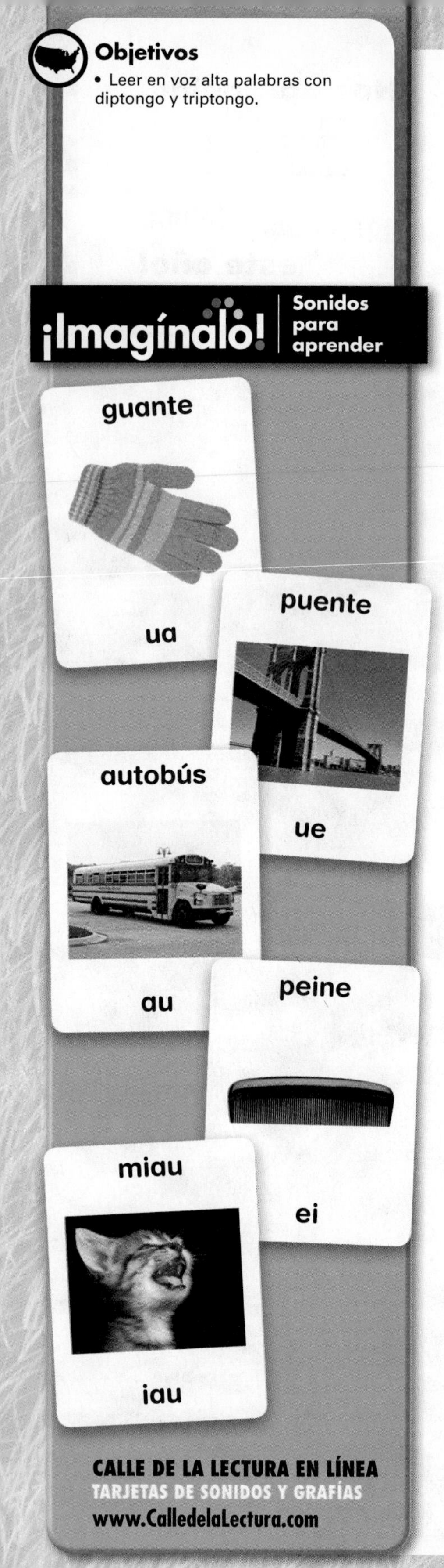

Fonética

Diptongo y triptongo

Palabras que puedo combinar

a u t o

p u e b l o

s e i s

c u a d r a s

m i a u

Oraciones que puedo leer

1. Vamos en auto hasta el pueblo.
2. La cafetería está a seis cuadras.
3. Mi gato maúlla ¡miau! ¡miau!

Recuerda que las vocales de un diptongo son parte de una misma sílaba.

¡Puedo leer!

Aurora y su mejor amigo Eugenio sueñan con ser astronautas.

Este julio, van a pasar una semana en un campamento del espacio en Carolina del Norte. Están muy emocionados. En el campamento les van a enseñar cómo vuela un cohete por el aire para llegar al espacio.

Tienen esperanzas de usar el simulador y de ver la Tierra y Mercurio, el planeta más chico.

Aurora le dice a Eugenio:

—¡Yo voy a ser la astronauta más famosa!

Has aprendido

Palabras con *diptongos y triptongos*
Separa en sílabas una palabra que tenga diptongos en este texto.

Objetivos

• Apoyar tus respuestas con detalles del texto. • Examinar y pasar juicio sobre los hechos en un artículo y apoyar tus conclusiones con evidencia.

¡Imagínalo!

Destreza

¡Imagínalo! Aprendizaje visual de destrezas

Sacar conclusiones

Lo que sé:
Subir una cuesta causa cansancio.
La cara se nos pone roja con el esfuerzo.
El ejercicio nos hace sentir calor.

Conclusión:
El niño se pone rojo y se cansa.

I•6

Estrategia

Ideas importantes

Las **ideas importantes** son la información esencial de una selección de no ficción. Las ideas importantes son aquellos detalles que dan claves sobre el propósito del autor.

Para identificar las ideas importantes

- lee todos los títulos, encabezamientos, leyendas y pies de las ilustraciones
- busca las palabras en letras itálicas, en letras negritas o que aparezcan en listas
- busca las palabras y frases indicativas como: *por ejemplo, más importante*, etc.
- fíjate en las fotografías, ilustraciones, diagramas o mapas
- fíjate en cómo está organizado el texto: causa y efecto, pregunta y respuesta, etc.

¡Pensemos en la lectura!

Al identificar las ideas importantes me pregunto

- ¿Qué información viene en letras negritas, letras itálicas o con algún otro tipo de letra especial?
- ¿Qué detalles respaldan las ideas importantes?
- ¿Hay palabras o frases indicativas?
- ¿Qué aparece en las ilustraciones, fotografías, diagramas y tablas?
- ¿Cómo está organizado el texto?
- ¿Por qué ha escrito esto el autor?

I•19

CALLE DE LA LECTURA EN LÍNEA
ANIMACIONES DE ¡IMAGÍNALO!
www.CalledelaLectura.com

Destreza de comprensión

Sacar conclusiones

- Una conclusión es una decisión u opinión que está basada en datos e ideas.
- Utiliza tus conocimientos previos para sacar conclusiones. Apóyalas con hechos y detalles del texto.
- Usa lo que aprendiste sobre sacar conclusiones y el organizador gráfico al leer "Antes de pasa es uva". Saca conclusiones sobre por qué se cultivan uvas en California y apoya tu conclusión.

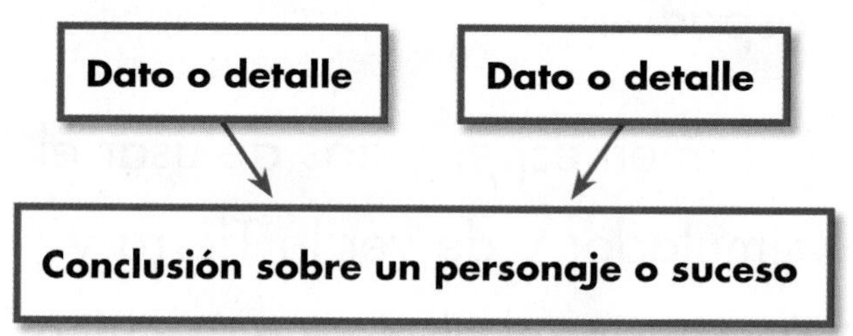

Estrategia de comprensión

Ideas importantes

Al leer, busca las ideas importantes. Estas son las ideas que el autor explica o quiere que tú sepas. Entender esas ideas te ayudará a comprender el cuento en su totalidad.

Antes de pasa es uva

Las pasas provienen de las uvas. Hace doscientos años que se cultivan uvas en California. En el Siglo XIX, la gente iba a California en busca de oro. Algunos terminaron cultivando uvas.

Hoy en día, la mayoría de las uvas que comemos vienen de California. Alrededor de 550 productores cultivan uvas allí. El clima cálido y seco de California favorece el cultivo de una fruta dulce.

Destreza ¿Qué conclusión puedes sacar sobre la decisión de cultivar uvas en California? Apoya tu conclusión con detalles y hechos del texto.

Los estadounidenses consumen ocho libras de uvas por año. La mayor parte proviene de California. Muchos otros países aprecian las uvas que se cultivan en los Estados Unidos. En Canadá, México, China, Taiwán y América Central se consumen uvas cultivadas en nuestro país.

Estrategia ¿Qué datos importantes has aprendido hasta el momento sobre las uvas?

En la China antigua, se mezclaba el jugo de uva con víboras y sapos para aliviar a los enfermos. Puedes dejar de un lado las víboras y los sapos. Las uvas solas son buenas.

¡Es tu turno!

¿Necesitas repasar?
Mira el manual *¡Imagínalo!* para obtener ayuda sobre sacar conclusiones e ideas importantes.

Pensemos...

¡Inténtalo!
Mientras lees *¿Cómo pasa la vida de una pasa?*, usa lo que aprendiste sobre sacar conclusiones e ideas importantes.

Objetivos
- Identificar las palabras que son opuestas, similares, que tienen varios significados y que suenan igual pero tienen significados diferentes.

¡Imagínalo! Palabras para aprender

cultivar

parra

pasa

área
artificial
conservante
prueba

CALLE DE LA LECTURA EN LÍNEA
ACTIVIDADES DE VOCABULARIO
www.CalledelaLectura.com

Estrategia de vocabulario para

Homófonos

Claves del contexto Los homófonos son palabras que se pronuncian igual pero cuya escritura y significado son distintos, por ejemplo, *Asia y hacia*. Las claves del contexto ayudan a descubrir cuál significado va con cuál manera de escribir el homófono.

1. Si la palabra que crees que conoces no tiene sentido en la oración, es posible que sea un homófono.
2. Busca en las palabras cercanas. ¿Puedes deducir el significado?
3. Prueba el nuevo significado de la palabra. ¿Tiene sentido?

Lee "En la cocina con tía Mara" en la página 377 y encuentra los homófonos. Usa las claves del contexto para comprender el significado de los homófonos y las Palabras para aprender.

Palabras para escribir Vuelve a leer "En la cocina con tía Mara". Escribe sobre algo que te gusta hacer con algún pariente o amigo. Usa homófonos y la lista de Palabras para aprender.

En la cocina con tía Mara

Me encanta visitar a la tía Mara. Su casa es tan bonita y siempre huele rico.

Hay una gran parra en la entrada cerca del asta de la bandera. A ella le gusta cultivar flores y adornarla con ellas. Su cocina tiene un área especial en donde a la tía Mara le gusta cocinar. Colecciona recetas de diferentes países. Siempre cuenta historias de cuando era chica. Creció en una granja en un lugar muy lejano. Siempre me da risa cuando me cuenta que solía criar gallinas.

La tía Mara es muy buena cocinera. No le gusta usar ningún tipo de conservante cuando hornea. Sus ingredientes son todos naturales. Nunca usa nada artificial.

Cuando voy a visitarla siempre hacemos galletas de avena. Yo mido la harina, la avena y el azúcar. Mezclo los huevos. De sorpresa, a veces hasta le ponemos alguna pasa. La tía Mara me deja llevar una gran canasta llena de galletas a mi casa. Siempre me dice:

—Ahora tienes una prueba de que hoy estuviste en casa de la tía Mara.

¡Es tu turno!

¿Necesitas repasar? Para obtener ayuda adicional sobre cómo usar las claves del contexto para hallar los significados de los homófonos, mira la sección *¡Palabras!* en la página P•11.

¡Inténtalo! Lee *¿Cómo pasa la vida de una pasa?* en las páginas 378 a 393.

¿Cómo pasa la vida de una pasa?

por Pam Muñoz Ryan
ilustrado por Craig Brown

Género

Este **texto expositivo** hace preguntas usando ritmo y rima. Las respuestas nos dicen todo sobre las pasas. ¿Qué quieres aprender sobre las pasas al leer?

Pregunta de la semana

¿Cómo nos relacionamos con la naturaleza?

¡Pensemos en la lectura!

Pensemos...

¿Por qué escribió el autor este texto? ¿Cómo lo sabes? **Ideas importantes**

¿Cómo crece una pasa?
Dímelo, así lo sé.
¿Cómo brotan, cómo viven
esas bolitas extrañas?
¿Nacen aquí en la Tierra,
o en una lejana estrella
desde donde extraterrestres
las traen a nuestro planeta?

Las pasas son uvas secas. Hasta ahora no hay prueba de que crezcan en ningún otro planeta. De modo que crecen en la Tierra, en países como Turquía, Irán, Grecia, Australia y los Estados Unidos.

¿Preceden a la humanidad?
¿Quiénes las descubrieron?
¿Quién —un señor o un T-Rex—
será el que las probó primero?

Seguramente, las pasas se descubrieron la primera vez que alguien o algo probó algunas uvas que se habían secado en la parra. Con el tiempo, tanto las personas como los animales fueron observando qué uvas producían las pasas más dulces y sabrosas.

Pensemos...

¿Cómo es que las uvas se hacen pasas?
Ideas importantes

Pensemos...

¿Por qué el autor incluye poesías cortas en el texto? **Ideas importantes**

¿Crecerá en algún lugar en que se honre su nombre, tal como Villa Pasa o Villa Pasita del Monte? ¿O en algún pueblo extranjero llamado Pasitaburgo o cerca de un centro urbano como París o Cherburgo?

Las pasas crecen mejor en cualquier área de tierras fértiles, con muchos días calurosos, clima seco y agua en abundancia. En los Estados Unidos, casi todas las pasas provienen del Valle de San Joaquín, en California, cerca de pueblos como Chowchilla, Dinuba, Kingsburg, Selma, Weedpatch e, incluso, uno llamado Raisin City, lo que en español vendría a ser algo así como ¡Ciudad Pasa! Alrededor de un 90 por ciento de las pasas que se venden en los Estados Unidos vienen del área de Fresno, California.

¿Será que los campesinos plantan semillas y esperan que los racimos de pasas broten en las enredaderas?

Los agricultores usan esquejes de una parra para cultivar las uvas con las que se hacen las pasas. Estos trozos de tallo se plantan en arena. Una vez que brotan, se vuelven a plantar en el campo, junto a una estaca de madera.

Mira cómo crecen las parras
y sus ramas extendidas.
Seguro que las
entrena algún
domador de parras
para que crezcan
derechitas y en tan
perfectas hileras.

Las parras crecen a cerca de ocho pies de distancia entre una y otra. Los trabajadores atan las ramas, o "cañas", a hileras de alambre. Por lo general hay dos grupos de alambres: un alambre arriba, a aproximadamente seis pies de altura, y un segundo alambre, a tres o cuatro pies del suelo.

Pensemos...

¿Cómo empiezan y cultivan los agricultores una nueva cosecha de pasas?
Ideas importantes

¿Cuánto tardan en crecer:
una semana, un mes o un año?
¿Cuántas horas habrá que esperar
para ver aparecer sus cabecitas morenas?

Toma unos tres años para que las viñas maduren suficientemente para dar la primera cosecha de pasas. Es decir, ¡unas 26,280 horas!

Cuando las uvas están maduras,
¿cómo hace el agricultor
para que caigan al suelo?
¿O será que ciertas aves
las recogen en su vuelo?

Pensemos...

Compara la poesía y el dibujo con la explicación. ¿En qué se parecen y en que se diferencian?
Ideas importantes

Cuando las uvas están listas, cosechadores especialmente entrenados cortan los racimos de las viñas con unas tijeras especiales.

¿Cómo se secan las pasas?
Ideas importantes

La mayoría de las uvas se convierten en pasas del mismo modo en que lo han hecho por miles de años: permanecen al sol hasta que se secan naturalmente.

¿Dónde descansan las uvas
mientras se doran al sol?
¿En una hamaca de playa?
¿una tienda? ¿un parasol?

Los racimos se dejan descansar en el suelo, sobre bandejas de papel marrón, entre las hileras de parras. A este paso se le llama "acostar las uvas". El sol sale por el este y se pone por el oeste. La mayoría de los agricultores plantan sus viñedos en hileras de este a oeste. Así las uvas puestas a secar entre las parras reciben la mayor cantidad posible de sol. Si se dispusieran de norte a sur, pasarían casi todo el día a la sombra, y cuando se trata de secar uvas, cuanto más sol, mejor.

Pensemos...

¿Por qué es importante la manera que se colocan las hileras de las parras? **Ideas importantes**

Y en endulzarse y secarse
el racimo, ¿cuánto tarda?
¿Cuánto le lleva a la uva
llegar a ser una pasa?

Las uvas se cuecen al sol por unas dos o tres semanas. Luego, las bandejas de papel se enrollan de manera que parecen burritos y se dejan en el campo por unos días más para asegurarse de que todas las uvas se han secado de forma pareja.

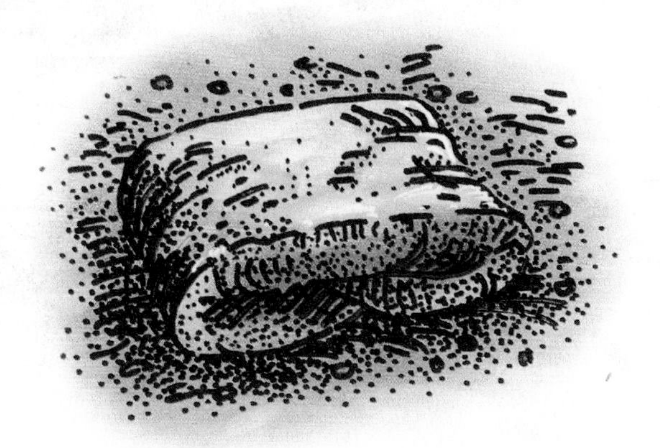

La pasa no se ve como la uva
sino marchita y estropeada.
¿Será que la bañan tanto
que queda toda arrugada?

A medida que las uvas se asan al sol, se les evapora el agua. Cuanta más agua pierden, más se contraen, y más arrugas aparecen.

¿Cuántas uvas pondrá a secar
el campesino sagaz
que quiera pronto contar
con una libra de pasas?

Pensemos...

¿Cómo se te ponen las puntas de los dedos si te quedas en el agua por un largo rato? **Conocimientos previos**

Se necesitan unas cuatro libras y media de uvas frescas para hacer una libra de pasas.

¿Cómo llegarán las pasas
del campo a la factoría?
¿Será que un barco de lujo
las transporta noche y día?

Los campesinos echan los paquetes de pasas en un remolque de madera. De allí, las pasas pasan por una batidora que les quita la tierra y piedras que pudieran tener. Sólo entonces las pasas son transportadas a la fábrica y almacenadas en grandes cajas hasta que están listas para ser empaquetadas.

Pensemos...

¿Cómo te ayuda el dibujo a entender el texto? **Ideas importantes**

Pensemos...

¿Puedes imaginar lo que pasa aquí? **Visualizar**

¿Quién mete en cajas las pasas
para que se conserven dulces y secas?
¿O será que, una por una,
las van guardando princesas?

Cuando llega el momento en que se necesitan, las cajas con las pasas son transportadas a la fábrica, donde se procederá al empaquetamiento. ¡No lleva más de 10 minutos pasar las pasas de la caja al paquete! Tanto máquinas como trabajadores les quitan los tallos y cabitos, y las lavan. Luego se empaquetan en una variedad de cajas y bolsas.

Con los años, la producción de pasas floreció, pero las semillas de las pasas eran todo un problema. Cuando se les quitaban las semillas, las pasas se pegoteaban. Tanto los panaderos como las personas a quienes les gustaba comer pasas encontraban esto muy problemático. Todos esperaban que una uva sin semillas pudiera producir una pasa sabrosa.

Pensemos...

¿Por qué es importante el dibujo de un hombre con uvas verdes? ¿Quién es él? **Ideas importantes**

En 1876, William Thompson introdujo en California las uvas Lady de Coverly: unas uvas verdes, sin semillas, con la piel muy delgada, que producían pasas dulces y sabrosas. Esas uvas cambiaron para siempre la industria de las pasas. Todavía hoy se les conoce como “las uvas sin semillas Thompson”. Actualmente, el 95 por ciento del cultivo de pasas de California proviene de las uvas sin semillas Thompson.

¿Qué tienen las pasas de especial?

- Son nutritivas. Son ricas en hierro, calcio, potasio y vitaminas B. Además, son una buena fuente de fibra.
- Ayudan a que otros alimentos sepan mejor. Las pasas contienen ácido tartárico, una sustancia que mejora los sabores. El jugo y la pasta de pasas se usan para mejorar el sabor de una variedad de salsas, para pastas, carne asada y bistecs.
- La pasta de pasas se usa a veces en el relleno de las tartas de carne y en las albóndigas, para que rindan más.
- Las pasas tienen un color intenso y natural. El jugo de pasas se agrega a una variedad de productos horneados y a los postres congelados hechos a base de lácteos ya sea como colorante o para mejorar el color.
- En ciertos productos horneados, tales como las galletas y los bollitos desgrasados, se usa pasta de pasas en lugar de grasa.
- La pasta y el jugo concentrado de pasas inhiben el moho e impiden que los alimentos se echen a perder con facilidad. Los panaderos a menudo usan productos derivados de las pasas en vez de algún conservante artificial. Los productos horneados que llevan pasas se mantienen en buen estado varios días más que los productos que no las llevan.

Pensemos...

¿Por qué son las pasas un alimento importante?
Resumir

Hormigas en la rama

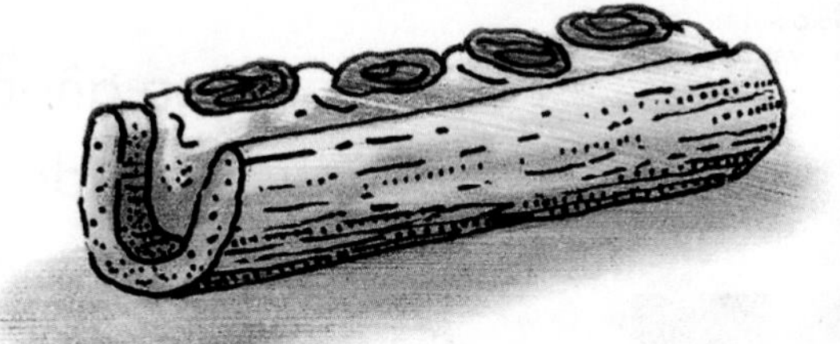

Cubre algunos trozos de apio con mantequilla de maní, queso crema o queso untable. Échale unas pasas por encima.

Ratas en la balsa

Cubre unas galletas graham con queso crema. Agrégales pasas.

Superbolitas

1 taza de miel
1½ tazas de leche en polvo
1 taza de mantequilla de maní
1½ tazas de migas de galletas graham
1 taza de pasas
¾ de taza de coco seco u hojuelas de maíz trituradas

Pon en un plato el coco o las hojuelas de maíz trituradas. Mezcla en un tazón todos los otros ingredientes. Forma bolitas. Pasa las bolitas por el coco o las hojuelas de maíz.

Pensemos...

¿Qué puedes hacer con pasas? **Ideas importantes**

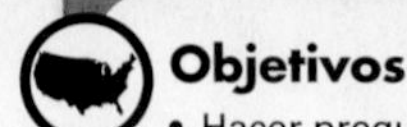

Objetivos

- Hacer preguntas, aclarar lo que no entiendas y buscar hechos y detalles. Apoyar tus respuestas con detalles del texto. • Examinar y pasar juicio sobre los hechos en un artículo y apoyar tus conclusiones con evidencia.

¡Imagínalo! Volver a contar

CALLE DE LA LECTURA EN LÍNEA
ORDENACUENTOS
www.CalledelaLectura.com

Piensa críticamente

1. Las pasas se añaden a diferentes comidas para darles más sabor. ¿Cuál es una de tus maneras favoritas de disfrutar las pasas? ¿Por qué te gusta? **El texto y tú**
2. Esta autora hace preguntas y luego da la respuesta. ¿Por qué crees que la autora usa este método? ¿Piensas que eso te ayudó a entender la información del artículo? **Pensar como un autor**
3. Después de leer los hechos en la selección, ¿a qué conclusiones puedes llegar sobre lo famosas que son las pasas? **Sacar conclusiones**
4. ¿Qué idea importante llevó al cultivo de las uvas sin semilla Thompson? ¿Cómo cambió esto la industria de las pasas? **Ideas importantes**
5. **Mira de nuevo y escribe** Con las pasas no se desperdicia nada. Mira otra vez la página 392. Di cómo se usan las pasas. Da evidencia que apoye tu respuesta.

PRÁCTICA PARA EL EXAMEN **Respuesta desarrollada**

Conoce a la autora y al ilustrador

Pam Muñoz Ryan y Craig McFarland Brown

Pam Muñoz Ryan nació y se crió en el valle de San Joaquín en California. Ella es española, mexicana, vasca, italiana y de Oklahoma. Ha escrito más de veinticinco libros para jóvenes. Algunos de ellos, como *Esperanza renace* y *Nacho y Lolita*, se han publicado también en español.

De niña, Pam pasó muchos veranos cálidos montando en bicicleta a la biblioteca. La biblioteca vino a ser su lugar favorito porque la familia no tenía piscina dónde nadar ¡pero la biblioteca sí tenía aire acondicionado! ¡Así fue como se aficionó a los libros y a la lectura!

Craig McFarland Brown es ilustrador y autor de libros para niños. También es pintor muralista. Algunas de sus pinturas están en exhibición como mural en el museo infantil de Pueblo, Colorado.

Busca otros libros de Pam Muñoz Ryan.

Registro de lecturas

Usa el Registro de lecturas del *Cuaderno de lectores y escritores* para registrar tu lectura independiente.

Objetivos

• Escribir cuentos imaginativos, desarrollados en miras a un final e incluyendo detalles sobre los personajes y el ambiente. • Utilizar y comprender la función de los verbos.

¡Escribamos!

Aspectos principales de la ficción

- los personajes y sucesos son imaginarios
- el ambiente puede presentarse en el pasado, presente o futuro
- generalmente se escribe en primera o tercera persona

CALLE DE LA LECTURA EN LÍNEA
GRAMATIRITMOS
www.CalledelaLectura.com

Ficción

Los cuentos de **ficción** se componen de sucesos, personajes y lugares imaginarios. El modelo del estudiante en la próxima página es un ejemplo de ficción.

Instrucciones Imagina que eres un agricultor de pasas. Escribe un cuento sobre un día en tu vida.

Lista del escritor

Recuerda que debes...

- ✓ escribir un cuento imaginativo que desarrolle el argumento hasta un clímax.
- ✓ incluir detalles sobre los personajes y el ambiente.
- ✓ utilizar los verbos en pasado, presente y futuro correctamente.

Modelo del estudiante

¡Yo cultivo pasas!

Yo **soy** cultivador de uvas. Y hoy, ¡mis uvas **están** listas para convertirse en pasas! Me gusta **caminar** por los campos al amanecer y **mirar** mis bellas hileras de viñas. Mis trabajadores y yo **hemos dedicado** largas horas en estos últimos meses.

—¡Vamos! —digo, **llamando** a los hombres y mujeres que me ayudarán a **cortar** las uvas hoy. **Hemos trabajado** largas horas, y ahora **estamos** entusiasmados con la cosecha. Todos nos **sentimos** muy cansados al **extender** las uvas a secar. Pero al poco tiempo, **cantamos** celebrando todo lo que hemos logrado.

Tenemos que **esperar** semanas hasta que las pasas **estén** bien secas y listas para comer. Yo no puedo esperar tanto. Me **voy** a casa por un vaso de leche fría y una galleta de pasas bien grande y rica, e **invito** a todos los trabajadores a que me **acompañen**.

Característica de la escritura: Voz: Un tono de voz agradable atrae a los lectores.

Los **verbos de acción y los verbos copulativos** están usados correctamente.

Género: La **ficción** cuenta un cuento imaginario.

Normas

Verbos de acción y verbos copulativos

Recuerda Los **verbos de acción** indican una acción. Los verbos **copulativos** no muestran una acción sino que unen el sujeto al predicado.

Objetivos

- Localizar y utilizar información siguiendo y explicando una serie de instrucciones escritas, en varios pasos.
- Buscar y utilizar información que se encuentra en gráficas.
- Utilizar las características del texto para adivinar lo que sucederá después.

Ciencias en Lectura

Género
Texto de procedimiento

- El texto de procedimiento explica las instrucciones para hacer algo.
- Muchos textos de procedimiento emplean características gráficas y del texto para ayudar al lector a ubicar y usar la información en el texto.
- Antes de leer, mira la palabra en cursiva en el primer párrafo. ¿Qué es compost? Haz predicciones sobre el texto. Verifica tus predicciones al leer.
- Sigue las instrucciones para hacer tu propio compost.

Lombrices, ¡a trabajar!

por Ann Weil

¿Sabías que hay muchas personas en todo el mundo que cuidan lombrices para convertir su basura en tierra fértil, también llamada *compost*? Las lombrices comen desechos de comida. Dos libras de lombrices pueden comerse una libra de basura todos los días, lo cual es mucha basura.

Cuidar lombrices es fácil y también puede ser muy divertido. Además, mientras te diviertes ocupándote de las lombrices, cuidas el medio ambiente, porque reciclas la basura convirtiéndola en compost para las plantas de la casa y del jardín.

Esto es lo que necesitas hacer.

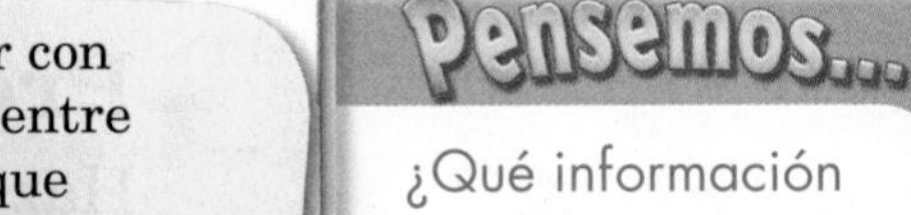

Vas a necesitar:

- Lombrices rojas

Puedes comenzar con pocas lombrices: entre **50** y **100**; aunque cuantas más lombrices tengas, más basura comerán. Algunas tiendas de jardinería venden lombrices por libras. Una libra de lombrices trae de **1,000** a **1,500** lombrices.

- Un recipiente grande de plástico, de aproximadamente 12 pulgadas de profundidad

12"

- Una bolsa de plástico o una tapadera para el recipiente que no cierre del todo
- Papel de periódico, hojas de árboles y tierra para hacer el lecho
- Agua

Cómo alimentarlas

Sí: Cáscaras de huevo, posos de café y bolsas de té usadas, arroz, pasta o papas, piel de frutas y verduras, cereales y pan.

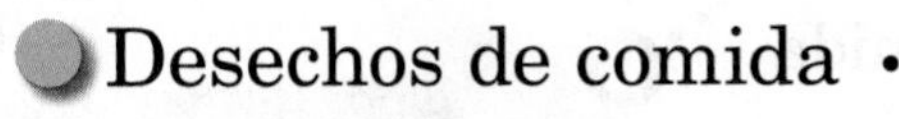

- Desechos de comida

Cómo no alimentarlas

No: Carne y pescado, productos lácteos. Las lombrices se comerían todo esto, pero la caja de lombrices olería mal y atraería ratas y moscas.

Pensemos...

¿Qué información específica sobre las lombrices nos da esta característica gráfica? ¿Cómo te ayudará esta información a hacer abono con lombrices?
Texto de procedimiento

Cómo hacer tu caja de lombrices

1 Prepara el recipiente.

Haz unos agujeros pequeños en el fondo del recipiente.

2 Prepara el lecho.

Llena aproximadamente tres cuartos del recipiente con papel de periódico cortado en trocitos. (No uses hojas de periódico de colores o con brillo.)

Agrega un puñado de tierra. Si quieres, puedes poner también algunas hojas de árboles.

3 Vierte agua sobre el lecho.

Asegúrate de que el lecho esté húmedo, no encharcado.

4 Agrega las lombrices.

Con delicadeza, pon las lombrices en su nueva casa.

5 Alimenta las lombrices.

Entierra los desechos de comida en el lecho.

6 Tapa la caja.

Asegúrate de que el aire entre y circule por la caja.

Pensemos...

Si no supieras de qué tamaño deben ser los pedacitos de papel de diario, ¿dónde hallarías una respuesta?
Texto de procedimiento

Pensemos...

Mira estos dibujos. ¿Qué herramienta te ayuda en el paso número 5?
Texto de procedimiento

Cómo mantener tu caja de lombrices

1 Conserva húmedo el lecho.

Asegúrate de que el lecho no se seque.

2 Alimenta las lombrices.

Presta atención a la cantidad de desechos que comen las lombrices. Si no están comiéndose todo, dales menos.

3 Recoge el compost.

Las lombrices se comen el lecho, además de su comida. Cuando el lecho haya casi desaparecido, pon a un lado lo que quede y agrega un lecho nuevo y húmedo. Entierra los desechos de comida en el lecho nuevo. Las lombrices se irán hacia donde está la comida y podrás recoger el compost sin tener que sacar las lombrices de la caja.

4 ¡Usa el compost!

El compost hace que las plantas crezcan mejor. Agrégaselo a tus plantas de interior o a las del jardín.

Pensemos...

Relacionar lecturas Tanto *¿Cómo pasa la vida de una pasa?* como "Lombrices, ¡a trabajar!", explican cómo hacer algo. ¿Qué formato hace que las instrucciones sean más fáciles de seguir?

Escribir variedad de textos Vuelve a escribir *¿Cómo pasa la vida de una pasa?* en el formato de "Lombrices, ¡a trabajar!". Resume y explica las intrucciones para hacer pasas en cinco pasos.

Objetivos

• Identificar las palabras que son opuestas, similares, que tienen varios significados y que suenan igual pero tienen significados diferentes. • Comparar cómo se utilizan diferentes estilos de escritura para diferente tipo de información en Internet. • Utilizar y comprender la función de los verbos. • Hablar claramente e ir al punto mientras se hace contacto visual, modulando la rapidez, el volumen y la claridad en la que comunicas tus ideas.

CALLE DE LA LECTURA EN LÍNEA
LIBRO DEL ESTUDIANTE EN LÍNEA
www.CalledelaLectura.com

Vocabulario

Homófonos

Claves del contexto Los homófonos son palabras que se pronuncian igual pero que tienen significado y ortografía diferentes, como *rosa* y *roza*. Las claves del contexto te ayudan a determinar el significado de los homófonos.

¡Practícalo! Mientras lees *¿Cómo pasa la vida de una pasa?*, haz una lista de palabras que tengan homófonos. Escribe la palabra y su homófono. Luego escribe la definición de cada homófono.

Fluidez

Expresión

Recuerda que cuando leas o hables en voz alta debes cambiar el volumen, el tono y el ritmo de tus palabras para expresar emoción. De esta manera, tu lectura será más interesante.

Practica leyendo en voz alta la página 381 de *¿Cómo pasa la vida de una pasa?* ¿Cómo usarías la expresión para que la página sea más interesante?

Lectura y medios de comunicación

Prepárate para la escuela intermedia

Usa palabras persuasivas para captar la atención del público.

Comercial

El propósito de los comerciales es persuadir a la audiencia para que compre un producto. Usa palabras que capten la atención de tu público.

¡Practícalo! En un grupo pequeño, haz un comercial para persuadir a tus televidentes de que compren pasas. Incluye información de *¿Cómo pasa la vida de una pasa?* y de otras fuentes. Presenta el comercial a la clase, usando elementos visuales y auditivos. Comenta qué efecto han tenido estos elementos en el mensaje.

Sugerencias

Al escuchar...

- busca técnicas persuasivas.
- saca conclusiones sobre lo que dice el hablante.

Al hablar...

- habla alto para que te oigan.
- usa técnicas persuasivas.
- usa los verbos correctamente.

Trabajo en equipo...

- Haz comentarios relevantes basados en las ideas de los demás.

Objetivos

• Trabajar con otros estudiantes. Participar en discusiones moderadas por el maestro y otros estudiantes, formular y contestar preguntas y ofrecer ideas basadas en las ideas de los demás. • Escuchar con atención cuando alguien habla, hacer preguntas sobre el tema del que se está hablando y comentar sobre el tema.

Vocabulario oral

Hablemos sobre

Explicar la naturaleza

- Comenta ideas sobre cómo las personas utilizan mitos para explicar la naturaleza.
- Expresa opiniones en equipo sobre cómo las personas transmiten historias.
- Plantea y contesta preguntas sobre los misterios de la naturaleza.

CALLE DE LA LECTURA EN LÍNEA
VIDEO DE LA PREGUNTA PRINCIPAL
www.CalledelaLectura.com

¡Has aprendido

1 0 7

palabras asombrosas este año!

Objetivos
- Leer en voz alta palabras con hiato.

Fonética

Hiato

Palabras que puedo combinar

p a e l l a

l e o

t a r e a

p o e t a

k o a l a s

Oraciones que puedo leer

1. Fuimos a comer paella.
2. Leo la tarea.
3. El poeta Beto escribe sobre los koalas.

¡Puedo leer!

Pepito y María son compañeros de grado. Este viernes los dos actúan en la obra musical de la escuela. La acción ocurre en un zoológico. El ensayo de hoy empezó al mediodía en el teatro y fue muy caótico.

María tiene el papel del león feroz y su actuación fue tan real que los otros chicos se asustaron. Pepito, que actúa en el papel del zoólogo, calmó al león feroz, y el ensayo pudo continuar. Mientras tanto Aída, actuando de murciélago, se reía mucho y volaba por todo el escenario.

El profesor les dijo:

—Deben preocuparse de ensayar más. Falta sólo un día para el recital.

Has aprendido

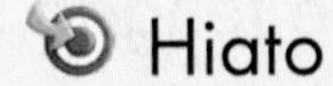

Hiato

Objetivos

• Describir cómo los personajes se relacionan unos con otros y los cambios que atraviesan. • Utilizar tus conocimientos previos y los detalles del texto para hacer inferencia sobre el texto y apoyar tus inferencias con evidencia del texto.

¡Imagínalo!

Destreza

Estrategia

CALLE DE LA LECTURA EN LÍNEA
ANIMACIONES DE ¡IMAGÍNALO!
www.CalledelaLectura.com

Destreza de comprensión

Elementos literarios: Personaje, ambiente y argumento

- Un personaje es una persona o animal en un cuento. Generalmente, los autores describen a los personajes y puedes aprender de ellos, sus relaciones, cómo cambian y lo que dicen.
- El ambiente es cuándo y dónde ocurre un cuento.
- El argumento incluye lo que ocurre al principio, en el medio y al final. Los sucesos previos suelen influir en el final.
- Usa lo que aprendiste sobre estos elementos literarios y el cuadro de abajo, al leer "La historia vertical".

Título del cuento		
Personaje	**Ambiente**	**Argumento**

Estrategia de comprensión

Inferir

Al leer, haces inferencias, o tomas decisiones que tengan sentido después de pensar sobre los detalles o datos. Inferir te ayuda a relacionarte con el cuento.

La historia vertical

—¡Árbol va!

Le oí gritar a papá. Corrí a la ventana de mi habitación y vi uno de los árboles de nuestro patio caer a tierra. Por poco choca con el garaje.

Mamá y yo corrimos afuera.

—¿Se puede saber qué estás haciendo ahora?— preguntó mamá.

Destreza ¿Quiénes son los personajes del cuento? ¿Cuál es el ambiente?

Papá dejó su hacha en el suelo y dijo:

—¡Estoy haciendo un poste de fábula!— Mamá viró los ojos.

Estrategia ¿Cómo puedes saber lo que piensa Mamá del proyecto de Papá?

El verano pasado visitamos un lugar en Olympia, Washington, que tenía un poste de fábula. El Jefe Shelton había tallado figuras de animales en un cedro. El poste cuenta la historia de la cultura Snohomish del Jefe Shelton. Trabajó en el poste por cinco años. Cuando falleció en 1938, otros integrantes de la tribu terminaron el tallado.

Destreza ¿Cuál es el argumento del cuento?

—¿Puedo ayudarte?— pregunté.

—¡Por supuesto, Billy!— dijo papá.

—¿Qué tipo de animal deberíamos poner en lo alto del poste?— pregunté.

—¿Qué tal una mula?— sugirió mamá.

¡Es tu turno!

¿Necesitas repasar?
Mira el manual *¡Imagínalo!* para obtener ayuda sobre personaje, ambiente, argumento e inferir.

¡Inténtalo!
Mientras lees *¡Empujemos el cielo!*, usa lo que aprendiste sobre personaje, ambiente, argumento e inferir.

Objetivos

- Poner en orden alfabético una serie de palabras hasta la tercera letra. Utilizar un diccionario o un glosario para determinar los significados, los patrones silábicos y la pronunciación de las palabras desconocidas.

Palabras para aprender

abetos

cuernos

mamíferos

imaginarse
narrador
se abrieron

CALLE DE LA LECTURA EN LÍNEA
ACTIVIDADES DE VOCABULARIO
www.CalledelaLectura.com

Estrategia de vocabulario para

Palabras desconocidas

Diccionario/Glosario Si al leer encuentras una palabra desconocida, puedes buscarla en un diccionario o en el glosario. Algunas de las palabras que aparecen en el diccionario tienen más de un significado.

1. Ve al glosario de este libro.
2. Las entradas vienen en orden alfabético.
3. Fíjate en cómo se divide la palabra en sílabas. Busca la entrada de la palabra.
4. Lee todos los significados de la palabra. Escoge uno y comprueba si tiene sentido en la oración.

Lee "La función de la clase" en la página 411. Usa un diccionario o el glosario para buscar el significado de las Palabras para aprender.

Palabras para escribir Vuelve a leer "La función de la clase". Supón que eres la Sra. Chávez. ¿Qué le dirías a Jenna y a Kate? Escribe tu respuesta. Usa la lista de Palabras para aprender.

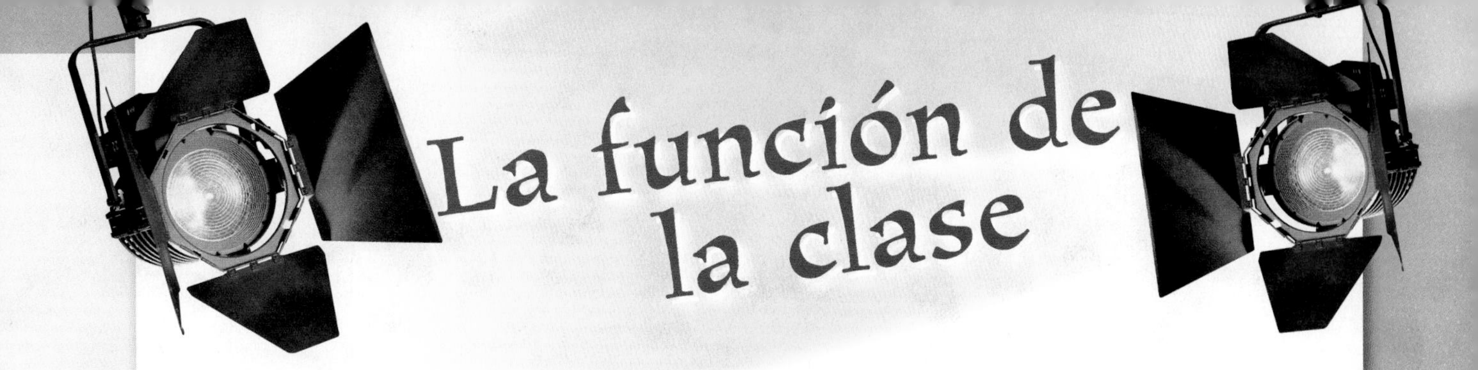

La función de la clase

—La obra que representaremos en la Velada para Padres será *¡Empujemos el cielo!* —anunció la Sra. Chávez.

Jenna esbozó una sonrisa y le dio a Kate un golpecito en el hombro. Ambas querían hacer el papel de los jefes indígenas.

Inmediatamente empezaron a leer. Jenna hizo la prueba del Primer Jefe. ¿Quién iba a imaginarse que se pondría tan nerviosa? Se le olvidaron varias palabras.

Cuando Kate hizo la prueba del Séptimo Jefe, no cometió ni un solo error.

Al día siguiente, la Sra. Chávez anunció los papeles. A Kate le tocaba hacer de narrador. Tenía mucho texto, pero no le tocaba disfrazarse.

—Pero si ya hice una capa estupenda —dijo.

A Jenna le tocó hacer de venado. No tendría que decir ni una palabra y tendría que llevar cuernos de papel en la cabeza.

Aunque algo desilusionadas, se sentían contentas de que al menos iban a participar. Así que no sólo estudiaron sus papeles, sino que ayudaron mucho con los decorados. La noche de la función, cuando se abrieron las cortinas, se vieron en el escenario unos enormes abetos, y diversas aves y mamíferos del bosque. Los habían pintado ellas.

¡Es tu turno!

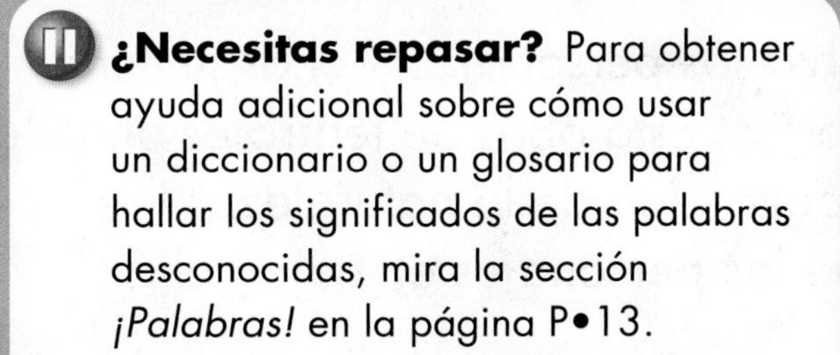

¿Necesitas repasar? Para obtener ayuda adicional sobre cómo usar un diccionario o un glosario para hallar los significados de las palabras desconocidas, mira la sección *¡Palabras!* en la página P•13.

¡Inténtalo! Lee *¡Empujemos el cielo!* en las páginas 412 a 423.

¡Empujemos

por Joseph Bruchac
ilustrado por Teresa Flavin

En una **obra de teatro** los personajes y el argumento se presentan con diálogos. Esta obra de teatro es un mito que explica cómo empezó algo de la naturaleza. Lee para descubrir por qué los personajes empujan el cielo.

el cielo!

Pregunta de la semana

¿Cómo explicamos lo que pasa en la naturaleza?

Los snohomish

Los snohomish viven en el noroeste del país, en el estado que hoy conocemos como Washington, cerca de Puget Sound. Pescaban en el mar y recogían alimentos de las orillas. Hacían de madera sus casas y muchos otros objetos que usaban a diario, como cuencos y remos de canoa. Al igual que otros pueblos de la zona, tallaban en madera tótems, en los cuales guardaban la historia y los cuentos de su nación. Este cuento lo talló el Jefe William Shelton en un tótem para la ciudad de Everett, Washington.

Personajes

Papeles con diálogo

NARRADOR
HOMBRE ALTO
NIÑA
MADRE
NIÑO

PRIMER JEFE
SEGUNDO JEFE
TERCER JEFE
CUARTO JEFE
QUINTO JEFE
SEXTO JEFE
SÉPTIMO JEFE

Papeles sin diálogo

Mamíferos y Aves: tantos como el tamaño del grupo permita. Algunos Mamíferos familiares para los snohomish son: Perro, Ciervo, Alce, Cabra Montesa, Oso, Puma, Conejo, Comadreja, Lobo y Zorro. Las Aves más comunes para ellos son: Halcón, Águila Americana, Águila Real, Arrendajo, Gaviota, Cuervo, Garza y Martín Pescador.

Accesorios/Escenario

La aldea podría ser un telón de fondo pintado con casas hechas de tablas de cedro, situadas entre abetos y secuoyas, con el mar visible al fondo. También se pueden poner en el escenario algunas macetas con plantas para dar la idea de que son árboles.

El arco y las flechas que lleva el Niño en la Escena I pueden ser de juguete o de cartón.

Los postes que llevan las personas y los animales en la Escena III pueden ser reglas o tubos largos de cartón.

Vestuario

Las **Personas,** incluyendo al **Narrador,** pueden ir vestidas con mantas o toallas. Los **Jefes** pueden llevarlas sobre los hombros y los demás personajes humanos a la cintura, como los mantos que usa con frecuencia la gente del noroeste. Las niñas que sean personajes humanos pueden llevar sombreros de cono, igual que las mujeres snohomish.

Para los **Mamíferos,** dependiendo del número y del tipo que sean, los niños pueden pintarse la cara o ponerse máscaras pintadas hechas con platos de papel.

Escena I: Una aldea entre muchos árboles altos

(El Hombre Alto, la Niña, la Madre y el Niño están de pie en el escenario.)

NARRADOR: Hace mucho tiempo, el cielo estaba muy cerca de la tierra. El cielo estaba tan cerca que algunas personas podían entrar en él de un salto. Los que no saltaban muy bien podían trepar por los abetos altos y entrar en el cielo de un paso. Pero a la gente no le gustaba que el cielo estuviera tan cerca de la tierra. Los más altos siempre se golpeaban la cabeza contra el cielo, y además había otros problemas.

HOMBRE ALTO: ¡Ay, qué dolor! Me acabo de golpear la cabeza contra el cielo otra vez.

NIÑA: Acabo de lanzar mi pelota y cayó en el cielo, y ahora no la puedo recuperar.

MADRE: ¿Dónde está mi hijo? ¿Habrá trepado un árbol y se habrá metido en el cielo otra vez?

NIÑO: Cada vez que disparo mi arco, ¡las flechas se quedan clavadas en el cielo!

TODOS: ¡EL CIELO ESTÁ DEMASIADO CERCA!

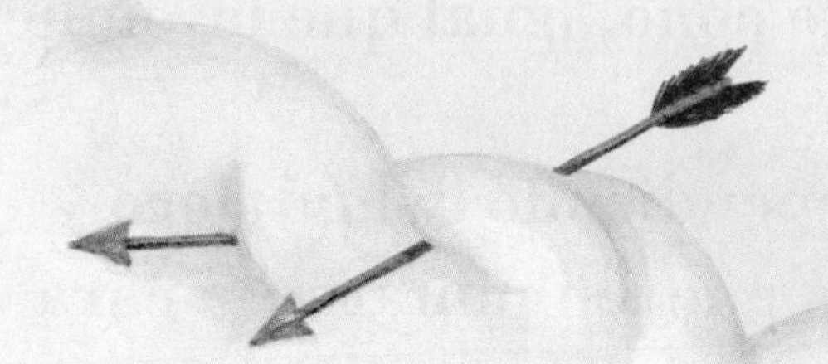

Escena II: La misma aldea

(Los siete jefes están todos juntos y de pie en el escenario.)

NARRADOR: Entonces la gente decidió que había que hacer algo. Se hizo una gran reunión para todas las tribus. Los jefes más sabios se reunieron para hablar del problema.

PRIMER JEFE: Toda mi gente piensa que el cielo está demasiado cerca.

SEGUNDO JEFE: El Creador hizo el mundo y le quedó muy bien.

TERCER JEFE: Eso es cierto, pero el Creador debió poner el cielo más alto. Mi hijo alto siempre se golpea la cabeza contra el cielo.

CUARTO JEFE: Mi hija siempre pierde su pelota en el cielo.

QUINTO JEFE: La gente pasa el tiempo subiendo al cielo cuando deberían quedarse en la tierra ayudándose unos a otros.

SEXTO JEFE: Cuando las madres buscan a sus hijos, no los encuentran porque están allá arriba jugando en el cielo.

SÉPTIMO JEFE: Entonces estamos de acuerdo. El cielo está demasiado cerca.

TODOS: ¡ESTAMOS DE ACUERDO!

SEGUNDO JEFE: ¿Qué podemos hacer?

SÉPTIMO JEFE: Tengo una idea. Empujemos el cielo para arriba.

TERCER JEFE: El cielo pesa mucho.

SÉPTIMO JEFE: Si todos empujamos juntos, lo conseguiremos.

SEXTO JEFE: Les pediremos a las aves y mamíferos que nos ayuden. A ellos también les disgusta que el cielo esté tan cerca.

SEGUNDO JEFE: A los alces siempre se les enredan los cuernos en el cielo.

CUARTO JEFE: Las aves siempre se golpean las alas contra el cielo.

PRIMER JEFE: Cortaremos árboles altos para hacer postes. Podemos usar esos postes para empujar el cielo hacia arriba.

QUINTO JEFE: Es una buena idea. ¿Estamos todos de acuerdo?

TODOS: TODOS ESTAMOS DE ACUERDO.

Escena III: La misma aldea

(Todos, excepto el Séptimo Jefe, están reunidos. Llevan postes largos. Las Aves y los Mamíferos están con ellos. Todos empiezan a empujar al azar, punzando el aire con sus postes. El cielo puede imaginarse justo sobre ellos.)

NIÑA: No funciona.

NIÑO: El cielo sigue estando muy cerca.

QUINTO JEFE: ¿Dónde está el Séptimo Jefe? ¡Esta idea fue suya!

SÉPTIMO JEFE *(entrando)*: Aquí estoy. Tenía que encontrar este poste largo.

PRIMER JEFE: ¡Tu plan no está saliendo bien! Empujamos y el cielo no se mueve, ¿lo ves?

SÉPTIMO JEFE: Ah, pero yo dije que teníamos que empujar juntos.

QUINTO JEFE: Necesitamos una señal para que todos puedan empujar juntos. Nuestra gente habla idiomas diferentes.

SÉPTIMO JEFE: Usemos YU-JUU como señal. ¿Listos?

TODOS: ¡SÍ!

SÉPTIMO JEFE: YU-JUU.

(A la señal, todos juntos empujan.)

TODOS: ¡YU-JUU!

SÉPTIMO JEFE: YU-JUU.

(De nuevo, todos empujan a la vez.)

TODOS: ¡YU-JUU!

HOMBRE ALTO: ¡Lo estamos consiguiendo!

MADRE: ¡Ahora mi hijo no podrá esconderse en el cielo!

SÉPTIMO JEFE: YU-JUU.

(De nuevo, todos empujan a la vez.)

TODOS: ¡YU-JUU!

NIÑO: Estará demasiado alto para que mis flechas se queden clavadas.

SÉPTIMO JEFE: YU-JUU.

(Nuevamente, todos empujan a la vez.)

TODOS: ¡YU-JUU!

PRIMER JEFE: ¡Lo hemos conseguido!

NARRADOR: Fue así como empujaron el cielo para arriba. Lo hicieron todos, trabajando juntos. Pero esa noche, cuando todos miraron hacia arriba, vieron muchas estrellas en el cielo. Las estrellas estaban brillando entre los agujeros que se abrieron en el cielo con los postes de todos los que lo habían empujado.

Nadie se volvió a golpear la cabeza contra el cielo. Y esas estrellas siguen ahí hasta el día de hoy.

Objetivos

- Explicar cómo los elementos del argumento y los personajes se presentan en un guión mediante el diálogo.
- Utilizar tus conocimientos previos y los detalles del texto para hacer inferencia sobre el texto y apoyar tus inferencias con evidencia del texto.

CALLE DE LA LECTURA EN LÍNEA
ORDENACUENTOS
www.CalledelaLectura.com

Piensa críticamente

1. Esta obra de teatro es un mito también. Piensa en otro mito que has leído. ¿En qué se parece el ambiente al de *¡Empujemos el cielo!* ¿En qué se diferencia? Piensa en otro mito que has leído donde las personas hayan trabajado juntas. Di en qué se parece a *¡Empujemos el cielo!* ¿En qué se diferencia? **De texto a texto**

2. ¿Cuándo habla el narrador en esta obra de teatro? ¿El narrador habla en primera o en tercera persona? ¿Por qué crees que el autor incluye un narrador? **Pensar como un autor**

3. Describe los personajes, sus relaciones y los cambios que experimentan. ¿Qué aprendieron? Parafrasea el tema y los detalles que lo apoyan. **Elementos literarios: personaje, ambiente y argumento**

4. ¿Por qué comenzó la gente a preguntar dónde estaba el Séptimo Jefe, cuando vieron que su plan no estaba funcionando? **Inferir**

5. **Mira de nuevo y escribe** Vuelve a mirar la obra de teatro para entender cómo el mito explica algo sobre la naturaleza. Usa detalles de los personajes, el lugar y el argumento de la obra de teatro para apoyar tu respuesta.

PRÁCTICA PARA EL EXAMEN **Respuesta desarrollada**

Conoce al autor

Joseph Bruchac

Busca otros libros sobre leyendas.

Joseph Bruchac creció en una pequeña ciudad en las montañas de Nueva York. De niño le gustaban la lectura y la naturaleza. Con frecuencia se metía en el bosque a leer libros. A Bruchac le preocupa que hoy día muchas personas no se fijan en la naturaleza. Algunas tribus de indígenas norteamericanos tienen leyendas que explican casi todos los aspectos de la naturaleza. "Esas leyendas nos dicen mucho de la naturaleza y son más fáciles de recordar que un montón de datos", dice Joseph.

Bruchac ha viajado por todos los Estados Unidos para escuchar las leyendas de diferentes tribus indígenas. Siempre ha sido una persona que sabe escuchar. "Lo primero que le digo a la gente joven es que escuchen. Un buen narrador se destaca por ser primero un buen oyente", dice.

Registro de lecturas

Usa el Registro de lecturas del *Cuaderno de lectores y escritores* para registrar tu lectura independiente.

Objetivos

- Escribir cuentos imaginativos, desarrollados en miras a un final e incluyendo detalles sobre los personajes y el ambiente.
- Utilizar y comprender la función de los verbos.

¡Escribamos!

Aspectos principales de una obra de teatro

- incluye un reparto de personajes
- a menudo tiene un narrador que cuenta parte del cuento
- las direcciones de escena aparecen entre paréntesis

CALLE DE LA LECTURA EN LÍNEA
GRAMATIRITMOS
www.CalledelaLectura.com

Obra de teatro

Una **obra de teatro** es un cuento que se escribe para representarlo. Una **escena dramática** es una obra de teatro corta. Las obras de teatro y las escenas dramáticas usan diálogo y direcciones de escena para contar un cuento. El modelo del estudiante en la próxima página es un ejemplo de una obra de teatro.

Instrucciones Escribe una obra de teatro o una escena dramática sobre algo que ocurre en la naturaleza.

Lista del escritor

Recuerda que debes...

- ✓ incluir un reparto de personajes.
- ✓ darle diálogo a cada personaje.
- ✓ incluir direcciones de escena para los actores.
- ✓ desarrollar el argumento hasta un clímax.
- ✓ utilizar los verbos en pasado, presente y futuro correctamente.

Modelo del estudiante

A cultivar verduras

PERSONAJES

Narrador	Sra. Lee
Sr. Ruiz	Maddie

NARRADOR: Tres personas que viven en la calle Robles **han decidido** cultivar una huerta.

SR. RUIZ: Hay que despejar este lote desocupado. (Mueve unas rocas).

SRA. LEE: **Voy a sembrar** estas semillas de verduras en filas bien ordenadas. (Abre agujeros y mete semillas).

MADDIE: Mi trabajo **va a ser** rociar las plantas y sacar los hierbajos. (Saca hierbajos).

NARRADOR: Después de unas semanas, se cosechan las verduras.

SR. RUIZ: (Sacando unas verduras). Yo **cosecharé** las verduras.

SRA. LEE Y MADDIE: Luego **vamos a preparar** un banquete de verduras, ¡y todos van a cenar requetebién!

Género: Una **obra de teatro** o escena dramática cuenta un cuento por medio de personajes.

Característica de la escritura: Oraciones: La variedad de oraciones ayuda a que el diálogo parezca más natural.

Los **verbos principales y auxiliares** están usados correctamente.

Normas

Verbos principales y auxiliares

Recuerda Una **frase verbal** es un verbo que tiene más de una palabra. El **verbo principal** muestra acción. Un **verbo auxiliar** muestra cuándo ocurrió la acción.

Objetivos

• Volver a decir el tema y los detalles en tus propias palabras. • Explicar las similitudes y las diferencias entre los ambientes de los mitos y los cuentos folclóricos.

Estudios Sociales en Lectura

Género
Mito

- Los mitos son relatos antiguos que se han contado oralmente por generaciones.
- Los mitos suelen describir cómo ocurrieron algunos fenómenos naturales.
- Los personajes animales actúan como si fueran personas.
- El autor pone en mayúscula el nombre del animal para representar a todos los animales de ese tipo.
- Los mitos suelen tener temas que muestran cómo los personajes resuelven sus problemas.
- Compara y contrasta "Tómalo y corre" con otros mitos mientras lo lees.

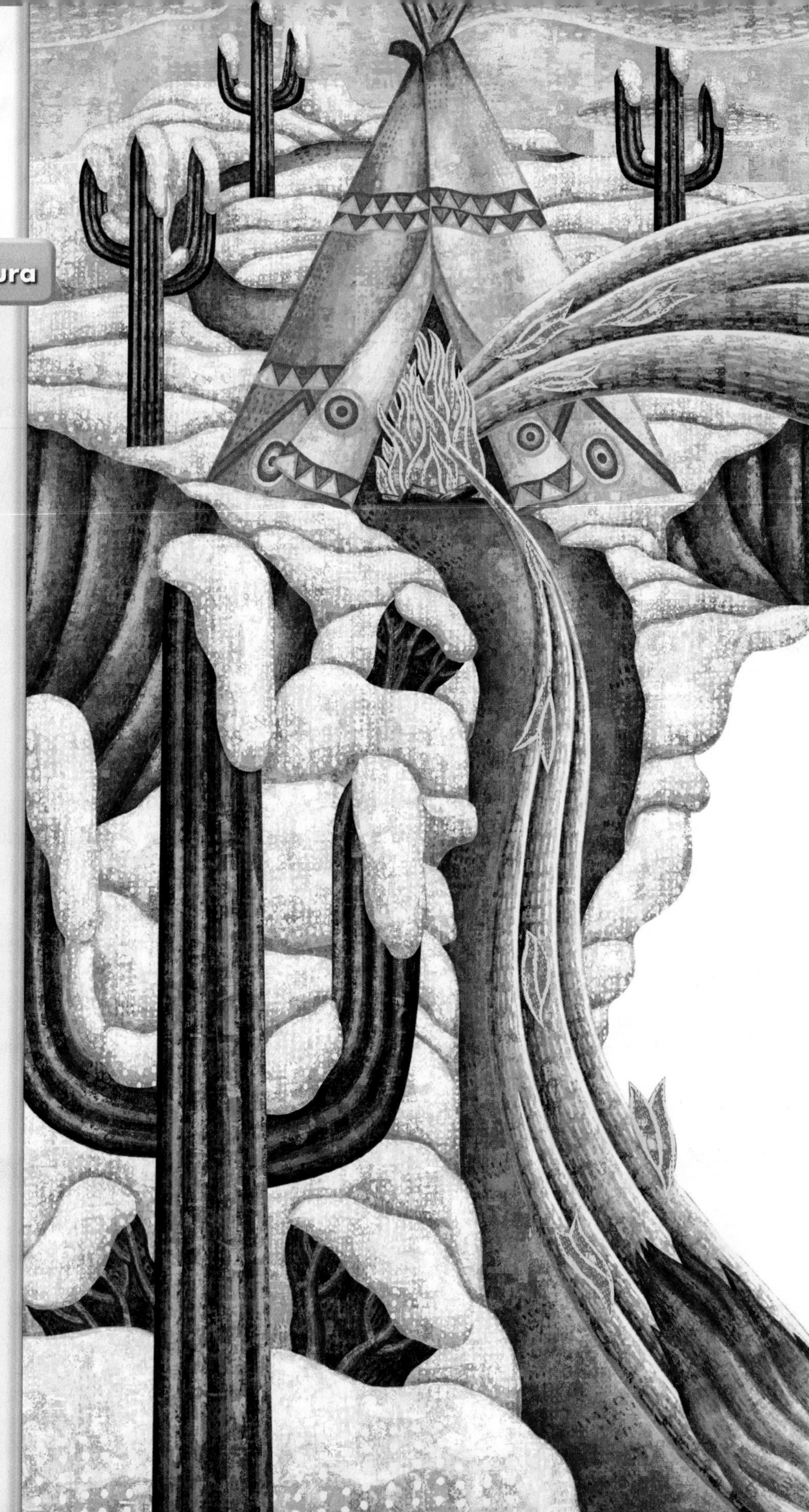

Tómalo y corre

de ***When the World Was Young***
versión de Margaret Mayo
ilustrado por Richard Downs

Pensemos...

¿En qué se parece el ambiente de este mito con el de "De dónde le viene el caparazón a Tortuga del Desierto"? ¿En qué se diferencia? **Mito**

Hace muchísimo tiempo, todo el fuego pertenecía a tres Seres del Fuego que lo mantenían escondido en su tipi, en la cumbre de una montaña. No compartían el fuego con nadie y lo vigilaban cuidadosamente, noche y día. Por eso, cuando llegaba el invierno y los vientos feroces aullaban y la nieve cubría la tierra, los hombres, mujeres y niños no tenían manera de calentarse. Nada de fuego. Nada de comida caliente. Nada de nada.

Ahora bien, un año, hacia finales del invierno, Coyote, que era sabio y entendía de fuego; cuando vio lo que sufría la gente con el frío, decidió robar algo de fuego para dárselo. Pero, ¿cómo lo haría?

Pensemos...

¿Qué habilidades tienen los animales de este cuento que los animales de verdad no tienen? **Mito**

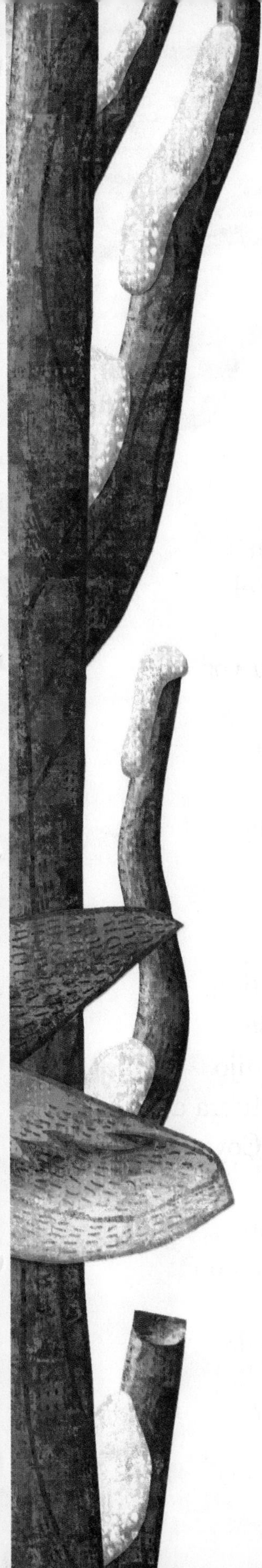

Coyote lo pensó bien.

Convocó a una reunión de animales y dijo:

—¿Quién quiere ayudarme a robar un poco de fuego para dárselo a la gente?

Y Oso, Ciervo, Ardilla, Ardilla Listada y Rana ofrecieron su ayuda.

Coyote volvió a pensar.

—Oso —dijo—, tú eres grande y fuerte, por eso tienes que venir conmigo al tipi de los Seres del Fuego. Venado, Ardilla y Ardilla Listada, ustedes son corredores veloces, por eso tienen que esperar junto al sendero, listos para correr.

—Y yo, ¿qué? —preguntó Rana—. ¡Yo también quiero ayudar!

—Raa-na —suspiró Coyote, sacudiendo la cabeza—. Si tú eres una cosita rechonchita. Puedes saltar y nadar, pero no puedes correr. No hay nada que puedas hacer.

—Podría esperar junto al lago y estar lista —dijo Rana—. Por si acaso...

—Haz eso —dijo Coyote—. Espera allí, preparada, por si acaso...

Rana se puso contenta al oír eso. Esperó en cuclillas junto al lago y los demás partieron por el sendero del bosque que llevaba a la cumbre de la montaña de los Seres del Fuego.

En el camino, Coyote se detenía de tanto en tanto y le decía a alguno de los animales que esperara junto al sendero. Primero fue Ardilla, luego Ardilla Listada, más tarde Ciervo, y al final se quedaron Oso y Coyote caminando juntos.

Pensemos...

¿Cómo se describen los animales? ¿En qué se parecen a todos los animales de su tipo? **Mito**

Cuando llegaron al tipi,
en la cumbre de la montaña, Coyote
le dijo a Oso que esperara en la sombra hasta
que le oyera gritar "¡Auuu!". Después Oso
tenía que hacer mucho ruido, un gran alboroto.

Coyote se acercó sigilosamente al tipi. Dio un ladrido débil y uno de los Seres del Fuego abrió el faldón y se asomó.

Coyote se puso medio tembloroso y dijo en su voz más suave y cortés:

—Tengo las patas heladas. ¿Podría, por favor, ponerlas adentro de su tipi calentito?

Fue tan sumamente cortés que el Ser del Fuego dijo:

—S-sí, está bien...

Coyote metió primero las patas delanteras y después las patas traseras, y luego, de una sacudida, metió la cola. Miró con anhelo el resplandor de la hoguera que había en el centro del tipi, pero no dijo nada. Sólo se recostó y cerró los ojos como si se fuera a dormir. Pero al instante, dio un largo aullido de Coyote:

—¡Auuuuu!

Del exterior del tipi llegó el sonido de un gran alboroto. Era Oso, que gruñía y golpeaba el suelo con las patas.

Todos los Seres del Fuego salieron corriendo del tipi y gritaron:

—¿Quién es? —y cuando vieron a Oso, lo persiguieron.

Pensemos...

¿En qué se parecen los personajes de este mito a los personajes del mito *¡Empujemos el cielo!*? Da detalles de los mitos para apoyar tu respuesta. **Mito**

Coyote estaba listo. Agarró entre los dientes un trozo de madera ardiendo y se alejó del tipi, corriendo montaña abajo.

En cuanto los Seres del Fuego vieron a Coyote con el palo ardiendo, abandonaron a Oso y persiguieron a Coyote.

Coyote corrió y corrió. Era veloz, pero los Seres del Fuego eran más veloces, y cada vez estaban más cerca.

Entonces Coyote vio a Ciervo.

—¡Tómalo y *corre*! —gritó, y le lanzó el palo ardiendo.

Ciervo lo atrapó y corrió; pero corrió tan velozmente que el viento avivó el fuego y una llama le alcanzó su larga cola, dejándosela prácticamente quemada. Es por eso que Ciervo tiene la cola cortita hasta el día de hoy.

Ciervo era veloz, pero los Seres del Fuego eran más veloces, y cada vez estaban más cerca.

Entonces Ciervo vio a Ardilla Listada.

—¡Tómalo y *corre*! —gritó, y le lanzó el palo ardiendo.

Pensemos...

¿Qué le pasa a Ciervo que crea la razón mítica por la que los ciervos tienen colas cortas? **Mito**

Ardilla Listada lo atrapó y corrió. Pero los Seres del Fuego estaban cada vez más cerca, hasta que uno de ellos alargó un brazo, le arañó la espalda y le dejó tres largas rayas negras. Y es por eso que Ardilla Listada tiene rayas en la espalda hasta el día de hoy.

Entonces Ardilla Listada vio a Ardilla.

—¡Tómalo y *corre*! —gritó, y le tiró el palo ardiendo.

Pensemos...

¿Cómo explica el cuento las rayas de la ardilla listada, la cola de la ardilla y la falta de cola de la rana? **Mito**

Ardilla lo atrapó y corrió. Pero el palo se había quemado muy rápido, y ahora era tan corto que el calor intenso hizo que la cola peluda de Ardilla se le enroscara sobre la espalda. Y es por eso que Ardilla tiene la cola enroscada hasta el día de hoy.

Ardilla llegó al lago. Los Seres del Fuego estaban esperándola allí. ¿Qué podía hacer?

Entonces vio a Rana, pequeña y rechonchita. Rana estaba lista y esperaba, por si acaso...

—¡Tómalo y *salta*! —gritó, y le lanzó el palito, que ahora era muy pequeño.

Rana lo atrapó, pero cuando saltó, uno de los Seres del Fuego la agarró por la cola y se la arrancó. Y es por eso que Rana no tiene cola hasta el día de hoy.

Cuando Rana saltó, cayó al lago, y para proteger las llamas del agua, se tragó el palito ardiendo.

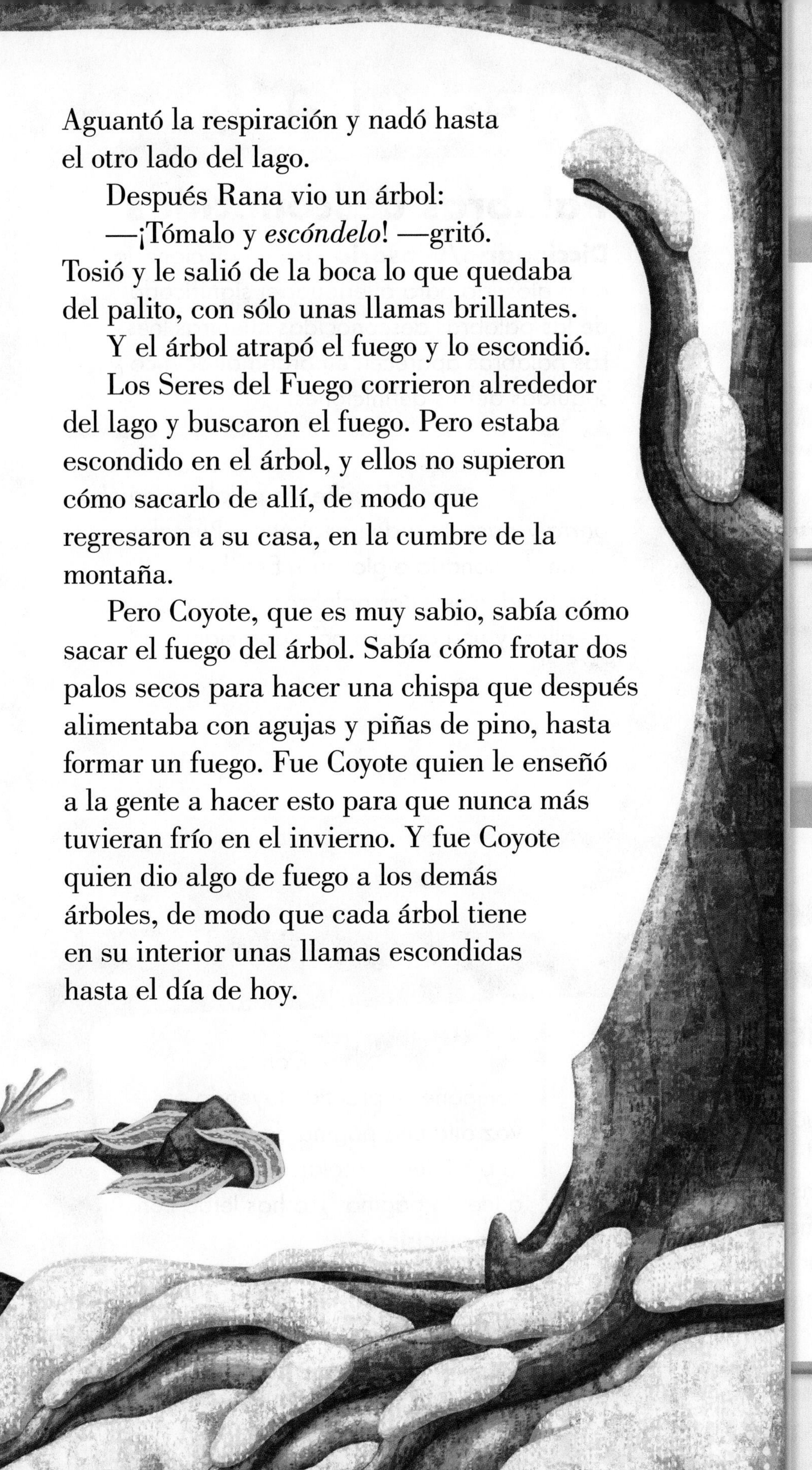

Aguantó la respiración y nadó hasta el otro lado del lago.

Después Rana vio un árbol:

—¡Tómalo y *escóndelo*! —gritó. Tosió y le salió de la boca lo que quedaba del palito, con sólo unas llamas brillantes.

Y el árbol atrapó el fuego y lo escondió.

Los Seres del Fuego corrieron alrededor del lago y buscaron el fuego. Pero estaba escondido en el árbol, y ellos no supieron cómo sacarlo de allí, de modo que regresaron a su casa, en la cumbre de la montaña.

Pero Coyote, que es muy sabio, sabía cómo sacar el fuego del árbol. Sabía cómo frotar dos palos secos para hacer una chispa que después alimentaba con agujas y piñas de pino, hasta formar un fuego. Fue Coyote quien le enseñó a la gente a hacer esto para que nunca más tuvieran frío en el invierno. Y fue Coyote quien dio algo de fuego a los demás árboles, de modo que cada árbol tiene en su interior unas llamas escondidas hasta el día de hoy.

Pensemos...

Parafrasea el tema y los detalles de apoyo de "Tómalo y corre". ¿A qué conclusión llegas sobre cómo los personajes resolvieron sus problemas? **Mito**

Pensemos...

Relacionar lecturas Compara y contrasta los ambientes de *¡Empujemos el cielo!* y "Tómalo y corre". ¿En qué se parecen y en qué se diferencian?

Escribir variedad de textos Haz un diagrama de Venn para comparar y contrastar los ambientes de ambos mitos.

Objetivos

• Explicar cómo los elementos del argumento y los personajes se presentan en un guión mediante el diálogo. • Seguir, volver a contar y dar instrucciones para hacer una acción de cierto modo. • Poner en orden alfabético una serie de palabras hasta la tercera letra. Utilizar un diccionario o un glosario para determinar los significados, los patrones silábicos y la pronunciación de las palabras desconocidas.

CALLE DE LA LECTURA EN LÍNEA
LIBRO DEL ESTUDIANTE EN LÍNEA
www.CalledelaLectura.com

Vocabulario

Palabras desconocidas

Diccionario/Glosario Usa un diccionario o un glosario para averiguar el significado de las palabras desconocidas mientras lees. Las palabras aparecen en orden alfabético y seguidas de sus definiciones.

¡Practícalo! Escribe las palabras *prueba, parra* y *pasa* en orden alfabético. Búscalas en un diccionario o glosario. Escribe los significados de estas palabras junto a cada una de ellas, y una oración por cada significado.

Fluidez

Precisión

Cuanto más precisa sea la forma en que lees el texto, mejor entenderás la lectura o el tema. Quizá tengas que volver a leer el texto para mejorar tu precisión. Trata de leer cada palabra correctamente.

¡Practícalo! Con un compañero, practica leyendo en voz alta una página de un libro de la biblioteca escolar. Luego vuelve a leer la página. ¿La has leído con más precisión?

Escuchar y hablar

Habla en un tono que exprese las emociones de tu personaje.

Dramatización

Una dramatización es una representación de una escena de un cuento u obra de teatro. Las dramatizaciones pueden reflejar uno o más sucesos de un cuento.

¡Practícalo! Haz con tus compañeros una representación de *¡Empujemos el cielo!* Asigna los papeles, memoriza tu parte y elige un vestuario adecuado. Invita a estudiantes de otras clases a ver tu actuación.

Sugerencias

Al escuchar...

- escucha con atención.
- presta atención a pistas de emoción.

Al hablar...

- habla alto, claramente y a un ritmo adecuado.
- usa entonación y emoción en el diálogo de los personajes.

Trabajo en equipo...

- Haz sugerencias para mejorar la representación.
- Da, reformula y sigue instrucciones orales para montar la obra.

Objetivos

• Escuchar con atención cuando alguien habla, hacer preguntas sobre el tema del que se está hablando y comentar sobre el tema. • Trabajar con otros estudiantes. Participar en discusiones moderadas por el maestro y otros estudiantes, formular y contestar preguntas y ofrecer ideas basadas en las ideas de los demás.

Vocabulario oral

Hablemos sobre

Investigar la naturaleza

- Pregunta sobre lo que podemos entender con la investigación.
- Plantea y contesta preguntas sobre patrones de la naturaleza.
- Haz sugerencias sobre qué elementos de la naturaleza podemos aprender más con la investigación.

CALLE DE LA LECTURA EN LÍNEA
VIDEO DE LA PREGUNTA PRINCIPAL
www.CalledelaLectura.com

¡Has aprendido
117
palabras asombrosas
este año!

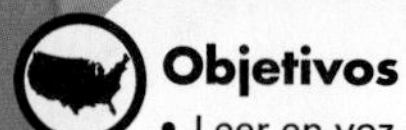

Objetivos

- Leer en voz alta palabras con sufijos comunes, por ejemplo, *-ando, -iendo, -mente.*

CALLE DE LA LECTURA EN LÍNEA
TARJETAS DE SONIDOS Y GRAFÍAS
www.CalledelaLectura.com

Fonética

Sufijos *-ando, -iendo, -mente*

Palabras que puedo combinar

caminando

lentamente

escribiendo

dibujando

regularmente

Oraciones que puedo leer

1. Estoy caminando lentamente.
2. Pasamos la tarde escribiendo y dibujando.
3. Practico el piano regularmente.

Samuel estaba corriendo con su papá por la plaza, sumamente contento. Cerca del roble, escucharon a alguien llorar. Inmediatamente pararon y se encontraron con una señora y una nenita de 3 años gimiendo porque se había caído.

Gentilmente, Samuel les ofreció ayuda y le brindó un pañuelito a la nena para que se limpiara la rodilla.

Viendo que finalmente la niña estaba calmada, Samuel y su papá se despidieron.

Samuel siguió corriendo, sintiendo que había hecho una buena acción.

Cuando le contó orgullosamente la aventura a su mamá, ella dijo:

—Felizmente, eres un niño muy compasivo.

Has aprendido

- Sufijos *-ando, -iendo, -mente*

Objetivos
- Buscar y utilizar información que se encuentra en gráficas. • Utilizar las características del texto para adivinar lo que sucederá después.

¡Imagínalo!

Destreza

Estrategia

CALLE DE LA LECTURA EN LÍNEA
ANIMACIONES DE ¡IMAGÍNALO!
www.CalledelaLectura.com

Destreza de comprensión

Fuentes gráficas

- Las fuentes gráficas te ayudan a entender la información que hay en un texto.
- Los mapas, las tablas, las fotografías y las leyendas hacen que la información sea más comprensible.
- Usa lo que aprendiste sobre las fuentes gráficas y el cuadro que se presenta abajo al leer "Colimbos en la noche". Luego, escribe un párrafo diciendo lo que aprendiste sobre los colimbos.

Tipo de fuente gráfica	Lo que muestra	Cómo te ayuda a entender la información

Estrategia de comprensión

Estructura del texto

Los buenos lectores miran cómo está organizada o estructurada la información como ayuda para comprender lo que leen. Algunas selecciones son descripciones. Los títulos también pueden ayudarte a saber qué se está describiendo. Otras estructuras son causa y efecto, comparar y contrastar y pregunta y respuesta.

Colimbos en la noche

Los colimbos cambian de plumas al terminar la temporada de cría.

Destreza La leyenda te da información sobre la temporada en la cual el colimbo cambia su plumaje.

Risas y aullidos

La primera vez que lo oí pensé que era un lobo. Luego, aquel aullido se convirtió en una especie de risa enloquecida. A la mañana siguiente, lo recordaba como una pesadilla. Pero el canto alegre de los jilgueros me hizo olvidarlo.

En el lago

Después del desayuno, me fui a nadar hasta una roca que había en medio del lago. A mitad de camino volví a oírlo a mi lado. *¡Uuuuuuu! ¡Lulululuu!* "¿Un lobo? ¿En medio del lago? ¡Imposible!", pensé.

Los colimbos

Estrategia Los títulos te ayudan a ubicar información importante sobre el tema. A menudo están escritos en negrita. Este párrafo describe lo que es un colimbo.

Miré hacia un lado y lo vi a tan solo unos pies de mí. ¡Un colimbo! Los colimbos son aves acuáticas; eso quiere decir que están casi siempre en el agua. Estas elegantes aves del tamaño de un ganso, pasan la temporada de cría en los lagos de América del Norte. Al llegar el invierno, vuelan hacia el mar. Allí, mudan sus vistosas plumas blancas y negras por otras de color gris oscuro.

¡Es tu turno!

¿Necesitas repasar?
Mira el manual *¡Imagínalo!* para obtener ayuda sobre fuentes gráficas y la estructura del texto.

¡Inténtalo!
Mientras lees *Plumas y cantos* usa lo que aprendiste sobre fuentes gráficas y la estructura del texto.

Objetivos

- Poner en orden alfabético una serie de palabras hasta la tercera letra. Utilizar un diccionario o un glosario para determinar los significados, los patrones silábicos y la pronunciación de las palabras desconocidas.

¡Imagínalo! | **Palabras para aprender**

litoral

manglar

fauna

ecosistemas
nutrientes
ovíparos
silvestre
clima

CALLE DE LA LECTURA EN LÍNEA
ACTIVIDADES DE VOCABULARIO
www.CalledelaLectura.com

Estrategia de vocabulario para

Palabras desconocidas

Diccionario/Glosario Cuando encuentras una palabra desconocida, un glosario o un diccionario electrónico te pueden ayudar a hallar su significado. El diccionario te da también otro tipo de información, como la función gramatical y el origen.

1. Busca la palabra en el glosario al final de este libro.
2. Fíjate en cómo se divide la palabra en sílabas.
3. Lee el significado de la palabra.
4. Escoge el significado que te parezca mejor. Luego pruébalo en la oración. ¿Tiene sentido?

Lee "Carta desde lejos" en la página 445. Usa un diccionario electrónico para hallar el significado de las Palabras para aprender.

Palabras para escribir Vuelve a leer "Carta desde lejos". Escríbele una carta a un amigo contándole sobre un viaje real o imaginario. Usa la lista de Palabras para aprender.

Carta desde lejos

Queridos papá y mamá:

El abuelo y yo hemos acampado y lo estamos pasando en grande. Hemos puesto la carpa en la orilla de un manglar, a cinco millas del litoral atlántico. Aquí el clima es caluroso y húmedo, y hay muchísima vegetación, porque, como dice el abuelo, "el suelo es rico en nutrientes".

El abuelo me explicó que estamos en uno de los ecosistemas más ricos del país. Hemos visto mucha fauna salvaje y flores silvestres. ¡Por la mañana, al levantarme, una garceta azul se me lanzó a la cabeza! Nos dimos cuenta de que habíamos acampado justo debajo de su nido. Las garcetas azules, como todas las aves, son animales ovíparos, es decir, ponen huevos. ¡Y los defienden a muerte!

Mañana, en cuanto llegue a la ciudad, enviaré esta carta.

Los quiere,
Alberto

¡Es tu turno!

¿Necesitas repasar? Para obtener ayuda adicional sobre cómo usar un diccionario o un glosario para hallar los significados de las palabras desconocidas, mira la sección *¡Palabras!* en la página P•13.

¡Inténtalo! Lee *Plumas y cantos* en las páginas 446 a 457.

El occidente de México

De todas las plantas y animales conocidos en el planeta, uno de cada diez vive en México. Por esta razón México es considerado un país megadiverso: tiene aves que no podrás encontrar en otra parte del mundo.

Allí descubrirás muchos paisajes donde viven aves de diferentes formas y colores que interpretan maravillosos cantos. Estos animales ovíparos utilizan la vista y los sonidos para comunicarse y sobrevivir.

El occidente de México tiene montañas y volcanes de clima templado y frío, donde crecen bosques de pinos y encinos. Algunas aves se encargan de cuidar el bosque y se comen los insectos que hacen daño a los árboles. En la parte baja de las montañas y en las áreas cercanas a la costa el clima es tropical. Los profundos barrancos del occidente de México son un oasis donde las aves pueden encontrar alimento y agua durante la temporada seca.

En este relato aprenderás sobre las aves que vuelan en el occidente de México y conocerás algunas actividades humanas que las ponen en peligro de desaparecer.

Estados Unidos
Golfo de México
Océano Pacífico
Planicie costera
Sierra Madre del Sur
Sierra Madre Occidental
Eje Neovolcánico Transversal
Golfo de Tehuantepec
Nayarit
Jalisco
Colima
Michoacán

Zumbador rufo

Nombre científico: ***Selasphorus rufus***

A pesar de que sólo mide cinco centímetros y pesa lo mismo que una canica, este colibrí viaja cada año desde Alaska hasta los bosques de México para pasar el invierno. Defiende su territorio como todo un valeroso guerrero y tiene muy buena memoria, ya que recuerda dónde se localizan sus flores favoritas.

Su pico largo y delgado le sirve para extraer el dulce néctar de las flores. El zumbador rufo tiene la habilidad de volar y quedarse suspendido mientras come e, incluso, puede volar en reversa. Para estar saludable necesita proteínas, así que también come pequeñas arañas, hormigas y mosquitos.

Los colibríes emiten sonidos muy agudos que son difíciles de percibir en el campo, y a veces es más fácil escuchar el sonido vibrante de sus alas mientras vuelan.

Situación: estable

Chara verde

Nombre científico: ***Cyanocorax yncas***

Comen chinches, semillas, frutas, lagartijas pequeñas y ranas.

Para cazar su alimento, la chara brinca de rama en rama desde la parte baja hasta la parte alta de los árboles, siguiendo una trayectoria en espiral. Cuando busca comida en el suelo, se ayuda con su pico para mover la hojarasca en espera de una exquisita araña.

El padre y la madre construyen juntos su nido. Las charas verdes trabajan en equipo para proteger sus moradas, siendo los papás quienes se encargan de cuidar a los polluelos.

Durante el tiempo que la mamá incuba los huevos, el papá se encarga de llevarle comida hasta seis veces al día.

Situación: **estable**

Jilguero

Nombre científico: ***Myadestes occidentalis***

Le gusta vivir en los bosques tranquilos de pino y encino, en los bosques de niebla y en las cañadas junto a los arroyos.

Aunque sus plumas son de colores opacos, su canto es uno de los más famosos y atractivos. Los jilgueros jóvenes escuchan atentamente a los adultos para aprender cada expresión de su complicado gorjeo, y sin temor a equivocarse trinan una y otra vez hasta que logran interpretar el canto completo.

Durante todo el año, el jilguero nada más interpreta un canto, que se escucha como el agua que corre entre piedras de un arroyo.

Situación: sujeto a protección especial. Por su melodioso canto, el jilguero es capturado y vendido como acompañante de las personas.

Guacamaya verde

Nombre científico: ***Ara militaris***

Le gusta hacer su nido en huecos de árboles y en desfiladeros de roca. A través de la barranca del río Santiago, en Jalisco, vuelan desde el lugar donde duermen hasta los árboles en los que se alimentan. Con la ayuda de su fuerte pico comen los duros frutos del habillo, retoños de hojas y flores.

Las guacamayas enfrentan un grave problema, ya que los vendedores ilegales se roban los polluelos de sus nidos para venderlos como mascotas. Una vez encerradas se deprimen porque carecen de espacio para volar, y entonces se pueden enfermar o morir.

Es posible que en las jaulas de los hoteles y de las casas haya más guacamayas, en comparación con las que vuelan libres por la selva del occidente de México.

Tanto el macho como la hembra tienen una voz ronca y fuerte.

Situación: en peligro de extinción porque la gente las compra como mascotas y porque se ha destruido su casa: la selva. Está protegida a nivel nacional e internacional.

Cacique mexicano

Nombre científico: ***Cacicus melanicterus***

Disfruta brincando entre los árboles que están cerca de los ríos. Su pico largo y con forma de triángulo le permite comer mosquitos, catarinas, abejas y frutos, así como beber el néctar de las flores.

Su nido es una bolsa que tiene forma similar a una gota de agua. Los caciques seleccionan un árbol para establecer su hogar y, cuando encuentran el adecuado, toda la colonia construye ahí sus moradas, quedando las ramas completamente llenas, al igual que un árbol de navidad decorado con esferas.

Su canto es impresionante, dado que tiene muchos tonos diferentes. También sus alas hacen un sonido de tamborileo mientras están volando.

Situación: habita exclusivamente en México y es capturado y vendido como mascota.

Semillero brincador

Nombre científico: ***Volatinia jacarina***

La forma de su pico es la de un especialista en comer semillas. Es posible encontrarlo desde México hasta Honduras y Nicaragua.

Vive en pastizales, en los cultivos, entre las hierbas y a la orilla de los caminos.

Es frecuente verlos volar en grupos de más de 100 aves. Si observas las plumas blancas de sus hombros, verás unas atractivas manchitas que son muy importantes cuando el macho está buscando novia.

Su canto es muy agudo y discreto, por eso es muy difícil escucharlo en el campo. Además, mientras canta, el semillero brinca de una rama a otra entre los arbustos.

Situación: estable

¿Por qué las aves están protegidas?

La conservación de los recursos naturales, como los bosques y la selva, es muy importante, ya que nos proporcionan medicinas para curar las enfermedades y son el hogar de muchos animales silvestres, como los pájaros.

Las aves le dan riqueza y bienestar a México, así como también ayudan a mantener los bosques saludables. Muchas semillas del bosque requieren pasar por el estómago de un ave para germinar. Sin sus bosques, México se convertiría en un desierto gigante. Por eso es necesario cuidar a todas las aves, pero sobre todo a las que viven exclusivamente en el país.

La belleza de las plumas y los cantos de las aves de México han sido el atractivo principal para que muchas personas quieran tener un representante de esta fauna en sus casas.

Algunas actividades humanas han contribuido a la pérdida del hábitat de muchas aves. El monocultivo, es decir, la siembra de una sola especie vegetal, provoca que el suelo se quede sin nutrientes y sea menos fértil. Asimismo, el crecimiento de las ciudades y la construcción de grandes hoteles y campos de golf cerca del litoral representan una amenaza para las áreas naturales a su alrededor, sobre todo para la selva seca y el manglar, dos ecosistemas que albergan a una asombrosa variedad de pájaros.

Objetivos

• Utilizar las características del texto para adivinar lo que sucederá después. • Buscar y utilizar información que se encuentra en gráficas.

¡Imagínalo! | **Volver a contar**

CALLE DE LA LECTURA EN LÍNEA
ORDENACUENTOS
www.CalledelaLectura.com

Piensa críticamente

1. En la página 450 aprendiste que el colibrí llamado zumbador rufo viaja desde Alaska hasta México cada año. ¿En qué partes de los Estados Unidos esperarías encontrar este colibrí? ¿Por qué crees que se encontraría allí?
   El texto y el mundo

2. Esta autora ha usado fotografías y encabezamientos de todas las aves que menciona. ¿Por qué crees que usó fotos y encabezamientos para cada ave? **Pensar como un autor**

3. Mira el mapa de la página 449. ¿Cómo te ayuda el mapa a entender mejor la información de la selección?
   Fuentes gráficas

4. Varias páginas tienen una leyenda que dice "Situación". ¿Qué aprendiste sobre cada pájaro en esta leyenda? ¿Te ayudó la leyenda a aclarar algo sobre los pájaros? **Estructura del texto**

5. **Mira de nuevo y escribe** Vuelve a leer la pregunta de la página 447 ¿Qué has aprendido sobre los pájaros de México que te permite contestar la pregunta? Da evidencia que apoye tu respuesta.

PRÁCTICA PARA EL EXAMEN **Respuesta desarrollada**

Conoce a la autora

Sandra Gallo

Sandra Gallo nació en Jalisco, México. "Cuando era pequeña, me gustaba mirar el cielo y así descubrí las aves", dice la Sra. Gallo. Años después, al estudiar biología en la universidad, aprendió la importancia de conocer y respetar a los seres vivos. Actualmente, la Sra. Gallo investiga cómo se comunican las aves a través de sus cantos. Escribió *Plumas y cantos,* un libro que ha recibido varios premios y que incluye imágenes de las aves y audio de sus cantos. *Plumas y cantos* enseña a los niños a reconocer y a disfrutar las aves de México.

Busca otros libros sobre la naturaleza en México.

Usa el Registro de lecturas del *Cuaderno de lectores y escritores* para registrar tu lectura independiente.

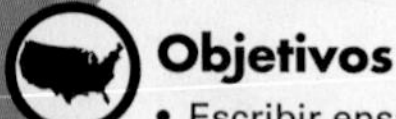

Objetivos
• Escribir ensayos para las audiencias y por las razones adecuadas. • Mostrar concordancia entre el sujeto y el verbo en oraciones simples o compuestas. • Escribir con mayúscula títulos oficiales de personas.

¡Escribamos!

Aspectos principales de una carta formal

- tiene un tono respetuoso
- tiene un propósito y una audiencia específicos
- incluye las cinco partes de una carta

CALLE DE LA LECTURA EN LÍNEA
GRAMATIRITMOS
www.CalledelaLectura.com

Carta formal

Una **carta formal,** llamada a veces una carta de negocios, se dirige a una persona específica y con un propósito específico. El modelo del estudiante en la próxima página es un ejemplo de una carta formal.

Instrucciones Piensa en algo de la naturaleza que te gustaría investigar. Ahora escribe una carta formal a un científico en la cual haces las preguntas que deseas que te conteste.

Lista del escritor

Recuerda que debes...

 conocer a tu audiencia y el propósito para escribir.

 incluir las cinco partes de la carta.

 escribir de manera clara en letra cursiva con espacio entre las palabras.

 escribir con mayúscula los títulos oficiales de las personas.

 verificar la concordancia entre sujeto y verbo.

Modelo del estudiante

8 de marzo de 20_

Profesor Félix Rodríguez
Universidad de Austin
Austin, TX 78230

Estimado profesor Rodríguez:

Yo me **llamo** Daniel Williams y me **interesan** las **aves**. Mi **maestra** me **ha ayudado** a encontrar su nombre en una lista de profesores de la universidad. Me dijo que usted es ornitólogo, un científico dedicado al estudio de las aves. Por eso, quiero hacerle algunas preguntas.

¿Cuál es el ave más veloz del mundo? ¿Para qué les **sirven** las **alas** a los pingüinos, si no pueden volar? ¿Dónde **duermen** las **aves?** También me gustaría saber de qué modo la **ornitología** **ayuda** a la gente.

Muchas gracias por leer mi carta. Quedo a la espera de su respuesta.

Atentamente,
Daniel Williams

Característica de la escritura: Normas: Asegurarse de usar dos puntos en el saludo y coma en la despedida de las cartas; y usar mayúsculas.

Género: La **carta formal** tiene un tono respetuoso.

El **sujeto y el verbo** tienen que tener concordancia.

Normas

Concordancia entre sujeto y verbo

Recuerda Una oración con **sujeto** singular debe tener un **verbo** singular. Una oración con sujeto plural debe tener un verbo plural.

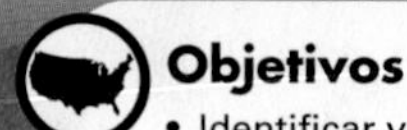

Objetivos

• Identificar y utilizar juegos de palabras. • Describir diferentes tipos de poesía y cómo crean imágenes en la mente del lector. • Identificar las palabras que crean una imagen en tu mente y atraen a los sentidos.

Ciencias en Lectura

Género
Poesía

- La poesía es una expresión creativa del lenguaje que por lo general emplea la rima, el ritmo y las imágenes.
- Algunos poemas son adivinanzas que requieren que el lector adivine lo que el poema describe.
- Las adivinanzas son juegos del lenguaje que dan nuevas definiciones de las palabras y frases a fin de ofrecer pistas y crear imágenes.
- Mientras lees "Acierta-ciencias", trata de adivinar de qué se trata la adivinanza científica.

ACIERTA-CIENCIAS

Adivinanzas en las ciencias

ilustrado por Frank Remkiewicz

El cielo nocturno

Muchas lamparitas
muy bien colgaditas,
siempre encendiditas,
nadie las atiza.

RESPUESTA: las estrellas

Salimos cuando anochece,
nos vamos al cantar el gallo,
y hay quien dice que nos ve
cuando le pisan un callo.

RESPUESTA: las estrellas

Las estrellas son, en realidad, esferas de gas caliente y brillan debido a la energía producida por reacciones químicas. En el cielo de la noche, puedes ver cientos de estrellas, pero en el universo existen millones de ellas.

Pensemos...

Busca ejemplos de juegos del lenguaje en la adivinanza. ¿Qué lo hace gracioso? **Poesía**

Pensemos...

¿Qué imagen crean en mi mente los poemas y cómo me ayudan a contestar las adivinanzas?
Poesía

¡Increíble!

Vuela sin tener alas,
silba sin tener boca
puede mover las ramas
y no se ve ni se toca.

RESPUESTA: el viento

¿Qué es, qué es,
que te da en la cara
y nunca lo ves?

RESPUESTA: el viento

El viento es el movimiento de la atmósfera de un lugar a otro.

Sombras lunares

Si la Tierra al girar y girar,
frente a la Luna va a parar,
la luz del Sol puede bloquear,
y por un rato puedo durar.

RESPUESTA: el eclipse

Cuando la Tierra se interpone entre el Sol y la Luna, cubriendo la luz que llegaría a la Luna, se produce un eclipse lunar. Cuando la Luna se interpone entre el Sol y la Tierra, cubriendo la luz que llegaría a la Tierra, se produce un eclipse solar. Los eclipses lunares son más comunes pero sólo ocurren cuando hay luna llena.

Pensemos...

Compara los poemas de esta selección. Describe en qué se diferencian y en qué se parecen. **Poesía**

Pensemos...

Relacionar lecturas *Plumas y cantos* se escribió para dar información al lector. ¿Cuál es el propósito de las adivinanzas de "Acierta-ciencias"?

Escribir variedad de textos Usa lo que has aprendido para escribir tu propio poema sobre la ciencia.

Objetivos

• Seguir, volver a contar y dar instrucciones para hacer una acción de cierto modo. • Poner en orden alfabético una serie de palabras hasta la tercera letra. Utilizar un diccionario o un glosario para determinar los significados, los patrones silábicos y la pronunciación de las palabras desconocidas. • Leer en voz alta y comprender el texto adecuado al nivel del grado.

CALLE DE LA LECTURA EN LÍNEA
LIBRO DEL ESTUDIANTE EN LÍNEA
www.CalledelaLectura.com

Vocabulario

Palabras desconocidas

Diccionario/Glosario Cuando lees es posible que te encuentres con una palabra desconocida. Usa un diccionario o un glosario para averiguar el significado de esa palabra. También puedes ver otra información sobre esa palabra, por ejemplo, si es un sustantivo, un adjetivo o un verbo.

¡Practícalo! Escribe dos o tres palabras del glosario e indica de qué tipo de palabra se trata. Toma turnos con un compañero para decir si cada palabra es un sustantivo, un adjetivo, un verbo, etc.

Fluidez

Fraseo apropiado

Cuando lees, haz una pausa después de leer un grupo de palabras que aparecen juntas. Así tu lectura será fluida.

¡Practícalo! Lee en voz alta la página 448 de *Plumas y cantos*. ¿Cómo aplicarías el fraseo para que el texto fluya y la información parezca más interesante?

Escuchar y hablar

Habla con claridad e incluye toda la información importante.

Mensaje de voz

Cuando dejes un mensaje de voz, habla con claridad e incluye toda la información importante para tus oyentes.

¡Practícalo! Escucha las instrucciones orales para dejar un mensaje de voz a un amigo. Repite las instrucciones para asegurarte de que las comprendes, díselas a tu compañero y luego sigue esas instrucciones.

Sugerencias

Al escuchar...

- determina el motivo para escuchar.
- repite las instrucciones orales.

Al hablar...

- habla con un tono y un ritmo adecuados.
- da instrucciones orales con claridad.
- usa la concordancia entre sujeto y verbo.

Trabajo en equipo...

- Sigue las instrucciones orales para dejar un mensaje de voz.

Objetivos

• Escuchar con atención cuando alguien habla, hacer preguntas sobre el tema del que se está hablando y comentar sobre el tema. • Hablar claramente e ir al punto mientras se hace contacto visual, modulando la rapidez, el volumen y la claridad en la que comunicas tus ideas.

Vocabulario oral

Hablemos sobre

Ayudar a los animales

- Comenta ideas sobre cómo ayudan las personas a los animales.
- Haz y escucha comentarios sobre maneras de rescatar animales.
- Haz preguntas sobre lo que podemos aprender estudiando y ayudando a los animales.

CALLE DE LA LECTURA EN LÍNEA
VIDEO DE LA PREGUNTA PRINCIPAL
www.CalledelaLectura.com

¡Has aprendido
127
palabras asombrosas
este año!

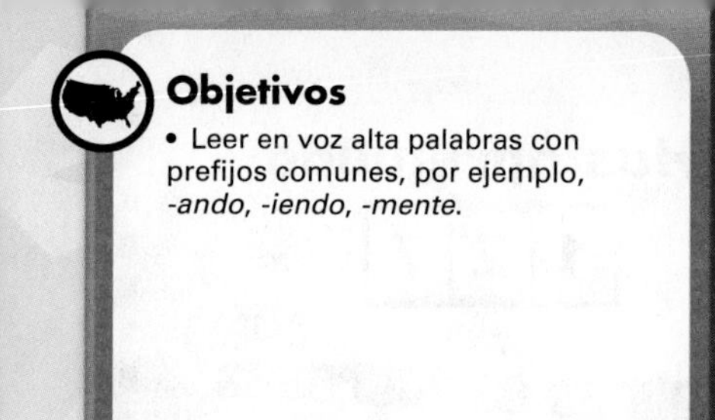

Fonética

Prefijos *pre-, dis-, des-, in-*

Palabras que puedo combinar

des**atar**

dis**gusto**

dis**culpó**

in**correcto**

pre**fabricados**

Oraciones que puedo leer

1. Desatar un nudo es un disgusto.
2. Ana se disculpó por darme su teléfono incorrecto.
3. Fue muy sencillo construir la casa con paneles prefabricados.

¡Puedo leer!

Papá estaba muy preocupado y disgustado. Había comprado una bicicleta para el cumpleaños de mi hermanita. La bicicleta llegó desarmada en una caja grande.

—¡Qué disparate! —dijo papá—. Las instrucciones son incomprensibles y están incorrectas.

Yo le ofrecí ayuda. Juntos, papá y yo descubrimos cómo armar la bicicleta.

Después de descansar un ratito llegó mi hermana del preescolar. Se sorprendió cuando vio el inesperado regalo. Fue increíble.

Has aprendido

- Prefijos *pre-, dis-, des-, in-*

Objetivos

- Describir cómo los personajes se relacionan unos con otros y los cambios que atraviesan. • Contar en orden cronológico los principales sucesos de un cuento. Explicar cómo afectan a los futuros sucesos en el cuento.

¡Imagínalo!

Destreza

Estrategia

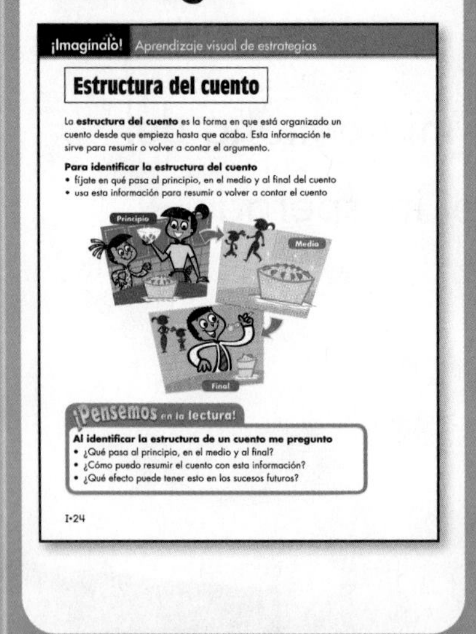
¡Imagínalo! Aprendizaje visual de estrategias

Estructura del cuento

La **estructura del cuento** es la forma en que está organizado un cuento desde que empieza hasta que acaba. Esta información te sirve para resumir o volver a contar el argumento.

Para identificar la estructura del cuento
- fíjate en qué pasa al principio, en el medio y al final del cuento
- usa esta información para resumir o volver a contar el cuento

¡Pensemos en la lectura!

Al identificar la estructura de un cuento me pregunto
- ¿Qué pasa al principio, en el medio y al final?
- ¿Cómo puedo resumir el cuento con esta información?
- ¿Qué efecto puede tener esto en los sucesos futuros?

I•24

CALLE DE LA LECTURA EN LÍNEA
ANIMACIONES DE ¡IMAGÍNALO!
www.CalledelaLectura.com

Destreza de comprensión

Generalizar

- Al leer sobre cómo varias cosas se parecen, puedes hacer enunciados generales sobre ellas.
- Palabras y frases clave, como *la mayoría, muchos, todos* o *pocos*, te ayudan a identificar las generalizaciones.
- Usa lo que aprendiste sobre generalizaciones y el organizador gráfico al leer "Ruiseñores del mar". ¿Puedes generalizar sobre la selección?

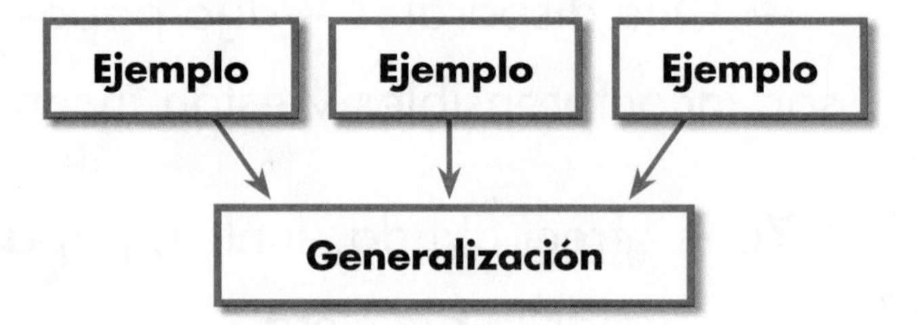

Estrategia de comprensión

Estructura del cuento

Al leer, piensa en los sucesos al principio, en el medio y al final de la selección, incluyendo los que pueden influir en el final y cómo cambia un personaje. Usar la estructura del cuento te puede ayudar a contar la historia con tus propias palabras y mejorar la comprensión.

Ruiseñores del mar

Papá siempre quiso ver las ballenas beluga en su ambiente natural. Yo no estaba muy emocionado con la idea de ir a Canadá en nuestras vacaciones.

Destreza ¿Qué palabras clave en esta oración indican una generalización?

—Samuel, creo que vas a disfrutar aprendiendo sobre los ruiseñores del mar— dijo papá.

—¿Ruiseñores? Creía que las ballenas vivían en el agua— dije.

Destreza ¿Qué generalización hace el autor en este párrafo?

—Mucha gente llama a las ballenas beluga ruiseñores porque producen sonidos hermosos— dijo papá—. Es así como se comunican y encuentran su alimento.

Así que viajamos en barco por el Río Churchill a finales de julio. Este río tiene la población de belugas más grande del mundo.

Después de una hora en el barco, encontramos una manada de veinte belugas. ¡Era increíble! Eran enormes. Todo el mundo estaba emocionado. Fue mucho más divertido de lo que me había podido imaginar. ¡De hecho, yo diría que fue lo más divertido que he hecho en las vacaciones! Me imagino que puede ser divertido aprender.

Estrategia ¿Cómo cambia la actitud de Samuel desde el principio del cuento hasta el final?

¡Es tu turno!

¿Necesitas repasar?
Mira el manual *¡Imagínalo!* para obtener ayuda sobre generalizar y la estructura del cuento.

¡Inténtalo!
Mientras lees *Una sinfonía de ballenas*, usa lo que aprendiste sobre generalizar y la estructura del cuento.

Objetivos

• Utilizar las claves del contexto para determinar los significados de las palabras desconocidas o con varios significados.

¡Imagínalo! | **Palabras para aprender**

bahía

rodeada

tormenta

asentamientos
melodía
nerviosamente
sinfonía
suministros
canal

CALLE DE LA LECTURA EN LÍNEA
ACTIVIDADES DE VOCABULARIO
www.CalledelaLectura.com

Estrategia de vocabulario para

Palabras poco comunes

Claves del contexto Al leer, a veces te encuentras con una palabra que no conoces. ¿Cómo puedes deducir su significado? Mira las claves del contexto. Las claves del contexto son palabras y oraciones cercanas a una palabra. Te pueden ayudar a descubrir el significado de la palabra.

1. Lee las palabras y oraciones cercanas a la palabra que no conoces. A veces el autor te da su significado.
2. Si no es así, usa las palabras y oraciones cercanas para predecir el significado.
3. Prueba el significado en la oración. ¿Tiene sentido?

Lee "El rompehielos" en la página 475. Usa las claves del contexto para hallar el significado de las Palabras para aprender y las palabras poco comunes.

Palabras para escribir Mira las ilustraciones de *Una sinfonía de ballenas.* Escoge una ilustración sobre la cual escribir. Usa la lista de Palabras para aprender.

El rompehielos

Josh forma parte de la tripulación de un rompehielos canadiense. Los rompehielos son barcos equipados con una proa de acero para romper el hielo. A veces sucede que una embarcación queda totalmente rodeada de hielo y no puede salir. Entonces el rompehielos abre un canal por el hielo para que salga el barco.

A Josh le gusta ayudar a los demás. Un invierno, los asentamientos de pescadores a orillas de una bahía, quedaron aislados por una gran tormenta de nieve. Los habitantes se estaban quedando sin alimentos y demás suministros. Como no se podía llegar a la ciudad por tierra, pidieron auxilio al rompehielos.

El barco abrió un canal por el hielo hasta la bahía. La gente miraba nerviosamente el avance del barco. Había que picar el hielo del puerto antes de desembarcar los suministros. Una vez cumplida la misión, los pescadores cantaron de alegría. Josh no conocía esa melodía, pero se emocionó mucho con aquella agradecida sinfonía de voces.

¡Es tu turno!

¿Necesitas repasar? Para obtener ayuda adicional sobre cómo usar las claves del contexto para hallar los significados de las palabras poco comunes, mira la sección *¡Palabras!*

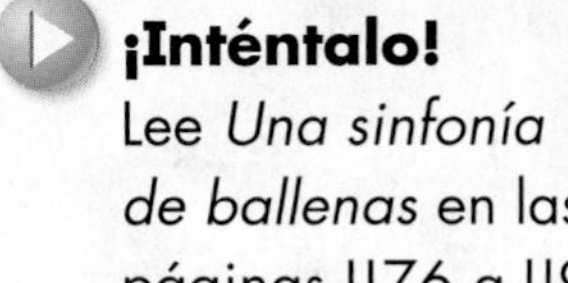

¡Inténtalo! Lee *Una sinfonía de ballenas* en las páginas 476 a 491.

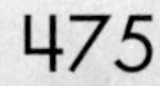

Una sinfonía de ballenas

por Steve Schuch
ilustrado por Wendell Minor

La **ficción** a veces narra un cuento basado en hechos que realmente ocurrieron. Busca partes de la lectura que creas que son verdaderas.

Pregunta de la semana

¿Cómo se puede ayudar a los animales que están en peligro?

Desde sus primeros recuerdos, Glashka había escuchado música en su cabeza. En los inviernos largos y oscuros, las tormentas de nieve a veces duraban días. Entonces, su familia se quedaba en casa, cerca del pequeño fuego de la chimenea. Glashka oía canciones que la llamaban desde la oscuridad, más allá aun de la voz del viento.

Los ancianos de su aldea decían:

—Es la voz de Narna, la ballena. Ha sido amiga de nuestra gente desde hace muchísimos años. Tantos años de amistad con nuestro pueblo. Fue amiga de los abuelos de nuestros abuelos; era nuestra amiga antes de que viéramos llegar de otras tierras embarcaciones de hombres desconocidos. Pero ha pasado mucho tiempo desde que uno de nosotros la oyó

por última vez. Es un gran don el que tú tienes—. Y Glashka se quedaba dormida, envuelta en su manta de piel de foca, recordando sus palabras.

El mar le daba vida a la aldea de Glashka. Las focas proporcionaban carne y pieles de abrigo para que la gente de la aldea se protegiera del frío del invierno. En verano, pescaban salmón y otros peces, y los salaban; así los conservaban para los tiempos difíciles que llegarían. Y de Narna, la ballena, recibían comida para ellos y para sus perros de trineo, pieles impermeables para sus parkas y botas, y aceite para que sus lámparas iluminaran la oscuridad del largo invierno.

Hubo un año en que las nieves llegaron antes de tiempo. Cayó una gran tormenta de tres días sobre la aldea. Cuando finalmente dejó de nevar, la familia de Glashka necesitaba suministros de la aldea vecina. Glashka les preguntó a sus padres si podía ayudarles a manejar los perros de trineo.

—No es tan fácil manejar el trineo —dijeron sus padres—. Los perros notarán que no estás segura del camino. Pero al regreso sabrás cómo volver a casa. Tal vez puedas intentarlo a la vuelta. Ahora duérmete.

Esa noche, Glashka manejó el trineo en sus sueños. Los perros, en lugar de obedecer sus órdenes, la llevaron al borde del agua con hielo. Glashka oyó la canción de Narna más fuerte que nunca. Despertó en la oscuridad, bajo sus pieles de foca, preguntándose qué podría significar el sueño.

La mañana estaba clara y fría cuando la familia salió de casa. Los perros llegaron pronto a la aldea vecina. Antes de empezar el viaje de vuelta, los padres de Glashka empacaron lo que necesitaban en el trineo. Glashka se aseguró de que los perros no tenían cortes en las patas, y les acarició las orejas y el cuello. Los padres de Glashka le dieron las riendas:

—Te seguiremos. Si son claros tu corazón y tus palabras, los perros te escucharán y te llevarán donde quieras.

Se pusieron en marcha. La nieve se arremolinaba sobre el hielo a medida que el viento se hacía más fuerte. De repente los perros se salieron de la senda, ladrando y moviendo nerviosamente las orejas.

—¿Qué pasa? —gritaron desde atrás los padres de Glashka.

—Creo que han oído algo —respondió Glashka.

Los perros jalaron más fuerte. Gracias a su fino oído, captaban notas agudas que la mayoría de los humanos no podían oír. Pero Glashka, si giraba la cabeza en cierta dirección, también captaba los misteriosos gemidos y silbidos que sonaban cada vez con más y más fuerza, hasta que incluso sus padres los oyeron.

Los perros se pararon en seco. Estaban justo en la orilla de una gran bahía, donde el agua estaba rodeada de hielo y nieve por todos lados.

Allá donde mirara Glashka, era como si el agua estuviera hirviendo. El agua subía y bajaba, atestada de ballenas blancas. Su padre vino a su lado:

—Ballenas beluga —dijo en voz baja.

Glashka miró asombrada:

—Debe de haber más de mil.

El clamor de las ballenas subía y bajaba con el viento mientras nadaban despacio por la bahía. Los perros gemían y raspaban nerviosamente el suelo con las patas.

—¡Corramos a la aldea! —exclamó Glashka—. Vamos a buscar ayuda.

Pero el papá de Glashka sabía que no había nada que hacer.

—Seguramente quedaron atrapadas cuando vinieron aquí el otoño pasado en busca de comida —dijo suavemente—. No podemos hacer nada para liberarlas. Cuando se congele el resto del agua, las ballenas morirán.

Pero la mamá de Glashka recordó que hacía varios inviernos un buque rompehielos había rescatado un carguero ruso que estaba atrapado en el hielo del mar.

—¿Podríamos llamar por la radio de emergencia? A lo mejor un rompehielos puede abrir un canal para las ballenas —dijo la mamá de Glashka.

Glashka y sus padres se fueron deprisa hacia su aldea. Reunieron a todos los vecinos y les dijeron lo que había pasado. El papá de Glashka encendió la radio de emergencia e hizo una llamada de socorro:

—Ballenas beluga, pueden ser miles, atrapadas. Necesitamos un rompehielos. ¿Me oye alguien?

Allá lejos en el mar abierto, un gran rompehielos ruso llamado *Moskva* recogió la débil señal.

—Lo oímos —respondió el capitán por la radio—. Vamos de camino, pero es probable que tardemos varias semanas en llegar hasta ustedes. ¿Pueden mantener vivas las ballenas hasta entonces?

Algunas personas de la aldea de Glashka empezaron a instalar un campamento cerca de las ballenas. Otras salieron en sus trineos a avisar a los asentamientos vecinos.

Todos llegaron: viejos y jóvenes, padres, abuelos y niños. Día tras día iban rompiendo trozos de hielo de las orillas, tratando de abrir más espacio para que las ballenas pudieran subir a respirar.

—Mira —dijo la abuela de Glashka—. ¿Ves cómo las ballenas se están turnando y cómo dan tiempo adicional a las más jóvenes para que respiren?

Cuando a Glashka le llegó el turno de romper el hielo, volvió a escuchar con claridad la canción de Narna. La niña les cantaba a las ballenas mientras trabajaba, tratando de decirles que venían en su ayuda. Todos los días Glashka miraba ansiosamente al mar para ver si divisaba el buque. Pero cada día, más agua se convertía en hielo; y cada día, las ballenas se debilitaban más por el hambre.

Glashka sabía lo que era sentir hambre. El año anterior, la aldea de Glashka apenas había atrapado suficiente pescado para resistir hasta la primavera. A veces el recuerdo todavía la atormentaba. A pesar de ello, dio a las ballenas parte del pescado de su almuerzo. Los otros vecinos de la aldea se dieron cuenta y también empezaron a darles a las ballenas parte del pescado que tenían para el invierno.

Una mañana, el sonido de voces entusiasmadas y de ladridos de perros despertó a Glashka. El rompehielos había logrado atravesar el canal principal durante la noche.

—¡Apresúrate, Glashka! —le dijeron sus padres. Glashka se puso las botas y la parka y corrió por el sendero hasta el agua.

Todos estaban reunidos. A un lado estaban los ancianos de pie, mirando. Le hicieron señas a Glashka para que se uniera a ellos.

—Ahora —dijeron—, veamos qué hacen las ballenas.

Las ballenas se apiñaron asustadas, manteniéndose lo más alejadas que podían del rompehielos. A bordo del buque, el capitán daba órdenes. Esperaba que las ballenas vieran el canal abierto en el hielo y siguieran al buque hacia un lugar seguro. El rompehielos dio la vuelta lentamente y se encaminó nuevamente hacia el mar.

Pero las ballenas no seguían el camino del buque.

—Puede ser que tengan miedo del ruido de los motores —transmitió el capitán por radio a la costa—. He oído que, a veces, las ballenas atrapadas siguen el canto de otras ballenas. Hagamos una prueba con una grabación de cantos de ballena.

Glashka sintió que le corría un escalofrío por la espalda.

—Las canciones de Narna —susurró a los perros de trineo—. Van a poner los cantos de Narna.

Entonces los cantos de ballenas hicieron eco en el agua; lamentos profundos y silbidos agudos, canciones antiguas de otro mundo.

Pero las ballenas no se acercaban al buque. Una y otra vez el capitán acercó el gigantesco rompehielos despacio hacia las ballenas, luego nuevamente hacia al mar. Pero las ballenas permanecían lo más alejadas que podían.

—Es inútil —transmitió por radio el capitán con desesperación—. Y sólo nos podemos quedar hasta mañana. ¡El canal se está volviendo a congelar de nuevo!

A punto de llorar, Glashka les preguntó a los ancianos qué podían hacer ahora.

—Esperar —dijeron—. Veremos lo que nos trae el día de mañana.

Esa noche la canción de Narna volvió a Glashka, aunque esta vez era diferente. Oyó la música y las voces de las ballenas, pero también oyó otro tipo de música… melodías que nunca había oído antes. Todavía estaba oscuro cuando Glashka despertó a sus padres:

—Volví a oír a Narna —dijo—. ¡Y también oí otra música!

—Se lo tienes que decir a los ancianos —dijeron los padres de Glashka.

Los ancianos de la aldea escucharon a Glashka con mucha atención cuando les contó lo que había oído.

—Entonces lo que Narna está pidiendo es otra música —dijeron pensativos—. De esto hace mucho tiempo, pero dicen que alguna vez los humanos y las ballenas hacían música juntos. ¡Hablemos con el capitán!

Rápidamente, Glashka y los ancianos llamaron por radio al buque.

—¿Tienen otra clase de música, música de personas, para ponérsela a las ballenas? —preguntaron. El capitán dijo que vería qué podía encontrar su tripulación.

Primero probaron con *rock and roll*. Las guitarras eléctricas y los tambores retumbaban con fuerza, pero las ballenas no salían detrás del buque.

A continuación, la tripulación probó con música folclórica rusa. Era más suave, con muchas voces que cantaban juntas. Las ballenas nadaron un poco más cerca del buque, pero no lo seguían hacia el exterior.

En la orilla, Glashka corrió de vuelta al transmisor de radio. Tenía que hablar con el capitán.

—Yo *sé* que tiene que haber música que dé resultado. ¡Por favor sigan intentándolo! —dijo.

La tripulación encontró música clásica. Primero, se escuchó el dulce sonido de los violines y las violas, después las notas más profundas de los violonchelos, y las más profundas de todas: las notas de las cuerdas de los contrabajos... Y muy alto, un solo de violín...

Todos se quedaron en silencio mientras la melodía flotaba sobre el agua. Las ballenas se calmaron también al escuchar la música.

Algunas ballenas empezaron a responder a la música que salía del buque con sus propios cantos. Poco a poco se les unieron otras ballenas.

Y entonces… ¡empezaron a nadar hacia el buque!

El capitán encendió con cautela los enormes motores del buque y se dirigió lentamente hacia el mar. Lo siguió una ballena, después otra, después algunas más. Al poco tiempo, todas las ballenas siguieron el buque por el estrecho canal, pasando los trozos de hielo que flotaban en el agua, de vuelta al mar abierto y fuera de peligro.

En la costa, la gente lloraba, reía y se abrazaba. Los perros de los trineos saltaban y ladraban, tratando de lamer la cara y la nariz de los que estaban cerca. Glashka hundió su carita húmeda en el pelo del cuello de los perros.

—¡Qué perros tan, pero tan buenos! ¡Ahora las ballenas están regresando a su hogar!

A bordo del buque, el capitán y su tripulación izaron todas sus banderas. La música seguía sonando cuando el capitán les envió un mensaje por radio diciendo que las ballenas estaban a salvo. Él y su tripulación también iban de regreso, por fin, a sus hogares.

Glashka y su familia miraron hacia el mar. Saludaron con la mano al rompehielos y a las ballenas que desaparecían en el horizonte.

—¿Sigues oyendo cantar a Narna ahora? —preguntó su abuela.

—Sí —dijo Glashka—, pero ahora no sólo oigo a Narna. Lo que oigo es mucho más grande que eso… ¡Es como una gran sinfonía de ballenas!

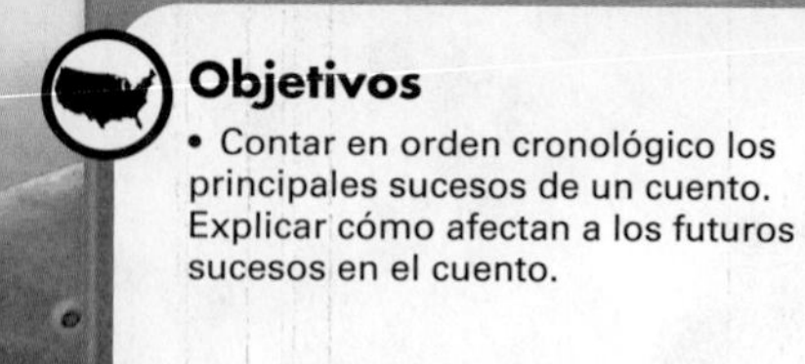

Objetivos

- Contar en orden cronológico los principales sucesos de un cuento. Explicar cómo afectan a los futuros sucesos en el cuento.

Piensa críticamente

1. En el cuento, Glashka y la gente de su aldea trabajan juntos para salvar a las ballenas. Piensa en alguna vez que trabajaste como parte de un equipo. ¿Qué hiciste? ¿Cuál fue el resultado? **El texto y tú**

2. El autor comienza el cuento con Glashka oyendo música dentro de su cabeza. ¿Cómo te prepara el comienzo para el resto del cuento? **Pensar como un autor**

3. Piensa en la vida de los habitantes del pueblo y en la vida de las ballenas. ¿Qué dice eso acerca de la manera en que las personas y la naturaleza están conectadas? **Generalizar**

4. Piensa en el principio, el desarrollo y el final del cuento. Usando la estructura del cuento, vuelve a contarlo en tus propias palabras. **Estructura del cuento**

5. **Mira de nuevo y escribe** Los ancianos hablan de "otra música". ¿Cuál es esa "otra música" y por qué es importante? Da detalles del cuento que apoyen tu respuesta.

PRÁCTICA PARA EL EXAMEN **Respuesta desarrollada**

¡Imagínalo! **Volver a contar**

CALLE DE LA LECTURA EN LÍNEA
ORDENACUENTOS
www.CalledelaLectura.com

Conoce al autor y al ilustrador

Steve Schuch y Wendell Minor

Steve Schuch se empezó a interesar en las ballenas cuando escuchó a un científico, que también era músico, tocar el chelo acompañado por una grabación de cantos de ballenas. "Esa noche cambió mi manera de escuchar música y de pensar acerca de las ballenas", dice Schuch.

Antes de escribir *Una sinfonía de ballenas*, el Sr. Schuch compuso música tocando su violín acompañado por los cantos auténticos de las ballenas. La música se llama "Trilogía de ballenas".

Wendell Minor viaja por todo el mundo para hacer investigaciones que usará en sus libros. Viajó a Barrow, Alaska, cerca del Círculo Polar Ártico antes de pintar las ilustraciones de *Una sinfonía de ballenas*.

A Wendell Minor le encanta la vida al aire libre. Dice: "Lo que más satisfacción me da es acercar a los niños al mundo de la naturaleza".

Busca otros libros sobre animales y lugares remotos.

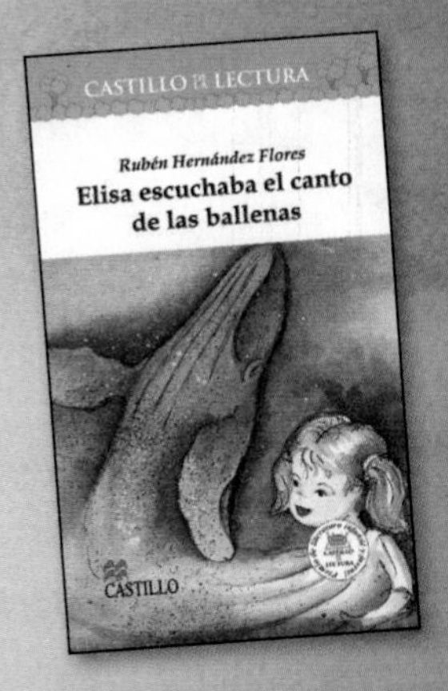

Usa el Registro de lecturas del *Cuaderno de lectores y escritores* para registrar tu lectura independiente.

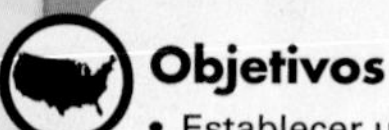

Objetivos
• Establecer una idea principal en una oración principal. • Incluir oraciones que apoyen tus ideas con hechos sencillos, detalles y explicaciones. • Escribir ensayos con un final claro.

¡Escribamos!

Aspectos principales de un artículo periodístico

- empieza con un título
- describe un suceso de actualidad
- incluye toda la información importante sobre el suceso

CALLE DE LA LECTURA EN LÍNEA
GRAMATIRITMOS
www.CalledelaLectura.com

Escritura expositiva

Artículo periodístico

Un **artículo periodístico** es un texto informativo que cuenta algo que sucedió en la vida real. El modelo del estudiante en la próxima página es un ejemplo de un artículo periodístico.

Instrucciones Piensa en algo que sucedió en tu ciudad o tu barrio. Ahora escribe un artículo periodístico sobre el suceso que conteste las cinco preguntas: quién, qué, dónde, cuándo y por qué. No olvides darle un título a tu artículo.

Lista del escritor

Recuerda que debes...

- ✓ establecer una idea central, y utilizar hechos, detalles y explicaciones simples que apoyen esa idea.
- ✓ contestar las preguntas quién, qué, cuándo, dónde, por qué y cómo.
- ✓ asegurarte de que la composición contenga una conclusión.
- ✓ utilizar los verbos en pasado, presente y futuro correctamente.

Modelo del estudiante

Hollywood viene a Cherrydale

La semana pasada **ocurrió** algo inesperado en Cherrydale. Un equipo de rodaje de Hollywood **vino** a filmar Town Square, una película sobre un pueblito del siglo XIX. A ellos les pareció que los edificios de la Calle Central tenían precisamente el aspecto antiguo que buscaban.

La película **tiene** lugar en invierno, de modo que la calle con nieve **estaba** perfecta. Unos 100 hombres, mujeres y niños vecinos del lugar actuaron como extras. Se **vistieron** con disfraces del siglo XIX y **caminaron** o **montaron** a caballo a lo largo de la Calle Central. Si les entusiasma ver cómo era Cherrydale hace 100 años, ¿**irán** a ver la película el próximo verano?

Género: Un **artículo periodístico** incluye el quién, qué, cuándo, dónde, por qué y cómo.

Los **tiempos verbales pasado, presente y futuro** se usan correctamente.

Característica de la escritura: Oraciones: Las oraciones son claras y directas. Contestan las preguntas quién, qué, cuándo, dónde, por qué y cómo.

Normas

Tiempos verbales

Recuerda El **tiempo presente** habla de una acción que está ocurriendo ahora. El **tiempo pasado** habla de una acción que ya sucedió. El **tiempo futuro** habla de una acción que ocurrirá en el futuro.

Objetivos

• Utilizar las ideas que adquieres de diferentes partes del texto para hacer predicciones. • Utilizar las características del texto para adivinar lo que sucederá después. • Hacer conexiones entre los textos informativos y literarios que tengan ideas similares y apoyar tus ideas con detalles del texto.

Ciencias en Lectura

Género
Artículo de revista

- Los textos informativos dan detalles y datos que apoyan la idea principal de un tema.
- Las ilustraciones, títulos y oraciones presentan ideas que ayudan a hacer y confirmar predicciones.
- Las características del texto ayudan a predecir, ubicar y verificar información, y las fuentes gráficas muestran la información visualmente.
- Usa las ideas y características del texto para predecir de qué trata "Él escucha a las ballenas". Verifica tus predicciones.

Él escucha a las ballenas

de *Ranger Rick*

por E. Shan Correa

Joe Mobley, biólogo marino

Las ballenas jorobadas charlan, se llaman unas a otras y cantan canciones durante horas. ¿Qué significado tiene este "bullicio" de las ballenas jorobadas? He aquí un científico que está tratando de averiguarlo.

Joe Mobley vive cerca de la isla de Maui, en Hawai. Éste es el lugar ideal para un científico que estudia el comportamiento de las ballenas jorobadas. Las ballenas pasan todo el invierno cerca de Maui.

Joe tiene muchas preguntas sobre estos mamíferos enormes.

¿Cómo saben adónde ir cuando viajan por el mar? ¿Cómo se encuentran unas a otras? ¿Cómo se mantienen en grupos? Joe cree que la clave de todos estos misterios está en los sonidos que hacen estas ballenas. Para reunir pistas, él escucha a las ballenas jorobadas.

Pensemos...

¿Cómo te ayudan el título y la introducción a predecir el tema y la idea principal? **Artículo de revista**

Charla de ballenas

—Las ballenas hacen tres tipos principales de sonido —explica Joe—. Los machos y las hembras lanzan una llamada en voz alta cuando tienen hambre o están comiendo. Los machos "hablan" cuando están en grupo y cantan cuando se aparean.

La primera vez que Joe oyó las llamadas que las ballenas hacen cuando comen fue en una cinta que otro científico había grabado. Las ballenas se estaban alimentando en su hogar de verano, cerca de la costa de Alaska. Todas llenaban sus bocas enormes de pececitos y krill, que son muy similares a los camarones, y parecían llamarse unas a otras al comer.

—¡Imagínate lo ruidosas que eran! —dice Joe riendo—. Comen todo el verano —continúa—, pero casi nunca comen en el invierno.

Para escuchar a las ballenas en el invierno, Joe no tiene que ir muy lejos. Simplemente se dirige al hogar de invierno de las ballenas cerca de Maui. Entonces oye el segundo tipo de sonido que producen, lo que él llama "hablar".

Joe explica lo que pueden significar los sonidos:

—A las ballenas les gusta ir en grupos llamados *manadas.* Mientras están en manadas, los machos hacen

Pensemos...

Lee la primera oración. ¿Cuál es tu predicción sobre lo que se explicará? Verifícala mientras lees. **Artículo de revista**

Pensemos...

Mira las fotos y leyendas. ¿Cómo oyen los científicos los sonidos de las ballenas? **Artículo de revista**

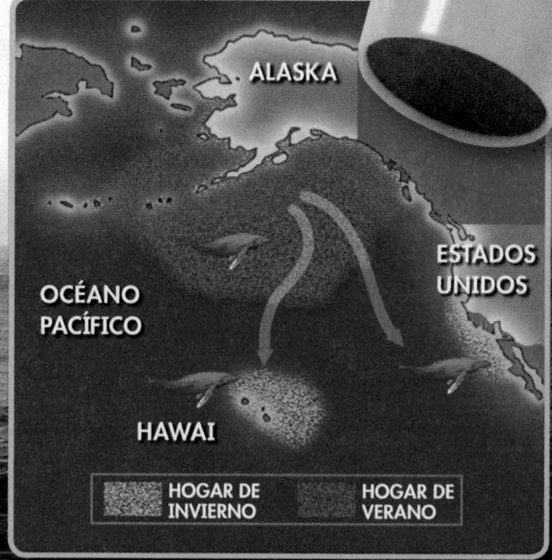

Este científico está escuchando las llamadas de las ballenas.

Estos científicos están grabando el canto de las ballenas jorobadas.

chasquidos extraños, chillan, braman y gimen. Algunos parecen estar haciendo señas a las ballenas hembras, como si les estuvieran diciendo: "¡Mira, estoy aquí!"; o quizá estén diciendo a los otros machos: "Ésta es mi compañera, así que no te acerques". Hasta ahora, nadie ha oído a las hembras o a los machos jóvenes "hablar" de esa manera.

Canciones largas

Las canciones de ballena son el tercer tipo de sonido que estudia Joe. Tal vez las hayas oído en disco. La canción de una ballena tiene partes que suenan tristes, como niños llorando, otras partes suenan como chillidos agudos, y otras como el estruendo que producen los truenos.

—Estas canciones son bellas, aunque también son *ruidosas* —dice Joe—. Suenan mucho más fuerte que los sonidos de los demás animales, más fuerte incluso que la música rock. Nuestro bote se agita cuando pasa cerca de una ballena que está cantando.

La canción de la ballena jorobada tiene partes que se repiten muchas veces. Una canción puede durar hasta treinta minutos. Después, la ballena puede repetir toda la canción. ¡A veces una ballena jorobada canta más de veinte horas sin parar!

Pensemos...

¿Qué son las manadas? ¿Cómo facilitó el autor la respuesta? **Artículo de revista**

Pensemos...

Relacionar lecturas *Una sinfonía de ballenas* y "Él escucha a las ballenas" son sobre ballenas. ¿En qué se parecen las ideas de estas selecciones? Apoya tu respuesta con evidencia de los textos.

Escribir variedad de textos Haz un diagrama de Venn para comparar y contrastar las dos selecciones.

Objetivos

• Hablar claramente e ir al punto mientras se hace contacto visual, modulando la rapidez, el volumen y la claridad en la que comunicas tus ideas. • Escuchar con atención cuando alguien habla, hacer preguntas sobre el tema del que se está hablando y comentar sobre el tema. • Utilizar las claves del contexto para determinar los significados de las palabras desconocidas o con varios significados.

CALLE DE LA LECTURA EN LÍNEA
LIBRO DEL ESTUDIANTE EN LÍNEA
www.CalledelaLectura.com

Vocabulario

Palabras poco comunes

Claves del contexto Usa claves del contexto para averiguar el significado de palabras poco comunes mientras lees. Las palabras u oraciones cerca de la palabra poco común pueden darte claves sobre su significado.

¡Practícalo! Elige tres Palabras para aprender. Lee *Una sinfonía de ballenas.* Usa las claves del contexto para determinar el significado de cada palabra. Escribe el significado que estas palabras tienen en el texto. Anota las palabras o frases que usaste como claves del contexto.

Fluidez

Ritmo

El ritmo con el que lees la selección dependerá de tus conocimientos previos y de tu interés en el tema. Cuanto más familiarizado estés con el tema y más te guste, mejor podrás leer el texto a un ritmo adecuado y con una buena comprensión.

¡Practícalo! Practica con tu compañero leyendo en voz alta la página 490 de *Una sinfonía de ballenas.* ¿Bajó el ritmo de tu lectura en algunas partes? Lee nuevamente con tu compañero. ¿Ha mejorado tu ritmo?

Escuchar y hablar

Cuando trabajes en equipo haz tus propias contribuciones.

Descripción

Cuando hagas una descripción, incluye todos los detalles sensoriales posibles (cómo se ve, se siente, huele, suena y sabe). Intenta crear una imagen en las mentes de tus oyentes.

¡Practícalo! Trabaja con tu compañero para usar información de tu libro de texto y otros sitios para describir cómo son las ballenas a la vista, al oído y al tacto. Lee tu descripción a la clase en voz alta.

Sugerencias

Al escuchar...

- presta atención y responde con preguntas y comentarios.
- imagina lo que se está describiendo.

Al hablar...

- determina cuál es tu propósito.
- habla a un ritmo adecuado y lo suficientemente alto para que se te oiga.
- usa correctamente los tiempos presente, pasado y futuro.

Trabajo en equipo...

- Haz sugerencias basadas en las ideas de los demás.

Objetivos

• Escuchar con atención cuando alguien habla, hacer preguntas sobre el tema del que se está hablando y comentar sobre el tema. • Participar en discusiones moderadas por el maestro y otros estudiantes, formular y contestar preguntas y ofrecer ideas basadas en las ideas de los demás.

Vocabulario oral

Hablemos sobre

Observar la naturaleza

- Comenta sobre cómo observan las personas la naturaleza.
- Haz preguntas sobre lo que podemos observar en ambientes distintos.
- Comenta sobre la importancia de observar la naturaleza.

CALLE DE LA LECTURA EN LÍNEA
VIDEO DE LA PREGUNTA PRINCIPAL
www.CalledelaLectura.com

¡Has aprendido
137
palabras asombrosas
este año!

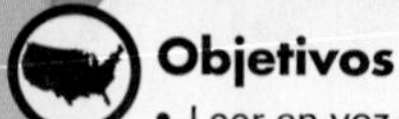

Objetivos

- Leer en voz alta palabras con prefijos comunes, por ejemplo, *-ante, -bi, -tri, -re.*

Fonética

Prefijos *ante-, bi-, tri-, re-*

Palabras que puedo combinar

anteanoche

reconstrucción

bimestre

triciclo

resecas

Oraciones que puedo leer

1. Anteanoche comenzó la reconstrucción del puente.
2. Un bimestre dura dos meses.
3. Andamos en triciclo sobre las hojas resecas.

Anteayer fui al doctor y me recomendó que usara anteojos. Fui con mi papá en bicicleta a una óptica.

La entrada del negocio era extraña, de forma triangular. El empleado nos mostró un marco tricolor, rojo, morado y blanco, pero yo preferí uno bicolor, blanco y gris.

Después de encargar los anteojos decidimos ir a darnos un recorte de pelo.

También entramos en un negocio de fotografía para ver un trípode para la cámara. Aprovechamos para comprar unas baterías recargables.

Luego nos fuimos a almorzar. ¡Fue una mañana muy ocupada!

Has aprendido

- Prefijos *ante-*, *bi-*, *tri-*, *re-*

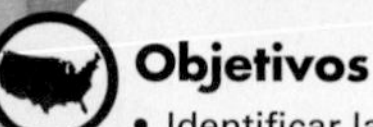

Objetivos

- Identificar las relaciones de causa y efecto entre las ideas en el texto.
- Establecer un propósito para leer un texto basado en lo que esperas aprender del texto.

¡Imagínalo!

Destreza

Estrategia

¡Imagínalo! Aprendizaje visual de estrategias

Predecir y establecer propósitos

Predecimos para determinar qué es lo próximo que va a pasar en un cuento. Las predicciones se basan en lo que ya ha sucedido. **Establecemos propósitos** para guiarnos durante la lectura.

Para predecir y establecer propósitos

- lee el título y el nombre del autor, y echa un vistazo a las fotos e ilustraciones
- determina para qué estás leyendo el texto
- aplica tus conocimientos previos para hacer predicciones
- comprueba tus predicciones y confírmalas

¡Pensemos en la lectura!

Al predecir y establecer propósitos me pregunto

- ¿Qué es lo que ya sé?
- ¿Qué pasará probablemente a continuación?
- ¿Cuál es el propósito de mi lectura?

I•22

CALLE DE LA LECTURA EN LÍNEA
ANIMACIONES DE ¡IMAGÍNALO!
www.CalledelaLectura.com

Destreza de comprensión

Causa y efecto

- Una causa indica por qué algo sucedió.
- Un efecto es lo que sucedió.
- Palabras como *porque y entonces* son pistas para descubrir una causa y su efecto.
- Usa lo que aprendiste sobre causa y efecto y el organizador gráfico al leer "Flores de invierno". Luego, escribe un párrafo sobre por qué se deben dejar las plantas dentro de la casa en invierno.

Estrategia de comprensión

Predecir y establecer propósitos

Antes de y durante la lectura, es importante pensar por qué estás leyendo. Pregúntate qué es lo que quieres averiguar. Haz predicciones sobre lo que crees que pasará. Detente y comprueba si tus predicciones son correctas.

Flores de invierno

A Margo le encantan las flores. Le recuerdan la primavera. Ahora no hay flores en su jardín porque es enero y la tierra está congelada. Margo se preguntaba cómo conseguir flores para la casa, entonces fue a la biblioteca por un libro.

Leyó el libro con atención para aprender a cultivar flores dentro de su casa. El libro tenía una lista de lo que necesitaba para su jardín interior, entonces ella fue de compras. El libro decía que las flores crecen mejor cerca de una ventana luminosa.

Entonces ella puso sus plantas en la ventana de la cocina. El libro también decía que las plantas necesitan agua. Margo puso la regadera en la cocina para acordarse de regar la plantas seguido. Miró al triste jardín congelado y a sus alegres macetas en la ventana de la cocina. Esperaba tener flores pronto.

Destreza Hay algunas palabras clave en este texto: *porque y entonces.* ¿Qué causas y efectos puedes encontrar en este párrafo?

Estrategia ¿Qué crees que hará Margo después de leer el libro?

¡Es tu turno!

¿Necesitas repasar?
Mira el manual *¡Imagínalo!* para obtener ayuda sobre causa y efecto y predecir y establecer propósitos.

¡Inténtalo!
Mientras lees *Junto a un cacto*, usa lo que aprendiste sobre causa y efecto y predecir y establecer propósitos.

Objetivos

- Comprender el significado de los prefijos y sufijos comunes y comprender cómo afectan a la raíz de la palabra.

¡Imagínalo! Palabras para aprender

rocoso

venenosas

sobrevivientes

majestuoso
noble
tema
fijamente
invisibles

CALLE DE LA LECTURA EN LÍNEA
ACTIVIDADES DE VOCABULARIO
www.CalledelaLectura.com

Estrategia de vocabulario para

Prefijos y sufijos

Estructura de las palabras Cuando encuentras una palabra desconocida, mírala con atención. ¿Tiene un prefijo o un sufijo? El prefijo *in–* significa "no ___" u "opuesto de ___". Por ejemplo, *insoportable* significa "que no se puede soportar". El sufijo *–oso* generalmente significa "que tiene ___".

1. ¿Alguna de las Palabras para aprender tiene un prefijo o un sufijo? Pon el dedo en el prefijo o sufijo.
2. Busca la base de la palabra. ¿Sabes lo que significa?
3. Usa el prefijo o el sufijo para deducir el significado de la palabra entera.
4. Prueba el significado en la oración. ¿Tiene sentido?

Lee "El Valle de la Muerte" en la página 509. Busca palabras con prefijos o sufijos. Úsalos para hallar el significado de las palabras.

Palabras para escribir Vuelve a leer "El Valle de la Muerte". Escribe un párrafo sobre la vida en el desierto. Usa la lista de Palabras para aprender.

El Valle de la Muerte

¿Alguna vez has visitado un desierto? Es un lugar increíble. A algunas personas les encanta recorrer el Parque Nacional del Valle de la Muerte en la primavera.

Los visitantes deben asegurarse de ir bien equipados. Tienen que usar ropa fresca y suelta. Es importante usar buenas botas para poder caminar en el terreno rocoso, y sobre todo agua, para poder visitar a los sobrevivientes en este árido pero noble territorio.

Probablemente sea mejor ir con un guía. Los guías saben mucho sobre el tema de la vida en el desierto. Los guarda parques llevan a grupos de viajeros a admirar insuperables vistas del desierto invisibles si no eres un experto.

Los viajeros querrán buscar animales poco vistos entre los cactos y las dunas. ¿Encontrarán víboras venenosas? Tal vez distingan un coyote o un gato montés si se mantienen callados y miran fijamente el tiempo suficiente. También hay impensables objetos hechos por la mano del hombre. Un majestuoso termómetro cerca de Baker, California, mide 135 pies.

Si decides viajar al desierto, prepárate. Verás un lugar incomparable.

¡Es tu turno!

¿Necesitas repasar? Para obtener ayuda adicional sobre cómo usar la estructura de las palabras para hallar los significados de las palabras con prefijos y sufijos, mira la sección *¡Palabras!* en las páginas P•5 y P•7.

¡Inténtalo! Lee *Junto a un cacto: Lechuzas, murciélagos y ratas canguro* en las páginas 510 a 527.

JUNTO A UN CACTO

Lechuzas, murciélagos y ratas canguro

por Anthony D. Fredericks
ilustrado por Jennifer DiRubbio

Género

La **no ficción narrativa** trata sobre hechos reales utilizando elementos de los cuentos. Al leer, piensa cómo se presentan los hechos en la selección.

Pregunta de la semana
¿Qué podemos observar en distintos ambientes?

Mi estimado aventurero bípedo:

¡Bienvenido a mi caluroso y rocoso hogar! Quizá pienses que éste es un lugar sin vida y aburrido, pero no lo es. En realidad, cuanto más uno aprende sobre el desierto, más fascinante resulta ser. Creo que el desierto es un tema en el que te puedes adentrar con confianza. ¿Me entiendes?

El desierto está lleno de asombrosos animales y plantas increíbles. Algunos somos buenos amigos, otros no. Pero eso no importa, pues todos hemos aprendido a adaptarnos a un ambiente muy especial. Eso significa que somos capaces de sobrevivir y reproducirnos aquí. Y significa también que tenemos muchos vecinos a los que les gusta vivir en el mismo lugar. Algunos de los vecinos pueden ser peligrosos, como yo. Y otros, como el murciélago, pueden pasarse la noche entera con el hocico metido en las flores. Todos tenemos algo especial.

Muchos de nosotros vivimos en cactos saguaros o cerca de ellos, ¡aunque te parezca un sitio demasiado espinoso! Unos viven en un majestuoso apartamento en las alturas. Otros se esconden entre las rocas del suelo. Y algunos viven bajo tierra, donde siempre está fresco.

Espero que disfrutes la visita a nuestro increíble hogar. Somos unos vecinos un tanto raros: algunos volamos, otros nos arrastramos, algunos saltamos y hasta hay unos que bailan a la luz de la luna. Observa este lugar, ¡pero fíjate siempre dónde pones el pie!

Cordialmente,

S.C.

(Serpiente Cascabel de Texas)

Aquí ves el gran desierto salvaje,
el sol baña su hermoso paisaje
de dunas cambiantes y duras rocas,
y cornisas donde la hierba brota,
donde el cacto gigante es un hogar
en medio del desierto donde está.

Éste es el cacto.

Un niño miró asombrado
el cacto inmenso, espinoso,
con los brazos levantados.
—¿Quién vive en este lugar
tan árido y desolado?
—preguntó mientras el viento
soplaba por todos lados.

Observaba al gigante **fijamente**
sin ver las **invisibles** criaturas,
y pensó que allí nada existiría.
No los vio salir en la noche oscura.

La rata canguro hizo madriguera
(donde su cría vive y espera)
junto al cacto gigante que es su hogar
en la tierra sin agua donde están.

La lechucita de vista refina
caza de noche y duerme de día,
y vive sobre el nido del vecino
(el nido es donde cuida a sus crías)
junto al cacto gigante que es su hogar
en la tierra sin agua donde están.

Un murciélago hocicudo hacia su torre
vuela esparciendo el polen de las flores,
la lechucita de vista refina
caza de noche y duerme de día,
y vive sobre el nido del vecino
(el nido es donde cuida a sus crías)
junto al cacto gigante que es su hogar
en la tierra sin agua donde están.

La serpiente cascabel de fieros dientes
por el suelo se desliza muy paciente.
El murciélago hocicudo hacia su torre
vuela esparciendo el polen de las flores,
la lechucita de vista refina
caza de noche y duerme de día,
y vive sobre el nido del vecino
(el nido es donde cuida a sus crías)
junto al cacto gigante que es su hogar
en la tierra sin agua donde están.

Escorpiones de colas venenosas
danzan por la arena más rocosa,
la serpiente cascabel de fieros dientes
por el suelo se desliza muy paciente.
El murciélago hocicudo hacia su torre
vuela esparciendo el polen de las flores,
la lechucita de vista refina
caza de noche y duerme de día,
y vive sobre el nido del vecino
(el nido es donde cuida a sus crías)
junto al cacto gigante que es su hogar
en la tierra sin agua donde están.

Los zorros ahora limpian con cuidado
su hermosa piel y observan alarmados
los escorpiones de colas venenosas
que danzan por la arena más rocosa,
la serpiente cascabel de fieros dientes
por el suelo se desliza muy paciente.
El murciélago hocicudo hacia su torre
vuela esparciendo el polen de las flores,
la lechucita de vista refina
caza de noche y duerme de día,
y vive sobre el nido del vecino
(el nido es donde cuida a sus crías)
junto al cacto gigante que es su hogar
en la tierra sin agua donde están.

Cerca de allí un mortal monstruo de Gila
sale de un hoyo en busca de comida
mientras los zorros limpian con cuidado
su hermosa piel y observan alarmados
los escorpiones de colas venenosas
que danzan por la arena más rocosa,
la serpiente cascabel de fieros dientes
por el suelo se desliza muy paciente.
El murciélago hocicudo hacia su torre
vuela esparciendo el polen de las flores,
la lechucita de vista refina
caza de noche y duerme de día,
y vive sobre el nido del vecino
(el nido es donde cuida a sus crías)
junto al cacto gigante que es su hogar
en la tierra sin agua donde están.

En este mundo de sobrevivientes
el noble cacto es su hogar, pues siempre
esta planta espinosa, grande y buena
los salva del calor de las arenas.

Notas:

Todos los animales que se describen en este libro viven en el Desierto de Sonora, que se encuentra en el suroeste de los Estados Unidos y México. Las especies que se ilustran son todas nocturnas: duermen de día y salen de noche, cuando hace menos calor, a cazar y alimentarse. Todas estas criaturas viven generalmente en cactos saguaros o cerca de ellos.

Cacto saguaro

El cacto saguaro crece en el Desierto de Sonora. El saguaro provee alimento, refugio y humedad a una gran variedad de animales del desierto. Crece muy bien en áreas de suelo rocoso. Necesita muy poca agua y puede sobrevivir hasta dos años sin lluvia. Increíblemente, entre el 75 y el 90 por ciento del peso del cacto proviene del agua que contiene.

Dato sorprendente:
Los saguaros pueden alcanzar hasta 56 pies de altura, pesar tanto como un elefante africano y vivir más de 200 años.

Rata canguro

Se le da ese nombre porque se desplaza dando saltos como los canguros. Las ratas adultas miden entre 9 y 14 pulgadas de largo (contando la cola) y generalmente son de color pálido bronceado, cremoso o blancuzco. Las patas traseras son grandes, con las plantas cubiertas de pelos, que la ayudan a saltar sobre la suave arena del desierto. Vive en madrigueras subterráneas que tienen forma de U. Se alimenta de semillas de diversas plantas que recolecta durante la noche. Vive menos de cinco años.

Dato sorprendente:
Las ratas canguro tienen una capacidad tan grande para convertir las semillas que comen en agua, que no necesitan otras fuentes de agua.

Tecolote enano

El tecolote enano es una pequeña lechuza que vive en nidos abandonados de pájaros carpinteros de Gila. Esos nidos están a una altura de entre 15 y 35 pies. Gracias a la humedad acumulada en el cacto y a las gruesas paredes de los nidos, el tecolote enano está fresco aun cuando el aire alcanza temperaturas de más de 100 grados.

El tecolote enano es un ave diminuta de cabeza redonda y ojos amarillos, pico amarillo verdoso y cejas blancas. Se alimenta de insectos, arañas y animales pequeños como lagartos y ciempiés. Emite un silbido muy agudo que lo identifica.

Dato sorprendente:
El tecolote enano es la lechuza más pequeña del mundo. De adultos miden sólo cinco pulgadas de longitud y pesan una onza y media.

Murciélago hocicudo pequeño

Este animal se pasa el día descansando en las cuevas y sale de noche a buscar comida. Sus ojos le permiten ver mejor de noche. Juega un papel muy importante en la vida del saguaro. Cuando el saguaro florece en mayo, el murciélago hocicudo sorbe el néctar de sus flores. Al beberlo, el polen se adhiere a su cara, y el murciélago lo lleva así a otras flores. Es una de las maneras en que ocurre la polinización del cacto saguaro.

Serpiente cascabel

La serpiente de cascabel pertenece a un grupo de serpientes venenosas conocidas como crótalos. Estas serpientes tienen pequeños huecos a ambos lados de la cabeza que usan como detectores de temperatura para localizar sus presas en la oscuridad. El cascabel que tienen en el extremo de la cola está formado por anillos entrelazados de piel seca y callosa. Nunca lo hacen sonar cuando están cazando, pues su presa lo escucharía y escaparía. Lo hacen sonar para anunciar su presencia, para amenazar a los intrusos del peligro y hacer que se alejen. Producen su potente veneno en unas glándulas que tienen detrás de los ojos. Cuando muerden, clavan sus colmillos y los sacan de la carne de su víctima en menos de un segundo. El veneno penetra en la presa a través de ambos colmillos. Pueden alimentarse de animales pequeños de sangre caliente como roedores y conejos, aves y lagartos.

Dato sorprendente:
Cuando no está usando sus colmillos, la serpiente de cascabel los mantiene dentro de la boca.

Escorpiones

Existen más de 1,300 especies de escorpiones en todo el mundo. Aunque algunas especies pueden tener hasta doce ojos, los escorpiones tienen una vista muy débil. Tienen unos sensores en su abdomen con los que pueden detectar los rastros químicos de su propia especie. Además, para localizar a sus presas usan el sentido del tacto. Generalmente, los escorpiones se desplazan con las tenazas abiertas hasta chocar con una araña sabrosa o un insecto que les pueda servir de alimento. ¡Sólo entonces atrapan a su víctima!

Dato sorprendente:
El aguijón del escorpión es un tubo conectado a una glándula que se encuentra al final de la cola.

Zorro del desierto

El zorro del desierto vive en las regiones desérticas de Norteamérica. Los adultos tienen cuerpo delgado, cráneo estrecho, hocico largo y cola alargada y peluda. Su color pálido lo hace prácticamente invisible cuando se desplaza sobre la arena blancuzca del desierto. Tiene las plantas de las patas cubiertas de pelo, lo que lo ayuda a andar sobre la arena. Tienen unas orejas grandes que se mantienen paradas. Cuando la brisa del desierto sopla, la sangre que está adentro de las orejas se refresca. Cuando la sangre circula, refresca el resto del cuerpo del zorro. Se alimenta de roedores, ardillas, conejos, insectos y aves. Puede correr a una velocidad de hasta 25 millas por hora.

Monstruo de Gila

El monstruo de Gila tiene el cuerpo cubierto de lunares o manchas negras, anaranjadas, rosadas o amarillas. En la espalda tiene pequeñas escamas en forma de cuentas. Este lagarto se alimenta de huevos, lagartos, aves y ratones. El animal adulto puede medir hasta 18 pulgadas de largo. Prefiere vivir en las áreas rocosas del desierto, oculto bajo los salientes de las rocas. Su mordida es venenosa, sin embargo, no ataca a los seres humanos.

Dato sorprendente:
El monstruo de Gila y el escorpión del monte mojino son los dos únicos lagartos venenosos del mundo.

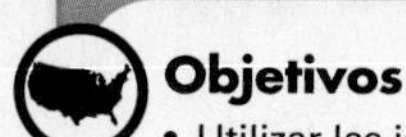

Objetivos

• Utilizar las ideas que adquieres de diferentes partes del texto para hacer predicciones. • Identificar las relaciones de causa y efecto entre las ideas en el texto.

¡Imagínalo! | **Volver a contar**

CALLE DE LA LECTURA EN LÍNEA
ORDENACUENTOS
www.CalledelaLectura.com

Piensa críticamente

1. Has aprendido lo que es para varios animales vivir en una tierra caliente y seca. ¿Cómo crees que sería si tu familia y tú tuvieran que vivir en un desierto? **El texto y tú**

2. En la página 514, el autor escribe: "El cacto inmenso, espinoso, con los brazos levantados". ¿Cómo usa palabras para formar la imagen de un cacto? **Pensar como un autor**

3. Según las notas al final de la lectura, ¿por qué la rata canguro no necesita tomar agua? **Causa y efecto**

4. ¿Qué querías aprender sobre los cactos y los animales del desierto? ¿Hiciste algunas predicciones sobre el comportamiento de los animales? ¿Las Notas al final de la selección te ayudaron a aclarar tus predicciones? ¿Fueron correctas tus predicciones? **Predecir y establecer propósitos**

5. Vuelve a mirar la página 521. ¿Qué animales te parecen peligrosos? Da evidencia que apoye tu respuesta.

PRÁCTICA PARA EL EXAMEN **Respuesta desarrollada**

Conoce al autor y a la ilustradora

Anthony D. Fredericks y Jennifer DiRubbio

Anthony D. Fredericks fue maestro y especialista en lectura. Ahora es autor de más de 20 libros para niños. La mayoría de sus libros son sobre ciencias y sobre la naturaleza. El Sr. Fredericks y su esposa viven en una ladera montañosa en Pennsylvania, ¡con varios animalejos!

Jennifer DiRubbio es una ilustradora del mundo silvestre y participa activamente en la conservación de especies en peligro de extinción.

Anthony y Jennifer han trabajado juntos en una serie de libros sobre la exploración de varios hábitats naturales: *Under One Rock (Bajo una roca), In One Tidepool (En una marisma)* y *Around One Cactus (Junto a un cacto).*

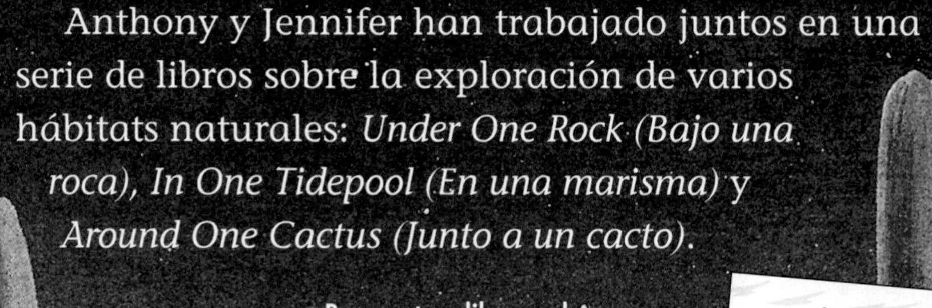

Busca otros libros sobre otros hábitats.

Registro de lecturas

Usa el Registro de lecturas del *Cuaderno de lectores y escritores* para registrar tu lectura independiente.

Objetivos
• Establecer una idea principal en una oración principal. • Incluir oraciones que apoyen tus ideas con hechos sencillos, detalles y explicaciones. • Escribir ensayos con un final claro.

¡Escribamos!

Aspectos principales de un texto expositivo

- puede mostrar en qué se parecen y en qué se diferencian dos cosas
- incluye hechos, detalles y explicaciones de apoyo
- termina con una oración o párrafo de conclusión

CALLE DE LA LECTURA EN LÍNEA
GRAMATIRITMOS
www.CalledelaLectura.com

Texto expositivo

Un **texto expositivo** para comparar y contrastar es un texto de no ficción que muestra en qué se parecen y en qué se diferencian dos o más personas, cosas o ideas. El modelo del estudiante en la próxima página es un ejemplo de una composición para comparar y contrastar.

Instrucciones Escribe una composición que compare y contraste dos animales.

Lista del escritor

Recuerda que debes...

- ✓ asegurarte de que tu idea central esté en la oración principal.
- ✓ explicar en qué se parecen y en qué se diferencian los animales, utilizando hechos, detalles y explicaciones de apoyo.
- ✓ terminar con una conclusión.
- ✓ utilizar los verbos irregulares correctamente.

Modelo del estudiante

El escorpión y el monstruo de Gila

El escorpión y el monstruo de Gila **son** dos animales diferentes que tienen algunas similitudes. Por ejemplo, ambos viven en el desierto. Los dos animales tienen aspecto amenazante pero de maneras diferentes. Algunos escorpiones asustan porque **tienen** doce ojos. El monstruo de Gila asusta porque tiene escamas y su cuerpo **está** manchado de puntos negros, anaranjados, rosados o amarillos.

Cada uno le hace daño a su presa de una manera distinta. El escorpión usa sus tenazas o su aguijón para capturar su presa y le gusta comer arañas e insectos. El monstruo de Gila **tiene** una mordedura venenosa y le gusta comer huevos y lagartijas. Estos dos animales son de tamaños muy diferentes. El escorpión más pequeño mide apenas dos décimas de pulgada, mientras que el más largo mide más de ocho pulgadas. En cambio, un monstruo de Gila **puede** crecer hasta 18 pulgadas. Aun con todas sus diferencias, estos dos animales aprovechan sus características propias para sobrevivir en el calor del desierto rocoso.

Característica de la escritura: Lenguaje: Las palabras como *diferente* y *ambos* sirven para comparar y contrastar.

Género: Una **composición para comparar y contrastar** muestra en qué se parecen y en qué se diferencian las cosas.

Los **verbos irregulares** están usados correctamente.

Normas

Verbos irregulares

Recuerda Los verbos regulares llevan terminaciones simples cuando se conjugan en pasado. Ejemplo: *salta/saltó.* Los **verbos irregulares** cambian de otras maneras. Unos ejemplos son: *tiene/tuvo, son/fueron, es/fue, puede/pudo.*

Objetivos

- Localizar y utilizar información siguiendo y explicando una serie de instrucciones escritas, en varios pasos.
- Comparar cómo se utilizan diferentes estilos de escritura para diferente tipo de información en Internet.

Destrezas del siglo XXI
EXPERTO EN INTERNET

Cuando uses un buscador de la Internet, usa comillas. Si buscas "capital de Minnesota" saldrán aquellos artículos que tengan esas tres palabras juntas. Si buscas capital de Minnesota, sin comillas, saldrán todas las páginas que tengan cualquiera de esas palabras. ¿Cuál es mejor?

- Los buscadores de Internet te ayudan a encontrar sitios Web al escribir palabras clave en el campo de búsqueda. Haz clic en Buscar para ver los resultados. Cada artículo en la lista es un enlace a otro sitio Web que tiene tu palabra clave.
- Lee "Por qué conservar el agua". Compara la forma en que aparece la información en un buscador de Internet, con la forma en que se presenta en un sitio Web o en un artículo de información de Internet.

Por qué conservar el AGUA

Todos tenemos la responsabilidad de cuidar del medio ambiente. Hay muchas cosas que podemos hacer para ayudar: no tirar basura, reciclar todo lo que podamos y, también, usar la menor cantidad de agua posible.

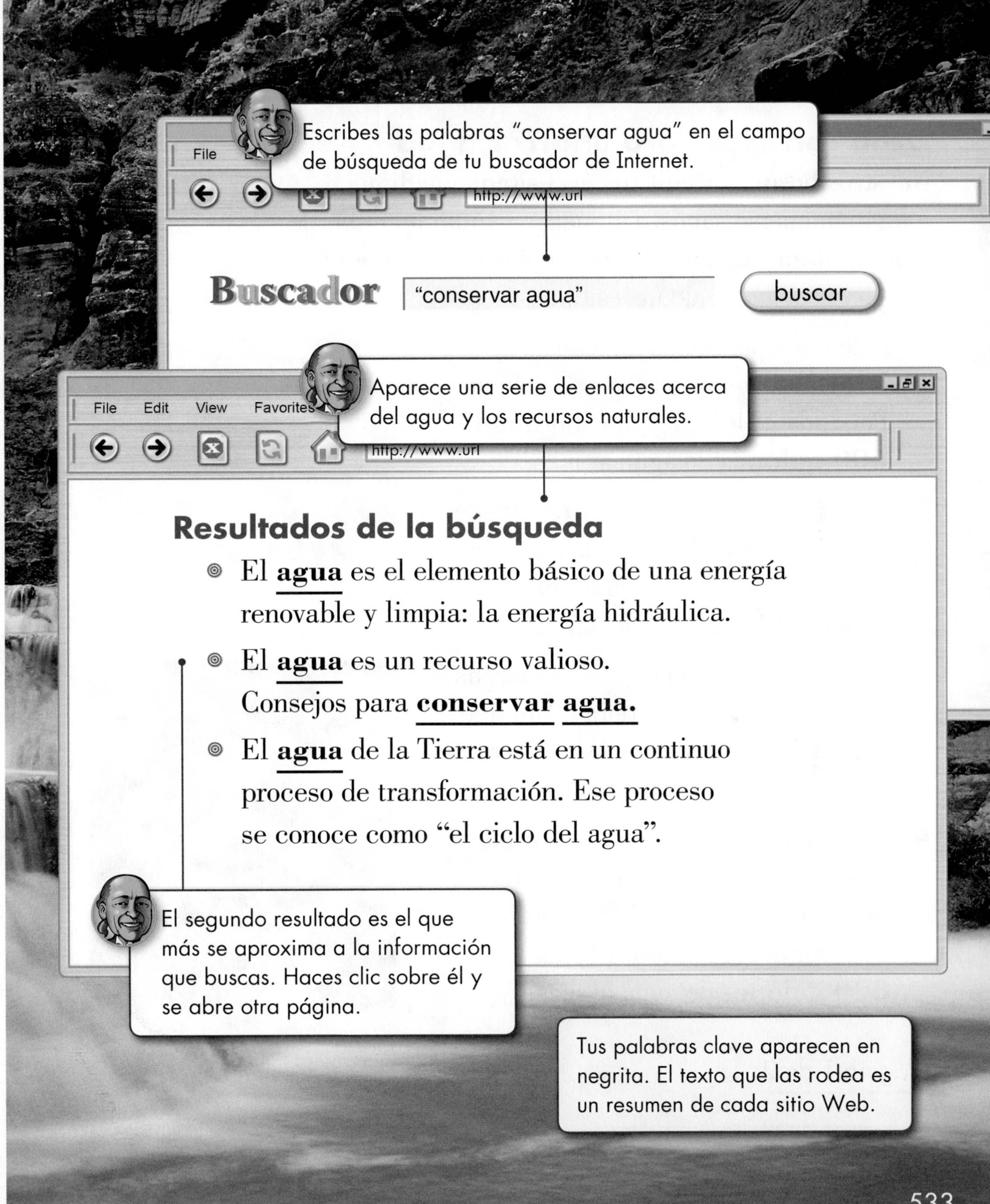
Escribes las palabras "conservar agua" en el campo de búsqueda de tu buscador de Internet.
File
http://www.url
Buscador
"conservar agua"
buscar
Aparece una serie de enlaces acerca del agua y los recursos naturales.
File Edit View Favorites
http://www.url
Resultados de la búsqueda
El agua es el elemento básico de una energía renovable y limpia: la energía hidráulica.
El agua es un recurso valioso. Consejos para conservar agua.
El agua de la Tierra está en un continuo proceso de transformación. Ese proceso se conoce como "el ciclo del agua".
El segundo resultado es el que más se aproxima a la información que buscas. Haces clic sobre él y se abre otra página.
Tus palabras clave aparecen en negrita. El texto que las rodea es un resumen de cada sitio Web.

File Edit View Favorites Tools Help

http://www.url

Al hacer clic en el enlace, podrías ver lo siguiente.

Ocho consejos para ahorrar agua

Nuestros bosques y cultivos necesitan agua limpia para mantenerse sanos. Tú puedes ayudar a cuidar de la naturaleza siguiendo estos simples consejos para conservar el agua que necesitamos.

1. Pide a tus padres que hagan arreglar todos los grifos que goteen. Por cada grifo arreglado ahorrarán **600 galones** de agua al mes.
2. Pide a tus padres que no tiren aceite de cocinar por el desagüe. Tan sólo un cuarto de aceite contamina… ¡**250,000 galones** de agua!

3. Sugiéreles que no pongan en marcha el lavaplatos o la lavadora hasta que estén totalmente llenos. Así ahorrarán hasta **1,000 galones** de agua al mes.
4. Pregunta a tus padres si es posible regular la salida de agua de la ducha que tienen en casa. Si fuera así, podrían llegar a ahorrar hasta **800 galones** de agua al mes.

Página 1 de 2 Siguiente ▶

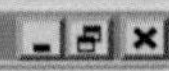

Observa las normas y el tipo de lenguaje usado en los buscadores de Internet y fíjate en qué se parecen y en qué se diferencian de las que aparecen en artículos de Internet y páginas web.

5. Cierra el grifo mientras te lavas los dientes. Así ahorrarás **90 galones** de agua al mes.

6. Cuando laves platos, usa la menor cantidad de jabón posible. Así tendrás que usar menos agua para enjuagarlos y ahorrarás hasta **150 galones** de agua al mes.

7. Mientras esperas que salga agua caliente del grifo o de la ducha, recoge el agua fría que sale y úsala para regar las plantas. Así ahorrarás hasta **300 galones** de agua al mes.

8. No juegues con la manguera en el jardín. Cuando lo haces derrochas **10 galones** de agua por minuto.

Página 2 de 2

Si quieres repasar la primera página del artículo, puedes hacerlo oprimiendo la flecha.

◀ Anterior

Explica a un amigo cómo usar un buscador de Internet.

para más práctica

Busca en línea

www.CalledelaLectura.com

Usa un buscador de Internet para buscar información sobre cómo conservar agua.

Destrezas del siglo XXI
Actividad en línea

Conéctate y sigue los pasos para usar un buscador de Internet y hallar más información sobre cómo y por qué debemos conservar el agua.

Objetivos

• Escuchar con atención cuando alguien habla, hacer preguntas sobre el tema del que se está hablando y comentar sobre el tema. • Comprender el significado de los prefijos y sufijos comunes y comprender cómo afectan a la raíz de la palabra. • Leer en voz alta y comprender el texto adecuado al nivel del grado. • Hablar claramente e ir al punto mientras se hace contacto visual, modulando la rapidez, el volumen y la claridad en la que comunicas tus ideas.

CALLE DE LA LECTURA EN LÍNEA
LIBRO DEL ESTUDIANTE EN LÍNEA
www.CalledelaLectura.com

Vocabulario

Prefijos y sufijos

Estructura de las palabras Cuando te encuentres con una palabra desconocida, fíjate si tiene un prefijo o un sufijo unido a la raíz. Un prefijo es la parte de la palabra que va delante de la raíz. Un sufijo es la parte de la palabra que va detrás de la raíz. Si sabes el significado de la raíz y del prefijo o sufijo, puedes averiguar el significado de la palabra.

¡Practícalo! Elige dos palabras de *Junto a un cacto* que tengan un prefijo o un sufijo. Escribe el significado de la raíz, del sufijo o prefijo y de la palabra completa. Luego escribe oraciones que contengan las palabras completas o tan solo la raíz.

Fluidez

Expresión

Al leer en voz alta puedes usar cambios de entonación y de volumen para dar énfasis y expresar emociones. Esto hará que el cuento sea más interesante y que los personajes cobren vida.

¡Practícalo! Lee en voz alta la página 512 de *Junto a un cacto*. ¿Cómo usarías la expresión para que el texto fuera más interesante?

Escuchar y hablar

Enuncia tus ideas con claridad y de manera ordenada.

Informe oral

En un informe oral se habla sobre un tema determinado en público. El propósito es informar sobre un tema determinado.

¡Practícalo! Prepara una presentación sobre uno de los animales de *Junto a un cacto*. Piensa en una pregunta sobre el animal y luego investiga las respuestas. Presenta ante la clase un informe oral sobre ese animal.

Sugerencias

Al escuchar...

- mira al hablante.
- repite las ideas del hablante.
- haz preguntas y comentarios sobre el tema.

Al hablar...

- habla alto, claramente y a un buen ritmo.
- ordena tus ideas.

Trabajo en equipo...

- Formula y responde preguntas detalladamente.

Objetivos

• Describir diferentes tipos de poesía y cómo crean imágenes mentales en el lector. • Identificar el lenguaje que crea las imágenes visuales en la mente del lector y que atraen a los sentidos. • Utilizar tus conocimientos previos y los detalles del texto para hacer inferencia sobre el texto y apoyar tus inferencias con evidencia del texto.

Poesía

- Los **poemas líricos** a menudo expresan emociones intensas o describen la naturaleza en pocas palabras, pero con mucha imaginación. Por lo general, se concentran en un solo tema.
- Los poemas líricos usan con frecuencia la **rima** y la **cadencia,** o un **ritmo** que se repite.
- Los **poemas de verso libre** también pueden expresar emociones intensas, pero no tienen **ritmo** ni **rima** fijos. En algunos poemas de verso libre las líneas no comienzan con mayúscula.
- Los poemas usan **imágenes,** es decir, un lenguaje sensorial, y comparaciones, para ayudar a los lectores a ver, oír, sentir, gustar u oler las cosas que menciona.

La plantita

por Emma Pérez

Planté una semilla,
me puse a esperar.
Primer día: nada;
segundo: aguardar;
tercero: tristeza;
cuarto: suspirar;
quinto: todavía;
sexto: ¿llegará?;
séptimo: ¡ya llega!;
octavo: aquí está.

Un tallito verde
en el aire ha
mecido un saludo
de ternura impar.

Se acerca mi madre.
Me viene a besar
y a decirme: —¿Ves
qué dulce es sembrar?
Todo lo que esperes
te saludará.

Yo quiero volar al cielo

por Carmen Martín Anguita

Yo quiero volar al cielo
y ver la tierra chiquita,
a cuadritos remendados
verdes, ocres y morados.

Y quiero bajar al mar
a ver la fauna marina;
jugar con los calamares,
los meros y las sardinas.

Pensemos...

¿Por qué dirías que "Yo quiero volar al cielo" es un **poema lírico**?

Pensemos...

¿Hay palabras que **riman** en el poema?

Pensemos...

¿Qué **imágenes** hay en el poema?

Balada del fondo

por Yolanda Reyes

Para Isi, en profundo silencio

Pensemos...

¿Qué palabras te ayudan a crearte una **imagen** del fondo del mar?

No hay silencio profundo
en el fondo del mar
las criaturas marinas
parlotean sin cesar.

Imagina una selva
con su ruido animal,
imagínate el caos...
de una inmensa ciudad.

Pensemos...

¿A qué sentidos se refieren las **imágenes**?

Y los peces pequeños
y el feroz tiburón
y los pulpos gigantes,
todos tienen su voz.

del mar

Hay medusas, cangrejos,
hay estrellas de mar,
y hay delfines rosados
que no paran de hablar.

Se oyen gritos, gemidos,
se oye el agua vibrar,
se oye el viento silbando
y la tierra al girar.

Pensemos...

¿Crees que es éste un poema **lírico**? ¿Por qué?

Pensemos...

¿Crees que este poema tenga **ritmo**? ¿Que palabras se repiten?

Cómo usar este glosario

Este glosario te ayuda a entender el significado de algunas de las palabras que aparecen en este libro. Las palabras están ordenadas alfabéticamente. Como ayuda para buscar una palabra, fíjate en la parte superior de cada página, donde hay dos palabras guía: la primera y la última de esa página. Recuerda que, si no encuentras la palabra que buscas, puedes pedir ayuda o buscarla en un diccionario.

La palabra que se define aparece en negrita y dividida en sílabas.

Luego aparece la función que esa palabra tiene en la oración.

a•ce•le•ró VERBO. Aumentó la velocidad. *Jorge aceleró el paso para llegar temprano a la escuela.*

es•plén•di•do/a ADJETIVO. Muy bueno; excelente. *Fuimos a comer a un restaurante espléndido.*

La definición y el ejemplo muestran lo que significa la palabra y cómo se usa. A veces aparecen sinónimos de la palabra definida para ayudarte a comprender mejor su significado. Además, te sirven para enriquecer tu vocabulario.

A a

a•ba•jo ADVERBIO. Hacia un lugar o parte inferior. *Las fresas que quedaron abajo están más aplastadas.*

a•be•tos SUSTANTIVO. Árbol similar al pino, de madera blanca. *Mi hermanita y yo jugábamos junto a los abetos.*

a•do•ra•ble ADJETIVO. Que merece ser querido por su cualidades infantiles e inocentes. *El bebé koala es adorable.*

a•le•tas SUSTANTIVO. Extremidades que utilizan para nadar algunos animales como los peces, las focas y los pingüinos. *Tras un rápido movimiento de sus aletas el pingüino desapareció en el mar.*

aletas

a•li•ca•í•do/a *ADJETIVO.* Decepcionado, desilusionado, triste. *Lo noté alicaído después del examen.*

a•pa•re•jos *SUSTANTIVO.* Equipo o ropa necesarios para realizar una actividad. *Entre los aparejos para acampar llevaban sacos de dormir y linternas.*

aparejos

a•pre•tu•ja•do/a *ADJETIVO.* Muy apretado o que se encuentra en un lugar demasiado estrecho. *Vimos la película todos apretujados en el sofá.*

á•re•a *SUSTANTIVO.* Zona, espacio o superficie dentro de unos límites. *La alfombra cubre un área grande.*

a•rras•tró *VERBO.* Movió o llevó a alguien o algo tirando de él o de ello. *La corriente arrastró a los peces lejos de la costa.*

a•rri•ba *ADVERBIO.* En lo alto o hacia lo que está más alto; en la parte superior. *Estas fotos fueron tomadas desde arriba.*

ar•ti•fi•cial *ADJETIVO.* Que no es natural. *El pelo de esta muñeca es artificial, no es natural.*

a•sen•ta•mien•tos *SUSTANTIVO.* Establecimientos o lugares donde alguien o algo se instala o se aloja. *Los asentamientos de los primeros colonos ingleses en Norteamérica fueron en Jamestown.*

a•tó•ni•to/a *ADJETIVO.* Asombrado, pasmado. *Su disfraz de cocodrilo me dejó atónito.*

atónito

baba • colonia

B b

ba•ba SUSTANTIVO. Líquido viscoso. *El caracol se desliza por su baba.*

ba•hí•a SUSTANTIVO. Parte de un mar parcialmente rodeado de tierra. *La bahía Chesapeake está entre Virginia y Maryland.*

C c

ca•nal SUSTANTIVO. Paso entre dos mares; cauce artificial o natural de agua. *El canal de Panamá comunica dos océanos.*

car•pa SUSTANTIVO. Puesto de mercadillo. *Llegaron al mercado y montaron sus carpas.*

car•pin•te•ro/a SUSTANTIVO. Persona que fabrica o repara cosas hechas de madera. *El carpintero arregló la tapa del piano.*

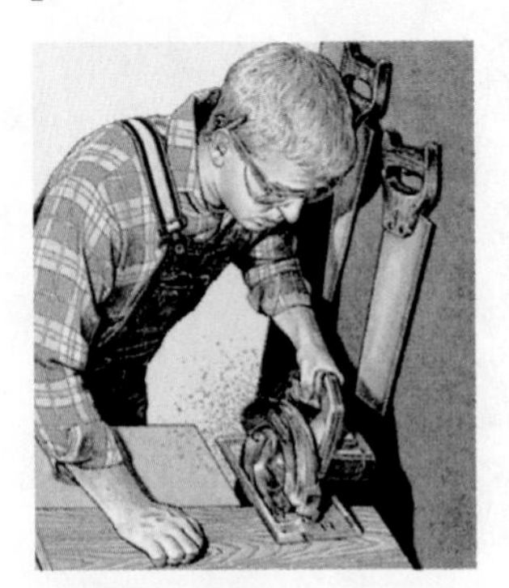

carpintero

cas•ca•rón SUSTANTIVO. Cáscara de huevo de cualquier ave. *El pollito salió del cascarón anoche.*

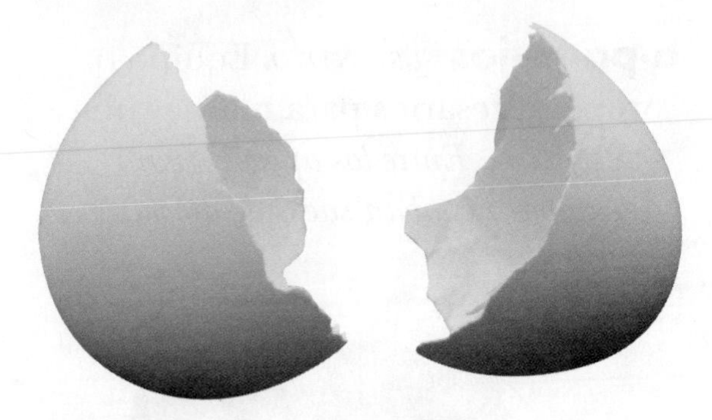

cascarón

ca•za•do•res/as ADJETIVO. Persona o animal que persigue y mata animales para alimentarse. *Las águilas son aves cazadoras.*

ce•pi•lla VERBO. Que se alisa o arregla las plumas con el pico. *La gaviota se cepilló las alas.*

cli•ma SUSTANTIVO. Temperatura y otras condiciones atmosféricas de una región. *El clima de México en verano es caluroso y seco.*

co•lo•nia SUSTANTIVO. Grupo de animales o plantas del mismo tipo que viven juntos en una pequeña zona. *En la Patagonia hay muchas colonias de focas.*

com•pa•si•vo/a ADJETIVO. Que siente lástima por quienes sufren una desgracia. *El enfermero fue muy compasivo con los heridos del terremoto.*

con•ge•la•do/a ADJETIVO. Convertido en hielo. *Hoy el lago amaneció congelado.*

congelado

con•ser•van•te SUSTANTIVO. Sustancia que se añade para que los productos no se echen a perder. *Los productos envasados generalmente contienen conservantes.*

cuer•nos SUSTANTIVO. Partes duras a cada lado de la cabeza de algunos animales como los ciervos. *Encontré unos cuernos de ciervo en el parque.*

cuernos

cul•ti•var VERBO. Cuidar la tierra y las plantas para que den frutos. *Temprano en la mañana el campesino sale a cultivar el maíz al campo.*

D d

de•par•ta•men•tos SUSTANTIVO. Partes en las que se divide una cosa; sección; provincia. *Las grandes tiendas suelen tener muchos departamentos.*

des•en•vol•ví•a VERBO. Quitaba la envoltura. *Alicia desenvolvió su regalo de cumpleaños.*

de•ter•mi•na•ción SUSTANTIVO. Hacer algo con voluntad o valentía. *Isabel enfrenta los problemas con determinación.*

E e

e•co•sis•te•mas SUSTANTIVO. Comunidades de seres vivos que se desarrollan en un mismo ambiente. *El ecosistema tropical de Costa Rica tiene una fauna muy rica.*

en•ga•ñas•te VERBO. Hiciste trampa, mentiste. *Me engañaste cuando me dijiste que no irías a la fiesta.*

es•cá•ner SUSTANTIVO. Aparato usado en ciertas tiendas para controlar e indicar los precios. *El escáner mostró el precio del chocolate.*

es•pa•cio SUSTANTIVO. Lugar o parte ocupada por un objeto. *En mi cuarto no hay mucho espacio para jugar.*

es•pe•ran•za SUSTANTIVO. Confianza en que algo ocurrirá o se logrará. *Tengo la esperanza de aprobar todos los exámenes.*

es•plén•di•do/a ADJETIVO. Muy bueno; excelente. *Fuimos a comer a un restaurante espléndido.*

es•tan•tes SUSTANTIVO. Tablas horizontales adosadas a la pared que se usan para sostener o guardar cosas. *Miriam colocó los libros en los estantes.*

ex•ac•ta•men•te ADVERBIO. Con exactitud o de manera fiel y precisa. *Eran exactamente las doce y dos.*

F f

fau•na SUSTANTIVO. Conjunto de los animales de una región. *La fauna tropical es muy rica y variada.*

fi•ja•men•te ADVERBIO. Con atención, con cuidado. *Si miras fijamente las estrellas, podrás ver las constelaciones.*

for•tu•na SUSTANTIVO. Riqueza; conjunto de propiedades y posesiones valiosas. *La fortuna de los Vélez es la mayor de México.*

H h

he•rra•du•ra *SUSTANTIVO.* Pieza de hierro en forma de U que se clava en los cascos de los caballos para protegerlos. *El caballo salió del establo sin las herraduras.*

herradura

hi•lan•de•ro/a *SUSTANTIVO.* Persona que tiene por oficio hilar. *La hilandera escogía el color de los hilos.*

I i

i•gua•na *SUSTANTIVO.* Reptil que puede alcanzar hasta 6 pies de longitud. Tiene una cresta espinosa a lo largo del dorso. *Las iguanas se encuentran desde el centro de México hasta Venezuela y Paraguay.*

i•ma•gi•nar•se *VERBO.* Formarse una idea o imagen mental de algo. *¿Puedes imaginarte un mundo sin computadoras?*

in•ter•cam•bia•ban *VERBO.* Cambiaban o canjeaban una cosa por otra. *Silvia intercambió canicas con Rosita.*

in•vi•si•bles *ADJETIVO.* Que no pueden verse. *A simple vista, los microbios son invisibles, por eso necesitamos los microscopios.*

J j

jo•ye•ro/a *SUSTANTIVO.* Persona que hace o vende joyas. *Don Javier es muy buen joyero.*

L l

lác•te•os/as *ADJETIVO.* Productos derivados de la leche. *El queso siempre está en la sección de lácteos.*

lácteos

lis•to/a *ADJETIVO.* Inteligente; que es rápido al pensar. *El más listo de mis hermanos es el más pequeño.*

li•to•ral *SUSTANTIVO.* Costa de un país o territorio. *El litoral cuenta con unas playas muy bonitas.*

M m

ma•du•ro/a *ADJETIVO.* Persona prudente y de buen juicio. *Lo contrario de maduro es insensato, inmaduro, alocado.*

ma•jes•tuo•so/a *ADJETIVO.* Que tiene cualidades que despiertan admiración y respeto. *El emperador llegó en un majestuoso carruaje dorado tirado por un caballo negro.*

ma•mí•fe•ros/as *ADJETIVO.* Animales que se desarrollan en el interior del cuerpo materno y, una vez nacidos, se alimentan de su leche. *Los gatos, los caballos y los perros son mamíferos.*

man•da•dos *SUSTANTIVO.* Viajes cortos que se realizan para hacer algún trámite o diligencia. *A veces acompaño a mamá a hacer los mandados.*

man•glar *SUSTANTIVO.* Terreno cubierto de agua donde crecen arbustos llamados mangles. *En Venezuela abundan los manglares.*

ma•te•rial *SUSTANTIVO.* Sustancia con la que se fabrica algo. *El cuero y la madera son materiales muy resistentes.*

me•lo•dí•a *SUSTANTIVO.* Canción; serie de notas musicales agradables. *Me gustan más las melodías tristes que las alegres.*

men•cio•nar *VERBO*. Recordarle de pasada algo a una persona para que no lo olvide. *Te quería mencionar que ya tengo el libro.*

mer•ca•der *SUSTANTIVO*. Persona que se dedica a comprar y vender. *Algunos mercaderes se dedican al comercio internacional.*

mer•ca•do *SUSTANTIVO*. Lugar donde la gente compra y vende cosas. *En el mercado había varios puestos de artesanías.*

mercado

mi•les *ADJETIVO*. Diez veces cien. *Miles de personas asistieron al concierto.*

mon•to•nes *SUSTANTIVO*. Cosas atadas o apiladas. *Los montones de leña sirvieron para hacer hogueras durante el invierno.*

N n

na•rra•dor/a *ADJETIVO*. Persona que cuenta un relato o cuento. *En esa novela, el narrador es uno de los personajes más jóvenes.*

ner•vio•sa•men•te *ADVERBIO*. Con ansiedad o intranquilidad. *Se miraron nerviosamente antes de comenzar el examen.*

no•ble *ADJETIVO*. Persona generosa, leal, de categoría moral. *Los ciudadanos confían en él, es una persona noble.*

nu•trien•tes *SUSTANTIVO*. Sustancias que alimentan a las personas, animales y plantas. *Las proteínas, las vitaminas y los minerales son nutrientes.*

O o

ob•ser•va•mos *VERBO*. Examinamos con atención una cosa. *Observamos la tormenta por la ventana.*

o•ví•pa•ros/as *ADJETIVO*. Animales que ponen huevos. *Las aves y los insectos son animales ovíparos.*

P p

par•ka *SUSTANTIVO.* Chaqueta gruesa con capucha. *Está nevando mucho: ponte la parka para salir.*

parka

pa•rra *SUSTANTIVO.* Planta de la uva de tronco leñoso. *La parra tiene un armazón para que pueda extender sus ramas.*

pa•sa *SUSTANTIVO.* Uva seca comestible. *La pasa de Corinto es pequeña y no tiene pepita.*

pa•sa•tiem•pos *SUSTANTIVO.* Actividad divertida para pasar el tiempo. *Mi pasatiempos favorito es armar rompecabezas.*

pe•li•gro•sa•men•te *ADVERBIO.* Con riesgo o que puede ocasionar daño. *El pajarito se acercó peligrosamente al gato.*

pe•re•zo•so/a *ADJETIVO.* Que no quiere trabajar o moverse rápido. *Es tan perezoso que nunca quiere hacer la tarea.*

pi•co *SUSTANTIVO.* Parte saliente de la cabeza de las aves. *El pico del pájaro carpintero es duro y alargado.*

pico

pi•co•te•a *VERBO.* Que golpea con el pico. *El gorrión picoteaba el pan.*

pla•ta•for•ma *SUSTANTIVO.* Superficie elevada y plana. *Subió a la plataforma para dar el discurso.*

pro•ba•ble•men•te *ADVERBIO.* Que pueda ser la verdad. *Probablemente lloverá porque está nublado.*

prue•ba *SUSTANTIVO.* Ensayo que se hace de algo para saber cómo resultará en su forma definitiva. *Prueba el pastel antes de comprarlo.*

R r

ra•mi•tas *SUSTANTIVO.* Tallos delgados de un árbol u otras plantas. *El pájaro recogía ramitas para hacer su nido.*

re•a•li•zar *VERBO.* Hacer, llevar algo a cabo. *Decide lo que quieres realizar y realízalo.*

re•ma•tes *SUSTANTIVO.* Mercado de pulgas; feria de artesanías. *En los remates se encuentran artesanías muy bellas.*

ro•co•so/a *ADJETIVO.* Que está lleno de piedras. *El camino estaba tan rocoso que no pudo pasar el carro.*

ro•de•a•do/a *VERBO.* Encerrado por todos lados. *Mi jardín está rodeado por un cerco blanco.*

S s

sa•bi•du•rí•a *SUSTANTIVO.* Conjunto de conocimientos aprendidos. *Los jardineros tienen una gran sabiduría sobre las plantas.*

sau•ce *SUSTANTIVO.* Árbol de hojas estrechas y ramas largas y flexibles. *A ella le gustaba sentarse bajo las ramas del sauce.*

sauce

se a•brie•ron *VERBO.* Se separaron, despegaron o extendieron. *Los pétalos de la flor se abrieron para mostrar todo su colorido.*

se a•cer•ca *VERBO.* Se aproxima. *Mi perrito siempre se acerca al verme llegar.*

sec•ción *SUSTANTIVO.* Parte o división de algo. *Visité la sección de ropa de verano.*

siembra • tirón

siem•bra *VERBO.* Arrojar semillas en la tierra. *Mi papá siembra tomates en su huerta.*

sil•ves•tres *ADJETIVO.* Que crecen naturalmente y sin cultivo. *Las flores silvestres me gustan más que las de la florería.*

sin•fo•ní•a *SUSTANTIVO.* Composición musical extensa y compleja, para orquesta. *Su sexta sinfonía se titula "Pastoral".*

so•bre•vi•vien•tes *SUSTANTIVO.* Que vive cuando otros podrían morir. *La Antártida es un mundo de sobrevivientes que se han adapatado al viento y al frío.*

so•bre•vi•vir *VERBO.* Vivir con escasos medios o en condiciones duras. *Es difícil sobrevivir como trabajador migrante.*

so•cios/as *SUSTANTIVO.* Miembros de una compañía o firma que comparten sus riesgos y beneficios. *Antonio y yo somos socios en una agencia de viajes.*

sos•te•ní•a *VERBO.* Mantenía algo en su lugar. *El estante sostenía el peso de los diez libros.*

su•mi•nis•tros *SUSTANTIVO.* La comida y el equipo necesario para cualquier situación. *Hizo tanto frío que se agotaron los suministros de gas.*

T t

tam•ba•le•a•ba *VERBO.* Caminaba con poca estabilidad. *El bebé se tambaleaba cuando empezó a caminar.*

te•je•dor/a *ADJETIVO.* Persona que teje. *El tejedor de enfrente me hizo un suéter precioso.*

te•les•co•pios *SUSTANTIVO.* Instrumentos que permiten ver un objeto lejano. *Los telescopios nos permiten ver la Luna y algunos astros.*

te•ma *SUSTANTIVO.* Asunto o idea sobre lo que trata una conversación, un libro o una clase. *El tema del artículo es la agricultura en el desierto.*

tien•da *SUSTANTIVO.* Lugar donde se venden cosas. *La tienda de juguetes estaba llena hoy.*

ti•rón *SUSTANTIVO.* Movimiento brusco y repentino. *De un tirón, Esteban sacó un enorme pez del agua.*

to•ne•la•das SUSTANTIVO. Unidad de peso equivalente a 2,000 libras. *Un carro pequeño pesa alrededor de una tonelada.*

tor•men•ta SUSTANTIVO. Lluvia fuerte y breve, con descargas eléctricas. *La tormenta produjo inundaciones en toda la costa.*

tro•fe•os SUSTANTIVO. Objeto que reciben los ganadores en señal de victoria. *El campeón exhibe sus trofeos en la repisa.*

V v

va•rie•dad SUSTANTIVO. Conjunto de cosas diversas; diferencia en las cosas de una misma clase. *En nuestro mercado hay una gran variedad de postres.*

ve•ne•no•sas/os ADJETIVO. Que incluye sustancias que pueden hacernos mal e incluso matarnos. *Cuidado, las picaduras de alacrán son venenosas.*

Unidad 1

Los meros meros remateros

Spanish	English
carpa	fleabooth
esperanza	hope
herradura	horseshoe
joyero	jeweler
remates	fleamarket
sobrevivir	to survive
telescopios	telescopes

¿Y yo?

Spanish	English
alicaído	discouraged
atónito	stunned
carpintero	carpenter
hilandera	spinner
mercader	merchant
sabiduría	knowledge
tejedor	carpet maker

La pesca de Kumak

Spanish	English
aparejos	gear
arrastró	yanked
espléndido	splendid
parka	parka
sauce	willow
tirón	twitch

Supermercado

Spanish	English
departamentos	departments
escáner	scanner
estantes	shelves
intercambiaban	traded
lácteos	milk section
miles	thousands
sección	section
tienda	store
variedad	variety

Mis hileras y pilas de monedas

Spanish	English
desenvolvía	unwrapped
mandados	errands
mercado	market
montones	bundles
peligrosamente	dangerously
sostenía	held
tambaleaba	wobbled

Unidad 2

El pingüino polluelo

Spanish	English
aletas	flippers
cascarón	eggshell
cepilla	preen
colonia	rookery
congelada	frozen
picotea	pecks
se acerca	cuddles

Quiero una iguana

Spanish	English
adorable	adorable
compasivo	compassionate
iguana	iguana
maduro	mature
mencionar	mention
probablemente	probably
trofeos	trophies

Mi propio cuartito

Spanish	English
apretujada	crowded
determinación	determination
espacio	space
exactamente	to be exact
observamos	watched
pasatiempos	hobbies
realizar	make true

Mitad y mitad

Spanish	English
abajo	bottom
arriba	top
engañaste	cheated
fortuna	wealth
listo	clever
perezoso	lazy
siembra	crops
socios	partners

Nidos de pájaro asombrosos

Spanish	English
baba	goo
cazadoras	hunters
material	material
pico	bill
plataforma	platform
ramitas	twigs
toneladas	tons

Unidad 3

¿Cómo pasa la vida de una pasa?

Spanish	English
área	area
artificial	artificial
conservante	preservative
cultivar	raise
parra	grapevine
pasa	raisin
prueba	proof

¡Empujemos el cielo!

Spanish	English
abetos	firs
cuernos	antlers
imaginarse	imagine
mamíferos	mammals
narrador	narrator
se abrieron	opened up

Plumas y cantos

Spanish	English
clima	climate
ecosistemas	ecosystems
fauna	fauna
litoral	coastal
manglar	mangrove
nutrientes	nutrients
ovíparos	oviparous
silvestres	wild

Una sinfonía de ballenas

Spanish	English
asentamientos	settlement
bahía	bay
canal	channel
melodía	melody
nerviosamente	anxiously
rodeada	surrounded
sinfonía	symphony
suministros	supplies
tormenta	blizzards

Junto a un cacto: Lechuzas, murciélagos y ratas canguro

Spanish	English
fijamente	not blinking
invisibles	unseen
majestuoso	majestic
noble	noble
rocoso	rocky
sobrevivientes	survivors
tema	topic
venenosas	poisonous

Text

Grateful acknowledgment is made to the following for copyrighted material:

28: *Los meros meros remateros (Grandma and Me at the Flea)* by Juan Felipe Herrera. Copyright © 2002 Juan Felipe Herrera. Used by permission.

64: From *What About Me?* by Ed Young. Copyright © 2002 Ed Young. Used by permission.

98: *Kumak's Fish: A Tall Tale From the Far North* by Michael Bania. Text and illustrations © 2004 by Michael Bania. Reprinted by permission of Graphic Arts Center Publishing Company.

130: "Supermarket" by Kathleen Krull from *Supermarket.* Copyright © 1991 Holiday House.

168: "My Rows and Piles of Coins" by Tololwa M. Mollel. Copyright © 1999 by Tololwa M. Mollel. Used by permission.

194: "La vaca estudiosa" from *Tutu Maramba* by María Elena Walsh. Copyright © María Elena Walsh. Used by permission.

196: Reprinted with permission of the publisher, Children's Book Press, San Francisco, CA, "My Papa's Orange Truck/El camión color naranja de papá" from the book, *A Movie in My Pillow* by Jorge Argueta, © 2001 by Jorge Argueta.

197: "El ciempiés ye-yé" by Gloria Fuertes from *El mundo de los niños.* Copyright © Gloria Fuertes. Used by permission.

208: "Penguin Chick" by Betty Tatham from *Penguin Chick.* Copyright © 2002 Betty Tatham Used by permission.

226: Plants: Fitting into Their World from *Seeds, Stems, and Stamens* by Susan E. Goodman. Copyright © Lerner Publishing Group. Used by permission.

240: From *I Wanna Iguana* by Karen Kaufman Orloff. Text copyright © 2004 by Karen Kaufman Orloff. Illustrations copyright © 2004 by David Catrow.

274: *My Very Own Room (Mi Propio Cuartito)* by Amada Irma Pérez. Copyright © 2000 Amada Irma Pérez.

308: "Tops and Bottoms" by Janet Stevens. Copyright © Janet Stevens.

330: "The Hare and the Tortoise" by Michael Hague from *Aesop's Fables.* Copyright © Michael Hague. Reprinted by permission.

358: From *EXTRA! EXTRA! Fairy-Tale News from Hidden Forest* by Alma Flor Ada. Text copyright © 2007 by Alma Flor Ada. Illustrations copyright © 2007 by Leslie Tryon. From Atheneum Books for Young Readers.

364: "Rodeo" from *Palomar* by Dora Alonso. Copyright © by Dora Alonso. Used by permission of Andres Pi Andreu on behalf of Mirta Andreu Domínguez.

365: "El pingüino" by Marina Colasanti from *Cada Bicho Seu Carpricho.*

366: "La caja de cartón" by Carmen Martín Anguita. Copyright © Pearson Education Madrid. Used by permission.

378: *How Do You Raise a Raisin?* by Pam Muñoz Ryan. Text copyright © 2003 by Pam Muñoz Ryan. Illustrations copyright © 2003 by Craig Brown. Used with permission by Charlesbridge Publishing, Inc.

412: From *Pushing Up The Sky.* Copyright © 2000 Joseph Bruchac. Used by permission.

428: "Catch It and Run!", reprinted with the permission of Simon & Schuster Books for Young Readers, an imprint of Simon & Schuster Children's Publishing Division. From *When the World Was Young* by Margaret Mayo, illustrated by Louise Brierly. Text copyright © 1995 Margaret Mayo. Illustrations copyright © 1995 Louise Brierly.

446: *Plumas y cantos* by Sandra Gallo. Copyright © Sandra Gallo. Used by permission.

476: From *A Symphony of Whales* by Steve Schuch. Copyright © Steve Schuch. Used by permission.

496: Reprinted from "He Listens to Whales" by E. Shan Correa, from the May 1991 issue of *Ranger Rick* ® magazine, with the permission of the publisher, The National Wildlife Federation ®. Copyright © 1991 by the National Wildlife Federation.

510: From *Around One Cactus: Owls, Bats and Leaping Rats* by Anthony D. Fredericks. Copyright © 2003 by Anthony D. Fredericks. Illustrations copyright © 2003 by Jennifer Di Rubbio Lubinsky.

539: "Yo quiero volar al cielo" by Carmen Martín Anguita from *Poemas de lunas y colores.* Copyright © Pearson Education Madrid. Used by permission.

540: "Balada del fondo del mar" by Yolanda Reyes, published in *¡Hola!, que me lleva la ola* in the collection *Nidos para la lectura* by Alfaguara, Colombia, 2005. Reprinted (reproduced) by permission of the publisher.

Note: Every effort has been made to locate the copyright owner of material reproduced on this component. Omissions brought to our attention will be corrected in subsequent editions.

Illustrations

Cover: Leo Timmers

I2–I14 Mike Lester

I18–I24, 118–119 Jim Steck

82–87 Robbie Short

398–401 Jeff Mangiat

412–414, 417–423 Teresa Flavin

428–435 Shonto Begay

476–491 Wendell Minor

498 Peter Bollinger

535 Paul Perreault

P4–P12 Norma Perez.

Photographs

Every effort has been made to secure permission and provide appropriate credit for photographic material. The publisher deeply regrets any omission and pledges to correct errors called to its attention in subsequent editions.

Unless otherwise acknowledged, all photographs are the property of Pearson Education, Inc.

Photo locators denoted as follows: Top (T), Center (C), Bottom (B), Left (L), Right (R), Background (Bkgd)

18 ©SW Productions/Getty Images

20 (Inset) ©David Buffington/Getty Images

21 ©Hill Street Studios/Getty Images

26 (B) ©Digital Art/Corbis, (T, C) Photos to Go/Photolibrary

50 (BR) Jim West/The Image Works, Inc.

51 (Bkgd) Atlantide/Corbis

52 (TR, CR) ©Fresh Youth Initiatives, Inc., (BR) Frances Roberts/Alamy Images

56 (BL) ©Gabe Palmer/Corbis, (B) ©Jeff Greenberg/PhotoEdit

57 (B) ©Jeff Greenberg/Alamy Images

62 (B) ©Jupiterimages/Brand X/Alamy, (T) Jorn Tomter/zefa/Corbis, (C) Wayne Walton/Getty Images

90 (B) ©Rayman/Getty Images, (C) ©Tony Freeman/PhotoEdit

91 (Bkgd) ©Michael Newman/PhotoEdit

96 (T) Ilan Rosen/Alamy Images, (B) Image99/Jupiter Images, (C) Sue Flood/Getty Images

122 ©Jon Arnold Images Ltd/Alamy Images

123 (B) ©Tom & Dee Ann McCarthy/Corbis, (C) image100/Jupiter Images

127 Jupiter Images

128 (T) ©Jupiter Images/Thinkstock/Alamy, Getty Images, (B) Paula Solloway/Alamy Images

154 (TR, TC, CR) Getty Images

155 (BR) Kate Warren ©Museum of Mankind/British Museum/DK Images

156 (BC) Chas Howson ©The British Museum/DK Images, (TL) Kate Warren ©Museum of Mankind/British Museum/DK Images, (BL) Mary Evans Picture Library

157 (CR) Kate Warren ©Museum of Mankind/British Museum/DK Images

160 ©David Young-Wolff/Alamy Images

161 (B) Getty Images, (C) image100/Jupiter Images

166 (B) ©Brand New Images/Getty Images, (T) ©DK Images, (C) G.Flayols/Corbis

188 Getty Images

198 ©Bettmann/Corbis

200 ©J. Sneesby/B. Wilkins/Getty Images

201 (L) ©adrian davies/Alamy, (R) Jupiter Images

206 (B) ©Willard Clay/Getty Images, (C) A3W7WM/Alamy Images, (T) Robert Pickett/Corbis

226 (R) Michael J. Doolittle Photographer

227 (CR, BR) Michael J. Doolittle Photographer

228 (CL, BR) Michael J. Doolittle Photographer

229 (TC, BR) Michael J. Doolittle Photographer

232 ©Ariel Skelley/Corbis

233 (C) ©apply pictures/Alamy, (BR) ©Bob Krist/Corbis

237 ©Bartussek/Jupiter Images

238 (C) David A. Northcott/Corbis, (T) Getty Images

260 Corbis

263 (TL) Barry Austin Photography/Getty Images, (C) Getty Images

266 ©Pinto/zefa/Corbis

267 (T) ©PictureNet/Corbis

272 (C) ©Image Source, (T) ©Sami Sarkis/Getty Images, (B) Philip Gatward/©DK Images

294 (TC) Photographer John Weinstein, A113324c/Field Museum of Natural History

295 (TL) ©Linda M. Nicholas, (BL) Photographer John Weinstein, A113330c/Field Museum of Natural History

296 (BR) [photographer unknown], A123T/Field Museum of Natural History, (TR) Photographer Ron Testa, A106506c/Field Museum of Natural History

297 (CL) Photographer John Weinstein, A112444c/Field Museum of Natural History

300 (Bkgd) ©Blend Images/Jupiter Images, (Inset) ©Randy Faris/Corbis

334 (Bkgd) ©Hot Ideas/Index Open, (T) ©Stouffer Productions/Animals Animals/Earth Scenes, (B) Digital Vision

339 (T) ©Alain Dragesco-Joffe/Animals Animals/Earth Scenes, (B) ©Lex Hes/ABPL/Animals Animals/Earth Scenes

341 (TR, TL) ©Bettmann/Corbis

342 ©Roy Ooms/Masterfile Corporation

344 (B) ©Jim Merli/Visuals Unlimited, (TL) ©Lightscapes Photography, Inc./Corbis, (Bkgd) Getty Images

345 (TR) ©John Cancalosi/Nature Picture Library, (TL) ©Lynda Richardson/Corbis

346 (B) ©Hanne & Jens Eriksen/Nature Picture Library, (BL) ©Laurent Geslin/Nature Picture Library, (Bkgd) Getty Images

347 (TR) ©David Tipling/Nature Picture Library, (TL) ©Tom Vezo/Nature Picture Library

348 (B) Kim Taylor/Courtesy of the Natural History Museum, London/©DK Images

349 ©Steve Knell/Nature Picture Library

350 ©Pete Oxford/Nature Picture Library, (TR) ©T. S. Zylva/FLPA-Images of Nature, (Bkgd) Getty Images

351 ©Visual&Written SL/Alamy Images

352 (BL, B) ©Pete Oxford/Nature Picture Library, (Bkgd) Getty Images

353 Getty Images

368 ©Keith Wood/Corbis

370 (T) Corbis/Jupiter Images

371 (B) ©Michael Newman/PhotoEdit, (C) Getty Images

376 (B) David Murray/©DK Images, Getty Images, (C) Inga Spence/Getty Images

404 (C) ©Spencer Grant/PhotoEdit, (Bkgd) Peter Arnold, Inc./Alamy Images

405 ©Gunter Marx Photography/Corbis

410 (T) ©Thomas Northcut/Getty Images, (B) Getty Images, (C) Will Stanton/Alamy Images

438 (B) ©Mark Antman/The Image Works, Inc., (C) ©Roy Morsch/Corbis

439 ©Seiya Kawamoto/Getty Images

443 ©Darrell Gulin/Alamy Images

444 (C) ©Mark Lewis/Alamy, (B) ©Matthias Clamer/Getty Images, (T) Digital Vision

450 (BL) ©Bruce Coleman Inc./Alamy Images

453 (TR) ©Juergen & Christine Sohns/Animals Animals/Earth Scenes

454 (BL) Digital Vision

455 (BL) ©J. Dunning/VIREO

468 (Bkgd) ©Alexis Rosenfeld/Photo Researchers, Inc., (B) ©Raymond Gehman/ Corbis

469 ©David Hosking/Photo Researchers, Inc.

475 David Hiser/Getty Images

496 (BR) ©University of Hawaii, Manoa, (R) Photo obtained under N.M.F.S. permit # 987/ Flip Nicklin/Minden Pictures

498 (B) Flip Nicklin/Minden Pictures

499 (T) ©Royalty-Free/Corbis, (TL) Photo obtained under N.M.F.S. permit # 987/Flip Nicklin/Minden Pictures

502 (T) ©Gabbro/Alamy, (B) ©Jill Stephenson/Alamy Images

503 Blend Images/Jupiter Images

508 (T) ©Arctic-Images/Getty Images, (B) ©James Marshall/Corbis, (C) ©Steve Hamblin/Alamy

532 Ron Watts/Corbis

542 Digital Vision

543 (L) Index Open

544 (TL) ©Hot Ideas/Index Open

545 (L) ©image100/Corbis

547 ©Photolibrary /Index Open

548 (BR) ©Pixtal/Art Life Images

549 (CR) ©Photick/Index Open

550 (L) ©Image Source, (R) Getty Images

551 ©AA World Travel Library/Alam.

¡PALABRAS! Manual de vocabulario

Antónimos

Sinónimos

Raíz de las palabras

Prefijos

Sufijos

Claves del contexto

Familias de palabras

Palabras compuestas

Palabras de varios significados

Homógrafos

Homófonos

Diccionario

Diccionario de sinónimos

Antónimos

Los antónimos son palabras que tienen significado opuesto.
Igual y diferente son antónimos.

Sinónimos

Los sinónimos son palabras que tienen el mismo significado o un significado parecido. *Ensordecedor* y *ruidoso* son sinónimos.

Raíz de las palabras

La raíz de las palabras es una palabra que no puede dividirse en otras más cortas o en partes de una palabra. *Armar* y *árbol* son raíces de palabras.

Prefijos

El prefijo es la parte de una palabra que se agrega al principio de la raíz de esa palabra. En la palabra *desarmar, des-* es un prefijo.

Armar

Desarmar

Saber el significado del prefijo de una palabra te ayuda a entender el significado de esa palabra.

Prefijos comunes y su significado

in-	no
bi-	dos, doble
des-	lo contrario de
re-	de nuevo, otra vez
pre-	antes

Sufijos

El sufijo es la parte de una palabra que se agrega al final de la raíz de esa palabra. En la palabra *arbolito, -ito* es un sufijo.

Árbol

Arbolito

Saber cómo un sufijo cambia una palabra puede ser muy útil para entender el significado de una palabra que no conoces.

Sufijos comunes y su significado

-able	se puede hacer
-mente	de cierto modo
-ito	pequeño
-ón	grande

Claves del contexto

Presta atención a las palabras que aparecen antes y después de una palabra que no conoces para entender qué significa esa palabra.

Familias de palabras

Las familias de palabras están formadas por palabras que tienen la misma raíz. *Libreta, librería* y *librero* pertenecen a la misma familia de palabras. Todas tienen como raíz la palabra *libro.*

Librería

Si sabes lo que significa la raíz de una palabra, puedes entender el significado de otras palabras de la misma familia.

Librero

Palabras compuestas

Las palabras compuestas son palabras formadas por otras más cortas. *Telaraña* y *paraguas* son palabras compuestas.

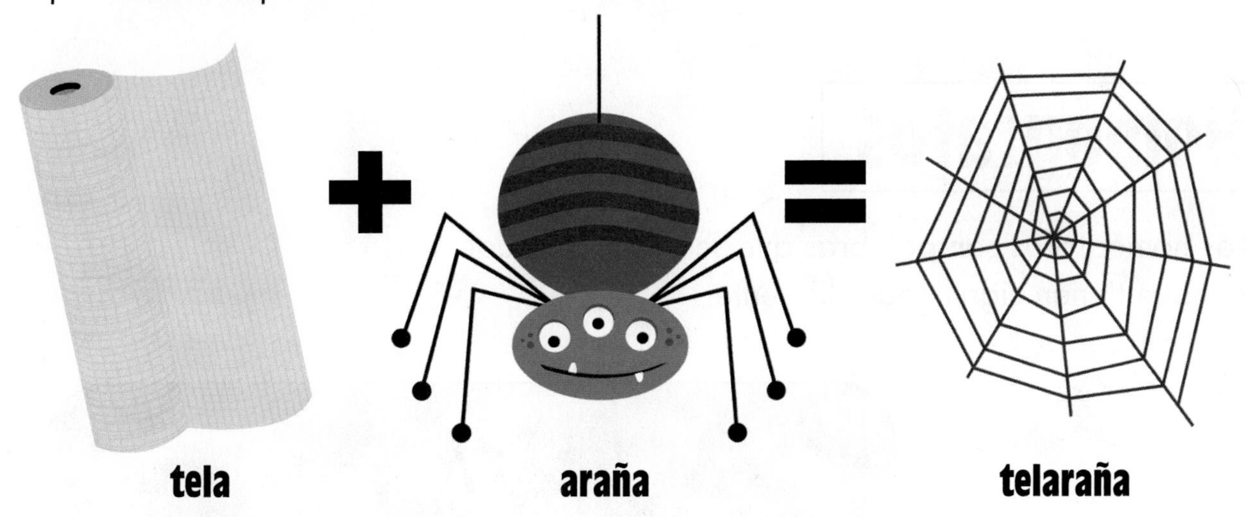

Cuando leas una palabra desconocida, fíjate si está formada por palabras cortas que ya conoces.

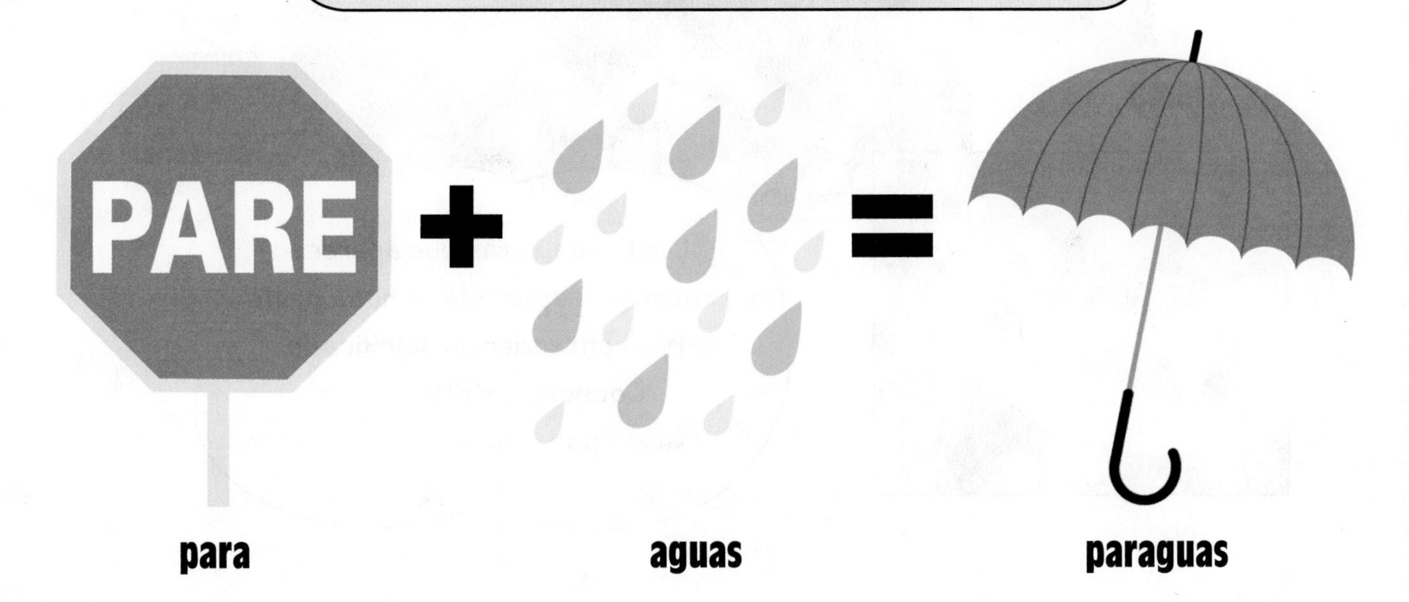

Palabras de varios significados

Hay palabras que tienen varios significados, dependiendo de cómo las usemos.

Homógrafos

Los homógrafos son palabras que se escriben igual, aunque tienen significado diferente.

Homófonos

Los homófonos son palabras que suenan igual, pero se escriben de forma diferente y tienen significado diferente.

¡Hola!

ola

En esta tabla se ven claramente las diferencias entre homógrafos y homófonos.

Homógrafos y homófonos

	Pronunciación	Escritura	Significado
Homógrafos	igual	igual	diferente
Homófonos	igual	diferente	diferente

Homógrafos

Homófonos

Diccionario

Los diccionarios son libros que explican las palabras de una lengua. Las palabras de los diccionarios aparecen en orden alfabético.

1. La entrada del diccionario te indica qué clase de palabra es en la oración. *Frágil* es un adjetivo.
2. Ésta es la definición de la palabra.

frágil:

1 *adj.* 2 Que se rompe con facilidad.

3 *El cristal es un material frágil.*

4 —SIN. Quebradizo. ANT. Fuerte.

3. La palabra aparece en un ejemplo para ayudarte a entender su significado.
4. En agunos diccionarios puedes encontrar sinónimos y antónimos.

Diccionario de sinónimos

Los diccionarios de sinónimos se utilizan para buscar palabras que tienen significado similar. Sus entradas están en orden alfabético.